天下·文化
BELIEVE IN READING

家是生命的起點

空軍英雄劉寶麟（右二）與世家千金唐聖媛（左一），為劉宇環（右一）的生命起點建立了一個充滿愛的家。姊姊劉宇新（後排）和妹妹劉宇珠（左二）也是重要的家人。

北回歸線的遊子

初到美國，與母親（前排左）、黃伯母（前排右）等人合影。後排右一為劉宇環。

年輕歲月。左為劉宇環。

大學畢業典禮，家人專程到柏克萊給予祝福，和姊姊劉宇新合影。

剛到美國留學時，與姊姊、妹妹在舊金山金門大橋合影。

2022 年 4 月 19 日，台灣疫情最嚴重時，劉宇環（左六）邀請世界級創業家、YouTube 創辦人陳士駿（左七），到他的母校嘉義高中演講。這件事也代表他一生的信念：不忘本、栽培年輕人。老幹新枝，一代接替一代，讓世界一流人才分享成功經驗，相信台灣年輕人的眼界與思維將因此與世界同步。

千里馬巧遇伯樂

1988 年陪同總統府李國鼎資政（左三）赴新加坡參加生物科技研討會。右三為時任新加坡財政部長胡賜道（Richard Hu）。

1988 年與李國鼎資政在參加新加坡生物科技研討會期間合影。對劉宇環來說，沒有李國鼎就沒有今天的高科技業，也沒有今天的他。

1993 年陪同李國鼎資政（左一）赴中國大陸參與第一次宏觀調控會
議。右二為中國大陸財政部前副部長田　農。

項懷誠部長（前排左一）於北京中國大飯店設宴歡迎李國鼎資政（前
排中）。前排右一為唐石毅，後排由左到右分別是劉宇環、李永昌、
唐德昭。

三熱總裁造局者

接受李國鼎的徵召，劉宇環（左）於 1985 年和陳立武（右）在台灣
共同創立華登國際（亞洲），從此一腳踏入創投業。

1988 年受邀參加國建會研習，由時任行政院長俞國華接見。

1992 年偕同台灣科技界人士赴日本北海道佐幌（Sahoro）參加科技
論壇。

新加坡第一夫人何晶女士（前排左三）率團訪台，由中經合董事長
劉宇環（前排左一）接待，陪同拜訪羅光男工廠留影。前排右一為
Good TV 董事長周神安。

馬來西亞石油公司董事長第一次訪台,由中經合接待。右二為劉宇環。

1994 年,中經合董事長劉宇環(右二)宴請中法基金合資夥伴。右一為法國高科技創投公司 Sofinnova Partners 的代表施密特(Jean-Bernard Schmidt),左二為法國國家信貸銀行(Crédit National)副總裁拉格蘭奇(Francois LaGrange)。

1997 年引進哥斯大黎加電動車廠到台灣，劉宇環（後排右二）與哥斯大黎加總統費蓋雷斯（José María Figueres Olsen，前排坐者中）及大使、新光集團吳東進董事長（前排坐者右二）、宏碁集團施振榮董事長（前排坐者左二）合影。

1998 年，威利．布朗（Willie Brown）市長率舊金山訪問團來台，劉宇環陪同接待。

2007 年，邀請時任美國國家半導體技術長的巴海博士（Dr. Ahmad Bahai，右四）來台參與「無線通訊的藍海及全球未來發展趨勢」研討會並發表演說。

2007 年 5 月，美商中經合集團股東大會晚宴上，劉宇環董事長頒發特別貢獻獎給時任全國社保基金理事會理事長的項懷誠先生。

2008 年 5 月，美商中經合集團股東人曾晚宴上，劉宇環董事長頒發特別貢獻獎給前北京市副市長胡昭廣先生。

2011 年 5 月，美商中經合集團股東大會上，劉宇環董事長頒發特別貢獻獎給好友，日本前財政部長竹中平藏先生。

王建煊（左三）、蘇法昭（左四）伉儷攜手參訪美商中經合集團台北辦公室。

2022 年，中經合投資的源鮮集團，獲選為世界經濟論壇的技術先鋒（Technology Pioneer）代表之一。劉宇環董事長（右四）受邀出席慶功宴。右二為源鮮董事長蔡文清，右三為無任所大使簡又新。

2021 年，美商中經合集團台北辦公室同仁在尾牙當天合影。

公司就是一個大家庭，結婚一定要通知家人，讓家人一同參與你的人生大事。

美中台搭橋模式

1993 年，世界銀行李成樑博士（團長，前排坐者右二）與劉宇環董事長（副團長，前排坐者左二）首度率領 10 家科技公司 23 位高階主管拜會海協會會長汪道涵（前排坐者中），汪會長特別從上海飛到北京，於釣魚台國賓館接見訪問團。前排坐者左一為項懷誠。

左起：項懷誠部長、汪道涵會長、李成樑博士、劉宇環董事長。

1993年宏觀會議後，在北京與項懷誠部長（中），劉遵義教授（右）第一次合影。

項懷誠部長（左二）邀宴，劉宇環好友姜文（左一）特別趕到。左四則為時任世界銀行駐中國代表處及東亞經濟管理局首席經濟學家的華而誠。

1998 年聯想集團第一次訪台，全程 13 天參訪高科技公司，此次參
訪讓聯想集團定下大三年計畫。圖為劉宇環董事長陪同柳傳志總裁
（中）、李勤副總裁（左一）召開記者會。

1999 年 1 月，美商中經合集團與香港紅籌上市公司北京控股聯合宣布，
繼 1998 年 10 月 14 日雙方簽約共同發起成立「北京高科技發展基金」
之後，清華大學企業集團就高科技發展及風險投資基金運作，與中經
合和北京控股結成策略夥伴關係，三方代表於北京正式簽約。

堅定投資信威十五年，促成中國電信標準誕生。

2007 年，芯原創辦人戴偉民（左三）獲頒安永全球企業家獎，劉宇環（左四）受邀觀禮。

2006 年應邀參加第八屆中國風險投資論壇，並發表演說。

2013 年，受邀至海南三亞參與博鰲亞洲論壇。左二為中國石油董事長王宜林，左三為墨西哥總統涅托（Enrique Peña Nieto）。

2006 年 5 月，劉宇環董事長接受 CCTV-9 的談話節目「UP CLOSE」專訪。

2007 年協助美國加州副州長加拉門迪（John Garamendi，左四）與新光照明集團（新強光電）簽立合作合約。

2008 年 3 月，劉宇環（右三）及項懷誠（左三）等人拜訪 Google 北京辦公室，時任 Google 大中華區總裁李開復（左一）熱情接待。左二為李振福，右二為朱永光。

2009 年 9 月 7 日，李開復（左一）舉行記者會，宣布創辦「創新工場」。做為「創新工場」的領投人，美商中經合集團董事長劉宇環（右二）與鴻海集團董事長郭台銘（右一）出席記者會。

2009 年 4 月，劉宇環與美國前總統老布希（George H. W. Bush）在美國大西洋理事會上會面留影。

2009 年 4 月，劉宇環與時任中共中央財經領導小組辦公室副主任劉鶴（左一）及美國前國務卿舒茲（George Shultz）於胡佛研究所（Hoover Institution）會面留影。

2010 年 10 月，劉宇環董事長（右二）到北京大學拜訪周其鳳校長
（中）。

1999 年起參加百人會，協助兩岸三地華人「同中求異，異中求同」。
圖為百人會理事第一次訪問北京，由中經合集團接待。

劉宇環董事長率百人會拜見
馬英九總統留影。

2006 年，清華大學授予何大一博士（左三）榮譽博士學位，劉宇環
董事長（左一）以百人會理事身分受邀觀禮。

2009 年 5 月，劉宇環董事長與女兒劉宏敏（現任花旗銀行私人銀行全球總裁）在美國百人會於華盛頓召開的第 18 屆年會上合影。

全家一起參與百人會年會留影。

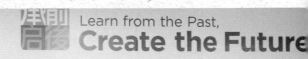
Learn from the Past,
Create the Future

Committee of 100
Third Greater China Conference
百人会第三届大中华地区会议
December 8th & 9th, 2009 Beijing · China

2009 年 12 月，劉宇環董事長（前排左一）與高希均教授（前排左二）在北京參加
百人會第三屆大中華地區會議並同部分會員留影。

終身做科技推手

2015 年 10 月 5 日，徐爵民部長（右二）與中經合董事長劉宇環（左二）、中經合董事總經理朱永光（左一）、科技部產學司邱求慧司長（右一）首度於科技部會面留影。

參訪胡竹生博士（左四）所帶領的工研院機械所機器人團隊與外骨骼機器人技術成果。

聯華神通苗豐強董事長和嘉新水泥張剛綸董事長率公司同仁參訪聚界，中經合劉宇環董事長分享核融合願景。

2012 年，中經合與工研院合辦「創業夢想，無限希望」座談會，協助台灣年輕人創業。由左至右分別是：夢想學校王文華、YouTube 創辦人陳士駿、工研院董事長蔡清彥、中經合董事長劉宇環。

2020 年第 18 屆遠見高峰會，劉宇環（右一）擔任第九場專題論壇
「疫後創投新脈動」主持人，與橡子園顧問董事長陳五福（右二）、
藍濤亞洲總裁黃齊元（右三）、科克蘭資本董事長楊應超（左二），
以及識富天使會創辦人黃冠華（左一）進行對談。

在第 18 屆遠見高峰會上，獲頒「終身成就獎」，由張善政擔任贈獎
來賓。

美商中經台集團女排聚界團隊及相關顧問一同參訪南科管理局。

拜會成功大學蘇慧貞校長（左六），談潔淨能源發展。

在歐洲學做紳士

劉宇環為摩納哥遊艇俱樂部（Yacht Club Monaco, YCM）首位華人會員，極力促成中國三亞遊艇俱樂部與摩納哥遊艇俱樂部之跨國合作。

2011 年，摩納哥親王阿爾貝二世（Prince Albert II）頒發會員證書給摩納哥遊艇俱樂部第一位華人會員劉宇環。

2015 年，與好友阿齊茲親王（Prince Aly Aziz）合影於倫敦。

2017 年，與薩丁尼亞遊艇俱樂部會員於米蘭總部合影。右一為時任翡翠海岸遊艇俱樂部（Yacht Club Costa Smeralda）祕書長的帕赫納（Jan Pachner），左二為蒙古 APU 董事長 Bagi（Batsaikhan Purev）。

每年到歐洲，都要和這位好朋友馬西莫（Massimo Pollio）相約。
2015 年，兩人合影於熱那亞。

馬西莫成立的飛行天使基金會（Flying Angels），劉宇環是主要贊助
者。

2014 年在義大利羅馬，與將軍們合影。

2014 年於梵蒂岡與教宗方濟各（Pope Francis）握手致意。

亦狂亦俠亦溫文

1993 年，拜訪前中國石油工業部部長唐克（右）。

至故宮拜訪秦孝儀院長。

2008 年 9 月，至新加坡參加富比士論壇，與《富比士》董事長兼總編輯富比士（Steve Forbes）合影。富比士家族在美國展開媒體事業，創立於 1917 年的《富比士》雜誌堪稱美國財經雜誌領導品牌。

2016 年，與鄰居戴維斯（Charles "Jiggs" Davis，右一）一同到球場為金州勇士隊加油。

與塞爾維亞網球好手、世界球王喬科維奇（Novak Djokovic）合影。

2017 年與沙烏地阿拉伯駐中國大使阿爾馬迪（Turki Almadi）及夫人合影於北京。

與來自蒙古的 Bagi 在摩納哥的一家觀光旅館相遇，一見如故。2016年兩人合影於洛杉磯。

2014 年與好友多維迪奧（Manfredi Lefebvre d'Ovidio）合影於摩納哥。多維迪奧是有豪華郵輪界創新先驅之稱的銀海郵輪（Silversea）董事長。

2011 年 11 月，劉宇環董事長與兒子劉宏祥（右二）到好友、著名華裔女企業家靳羽西（左二）上海家中作客。

與時任義大利總理蒙蒂（Mario
Monti）合影。蒙蒂在其任內還
兼任經濟與財政部長，提倡並
推動稅制改革。

與拉加德（Christine Lagarde）
合影。拉加德曾任國際貨幣基
金總裁及法國財政部長，現任
歐洲央行總裁。

2019 年，與國務院副總理劉鶴
合影。

與陳士駿在倫敦巧遇，他鄉遇
故知，開心合影。

與好友共享美食是劉宇環的樂趣之一。2020 年於台北 CEO1950 總裁藝文空間。

2012 年在夏威夷檀香山和友人相聚。右二為夏威夷州高級法官 Wilson M. N. Loo。左五為女企業家靳羽西。

PMC 媒體集團主席彭斯基（Jay Penske）和劉宇環有十多年的商業與私人交情。2017 年攝於 PMC 紐約總部。

2022 年 4 月，親朋好友齊聚於天香麗緻，祝賀劉宇環生辰快樂。

達沃斯年度盛會

2008 年與好友竹中平藏及其夫人合影於瑞士達沃斯。

2009 年在達沃斯峰會與時任沙烏地阿拉伯財政部長的阿薩夫
（Ibrahim Al-Assaf）合影。

一年一度的達沃斯盛會，可以認識許多來自世界各地的優秀朋友。
2013 年攝於瑞士達沃斯。

2014 年在達沃斯峰會與黑石集團（Blackstone Group）執行長蘇世民
（Stephen A. Schwarzman）合影。

與瑞典企業家、Skype
創辦人詹士莊（Niklas
Zennström）於 2016 年
達沃斯峰會合影。

與投資大師索羅斯（George Soros）在達沃斯峰會合影。

世界經濟論壇新領軍者年會，通常被稱為「夏季達沃斯」。此為劉宇環參加 2008 年在天津舉辦的夏季達沃斯，與朋友合影。

於 2008 年的夏季達沃斯峰會上發表演說。

2009 年在大連舉辦的夏季達沃斯，與朋友合影。右二為現任三得利控股公司（Suntory Holdings）總裁新浪剛史。

2009 年於大連的夏季達沃斯與朋友合影。

2012 年，與愛爾蘭知名搖滾樂團 U2 主唱波諾（Bono）合影於達沃斯。

與 QI 集團（QI Group）國際事務總監龐羅沙密（Vijay Poonoosamy）合影。2009 年攝於大連，夏季達沃斯。

家是永恆的港灣

無論航行過世界上多少角落，總有一處港灣可以停泊。家，就是那個永遠能接納你、給你溫暖與愛的地方。攝於 2019 年劉宏祥台北婚宴當天。由左到右分別為：宏敏（Ida）的兒子泰勒（Tayler）、宏敏的先生賽吉（Serge Tismen）、宏祥（Edward）、劉宇環（Peter）、項紅薇（Diana）、宏祥的妻子李佳穗（Ashley）、宏敏。劉宇環和項紅薇抱著的分別是宏祥的兒子克里斯汀（Cristian）和宏敏的女兒柔伊－貝拉（Zoe-Bella）。

更多劉宇環的精采人生請見：
http://bookevent.cwgv.com.tw/event/bcb771/index.html

財經企管 BCB771

寰宇情懷

創投教父劉宇環的卓越人生

劉宇環 —— 口述

楊艾俐 —— 採訪撰文

謹以本書獻予內子項紅薇女士，
感謝她多年來的支持與陪伴。

目錄 Contents

目錄 Contents

華人創投先驅劉宇環
——李資政的仰慕者與實踐者

高希均

（一）「沒有李國鼎，就沒有 Peter Liu」

我們所敬重的李國鼎先生於 2005 年 5 月 31 日在台北逝世，享年九十二歲。在去世前二週，我幸運地受邀參加了李資政在母親節的家庭聚會。他特別要我認識他的外甥女黃詩厚院士，她是回來參加中研院院士會議。先生巴爾的摩（David Baltimore）是諾貝爾獎得主，曾任加州理工大學（CIT）校長。那天李資政氣色紅潤，被兒子永昌、媳婦、孫女圍繞著，神情愉快。聚會中，他聽得較多，但不時以英文與黃教授交談。

告別時他送給我一件珍貴的禮物 —— 他母校南京東南大學經濟研究所主編的李資政的書，書名：《李國鼎創意實例》，

書中的第三頁，摘錄了我十三年前寫過的一段話：

「在過去三十多年台灣的社會中，出現了一些功臣，李國鼎就是其中最顯著的一位。李先生是我們當前社會中，一個新觀念的推動者、新觀念的實踐者，……他是一個發明家，發明了很多觀念；他是一個創新者，做很多人家不敢碰、不敢做的事。」

李氏正就是這麼一個難得的人物。他既是台灣經濟奇蹟的創造者之一，又是近二十年來推動資訊科技的功臣。李氏一生的言行，樹立了一個從政者的典範──敢想、敢說、敢做、敢愛。

很多位旅居在國外的我國專家或學者，常常只因為與李氏一席談，就被他的使命感所感動，而決定回國投資，或擔任公職。郝柏村先生說得傳神：「李資政一輩子做的事，就是圖利他人。」

大家常聽到的例子，就是 1985 年他邀請了張忠謀先生來台擔任工業技術研究院院長，參與科技研發。對當年李資政的邀請，張先生說：「沒有李國鼎，就沒有台積電。」

這一篇短文有這樣長的開頭，就是要說明：「沒有李國鼎，也就沒有 Peter Liu 的創投。」

當我比讀者先有機會，讀到全球幾十位著名中外友人，對

Peter 的真誠稱讚，使我做出了這個結論：李資政是 Peter 一生投入創投的功臣。

廣義地說，在 1970 ～ 1990 二十年中，凡是訪問過台灣，見過 KT 的人（KT 是「國鼎」的英文縮寫），尤其在經濟、科技、資訊等領域的專業人士，只要有機會交談，莫不佩服他的才華、熱情、無私、決策。

當李氏過世後，我曾以自己的《反冷漠的知識人》（2003，天下文化）一書獻給他，感謝他在 1969 年暑假邀我返台擔任經合會的顧問，展開了四十餘年來向李資政的學習之旅。那時是我在威斯康辛大學任教的第五年。

（二）Peter 從仰慕者到實踐者

從 1960 年代起，台灣經濟開始起飛，其後二十多年持續地成長，被譽為「台灣經濟奇蹟」及「四小龍之首」。其間的功臣包括了尹仲容、嚴家淦、俞國華、孫運璿、李國鼎、趙耀東等等，又有王作榮、葉萬安、孫震等的襄助。孫運璿與李國鼎擘劃了「科技興國」的宏大藍圖，70 年代劉宇環在加州柏克萊受教育後，進入企業界。其間返台尋找創業機會。因緣際會下，與李資政長談，得到鼓勵，從此堅定地踏入創投業，成

為海外學人投入台灣產業發展的一股新力量。

畢業後的十餘年間參與了國際風險投資公司等，於 1993年自己創辦「美商中經合集團」（WI Harper Group），擔任董事長至今。他矢志成為美國與大中華地區的經濟合作橋梁。來自空軍世家的他，長存於心中的是家國情懷，他奔波於兩洋之間、兩岸之間，始終希望能為華人的經濟成長盡一份力。

當李資政於 1993 年 6 月回到了離開四十七年的故鄉與國土時，他參與了細心的安排。李資政在北京與中共高層坦率地分享台灣經濟發展經驗，Peter 又贊助在史丹佛大學設立李國鼎講座。

大中華地區的興起，一直是他追求的合作模式，多年前我還在美參加「白人會」時，有二次 Peter 和我及十多位委員組團訪問北京、香港、台北三地，會見領導人。在台北就和陳水扁總統及陸委會主委蔡英文和台北市長馬英九聚會討論，頗有收穫。

Peter 擁有世界各地豐富的人脈，洞察科技變化的宏觀思維，是一位既能順勢造勢，又能開拓新局的創投家。

邁入 21 世紀，他又前進歐洲，積極參與達沃斯世界經濟論壇，結識了歐洲大陸眾多企業家，看到了歐洲對環保、永續性產業的重視，鼓舞起「與時俱進」的魄力，期許自己對氣候

變遷、可持續性發展要做出新的貢獻，投資方向也開始落實於循環經濟、電動車、清潔能源等產業。近年更致力於桌上型核融合發電器，認為核融合才是環保與能源問題的解方。為世界，為台灣，為下一代年輕人的永續發展，他決心挑戰這項聖杯級的任務。他已盡了不少心力，擁有了一流的研發團隊，默默研發多年已具成績，此刻更以堅定的執行力，加速變成人類科技大突破的先行者。

（三）華人創投先驅

Peter 的成功，是來自他「人做對，事就做對」的鐵律。他溫暖的人格特質：真誠地待人與分享；熱忱，慷慨，親切，周到，不炫耀財勢，與他在一起如沐春風。

近十年來，他又展現了是位有氣質的時尚家，穿著上有高貴的歐洲風格。他常說美國是他全球化的啟蒙地，歐洲則是他紳士化的啟蒙地。

受到歐洲文化與思想的衝擊，使他對創投增加了新認識，所有的商業行為都必須除了利己，也要利他，「雙贏」更堅定了他對永續發展的投資。

在 2020 年的第 18 屆華人領袖遠見高峰會上，遠見雜誌贈

與 Peter「終身成就獎」，就是肯定他對創投市場新發展及兩岸交流的貢獻。他低調地成就了許多創業者的事業理想，促成了台灣高科技業的發展。在華人世界的創投歷史上，劉宇環被公認是一位先驅。

　　台灣何其幸運，前有李國鼎等首長的領先推動，後有劉宇環等仰慕者及實踐者的接棒。正因為半世紀以來的開創與傳承，台灣這個「島」，已經變成了受到世界矚目的「科技島」。海內外的讀者，從這本書中，可以看到 Peter 在大中華地區的辛勤耕耘以及持續的努力。

（作者為遠見・天下文化事業群創辦人）

推薦序
經濟與生態之間的平衡

阿爾貝二世（Albert II）

　　很榮幸能為這本書作序，這是一個特別的機會，能慶祝 Peter 人生中所取得的成就，以及他藉由成功的企業和慈善事業所做出的貢獻。

　　首先，我想說明我與 Peter 的友誼。他選擇在摩納哥生活多年，為強化亞洲國家與摩納哥侯國（Principality of Monaco）之間的關係做出了熱忱的貢獻。

　　我也想表達我的祝賀。他做為中經合集團（WI Harper Group）的董事長，成就非凡。在過去的三十年裡，集團已成為居於領導地位的全球性公司，投資美國和亞洲的新創公司，涉足醫療保健、科技、綠色能源、媒體、潔淨運輸（clean mobility）和永續發展領域。

July 2021.

I am pleased to contribute to this publication, which is a special opportunity to celebrate the many accomplishments marking Peter Liu's life and the many commitments he has made, through successful businesses and philanthropy.

First and foremost, I would like to express my friendship for Peter Liu, who has chosen to live in Monaco for many years and who has passionately contributed to strengthening the relationship between Asian countries and the Principality of Monaco.

I would like to also express my congratulations for his sound achievements as chairman of WI Harper Group, which has established itself over the past three decades as a leading global firm, investing in early stage companies in the United States of America and Asia, in the fields of healthcare, technology, green energy, media, clean mobility and sustainability.

Peter 在他的位子上，積極致力於發現新人才，並推廣尖端新觀念，以解決數位轉型、能源轉型及環境保護等問題。

這些領域的創新比起過去更加興盛，我相信這些巨大的挑戰相互滋養，而且此種趨勢是我們這個時代的必要元素，各家企業現在必須擁抱此一元素，因為它是成長與永續發展的重要方法。

健康的環境、永續利用自然資源、以自然為本的解決方案所提供的不斷增加的機會，以及能源、交通和農業領域的創新，對未來而言都是具有遠景的選擇。

我們必須證明環境保護絕對不會使環保主義者和私部門之間產生隔閡，而是能讓他們因為共同的目標而團結，同時讓每個人受益。

我很高興與 Peter 共享具包容性的方法，這種方法促使 Peter 與我的基金會（Blue Climate Initiative）首次合作，我們的目標在實施具體的解決方案以應對塑膠汙染的問題，並推廣循環經濟。

In his position, Peter Liu has actively contributed to identifying new talents and promoting cutting-edge innovations to address the issues of the digital transition, the energy transition and the protection of the environment.

Innovation in these areas is more than ever a necessity. I believe that these great challenges nourish each other and that this trend is an essential element of our time, which companies must now embrace, because it is a tremendous lever for growth and sustainability.

A healthy environment, a sustainable use of natural resources, the increasing opportunities offered by nature based solutions and innovations in the field of energy, mobility and agriculture are promising options for the future.

We need to demonstrate that environmental protection, far from driving a wedge between environmentalists and the private sector, can bring them together behind a common goal while still allowing each to benefit.

I am pleased to share this inclusive approach with Peter Liu, which has led to a first partnership with my Foundation in order to implement concrete solutions to address plastic pollution and the promotion of a circular economy.

目前有經濟上可行的解決方案來減輕氣候變遷的衝擊，並限制人類活動對環境所造成的不良後果。

這些解決方案使人類能活得更好，並與自然和諧相處。它們是當前危機可以轉化為出色經濟機會的證據。

我們眼前的未來，仰賴這些乾淨能源與科技的實行速度。為了縮小所設定的目標與實際情況之間日益擴大的差距，必須採取集體行動，集合公民社會、私部門和公部門的力量。

因此，向年輕的領導者與企業家推廣這種全面與永續的方法至關重要，我相信這本書將為他們當中的許多人帶來有益的啟發。

我希望他們能擁有與 Peter 一樣的精力和決心，並受到相同的進取與慷慨精神之驅使。我確信這種精神將為經濟和生態之間的平衡，鋪出一條康莊之道。

（作者為摩納哥親王）

Today, financially viable solutions exist to mitigate the impact of climate change and limit the consequences of human activities on the environment.

These solutions allow humanity to live better and in harmony with nature. They are the evidence that the current crisis can be turned into outstanding economic opportunities.

The future that lies ahead depends on the speed with which these clean energies and technologies are rolled out. To bridge the widening gap between the goals that are set and the reality on the ground, collective action is a necessity, bringing together civil society, private sector and public sector.

Promoting this holistic and sustainable approach to young leaders and young entrepreneurs is therefore central. I am thus confident that this book will be a sound source of inspiration for many of them.

I hope they will share Peter Liu's energy and determination and that they will be driven by the same spirit of progress and generosity. A spirit that I am sure will pave the way to reconcile economy and ecology.

推薦序

我親愛的朋友

阿爾馬迪（Turki Almadi）

做為沙烏地阿拉伯王國駐中華人民共和國大使，我有幸在顧及兩國關係的重要性之下，享有諸多體驗。在此期間，許多重要事件發生在我周遭，其中之一便是認識 Peter。我們在個人與家庭層面都建立了良好關係。

他知識淵博且個性迷人，我從他身上學到許多，而且他對我和我的家人充滿善意。在我們往來的過程中，他拓展了我對中國和此地區的商業與金融領域的視野。

除此之外，我特別想說一說他的幽默感和慷慨，尤其是我的孩子們，他們總記得 Peter 叔叔送的好禮物。我們總是一起享用晚餐，我永遠不會忘記他美麗的鑲貝餐桌和他費心安排的賓客。我記得有一天晚上，他像往常一樣來我家，並帶了禮物給我，我沒有什麼可回報的，所以決定送他一件非常傳統的比什（bisht，與長袍類似），它對我們沙烏地阿拉伯人來說意義重大，反映了我們的習俗。那一刻，我很自豪他接受了。

As ambassador of the Kingdom of Saudi Arabia to People's Republic of China , I am privileged to enjoy many things , taking into account the importance of the relationship of the two countries. During this time, I witnessed many vital events. One of them, I met Mr.Peter Liu. We created excellent ties both personally and in family level .

In the beginning of my mandate, I learned a lot from his knowledgeable and charming personality, as well as his kindness with me and my family . During our friendship, he widened my perspective towards China and the region in the field of business and financial sectors.

Apart from this, I'd like to focus on his sense of humor and generosity , specifically with my kids, they always remember uncle Peter's nice gifts. We always enjoyed our dinners together, I will never forget his lovely table with abalone and his well selected friends. And I remembered one night he came to my house and brought me gifts as usual and I have nothing to return. So I decided to give him a very traditional Saudi bisht (it's similar to robe), which means a lot for us in Saudi Arabia and it reflects our custom . That moment, I was so proud that he accepted it.

擁有一個像 Peter 這樣的朋友很不容易。他經驗豐富、充滿智慧，而且擁有平衡的思維。我們將永遠像家人一樣，我真的很感謝遇到他的那一刻。認識像 Peter 這樣的人，讓人生更有意義，他有許多的願景和計畫，我很榮幸能在 2017 年將他介紹給沙烏地阿拉伯王國的沙爾曼國王陛下（Salman Bin Abdulaziz）。使我驚訝的是，沙烏地阿拉伯的每個人都認識 Peter，後來他訪問我國，參加未來投資倡議論壇（Future Investment Initiative forum），他對該論壇的貢獻極有價值。此外，他以非常出色的方式代表了中國人。

最後，如果你想了解中國，請連繫 Peter，因為他具有豐富的知識、經驗與智慧。我對年輕一代的建議是多加學習 Peter 的獨特個性，這可能會成為他們的巨大財富。

謝謝你，我親愛的朋友。

（作者為沙烏地阿拉伯駐中國大使）

ROYAL EMBASSY OF SAUDI ARABIA
BEIJING

سفارة المملكة العربية السعودية
بكين

It's not easy to have a friend like Peter ,with his experience, wisdom and balance thinking. We'll remain always as family, I am really thankful the moment that I met him. It has significant added value to know someone like Peter . His vision and plans are very productive. I'm honored to introduce him to His Majesty King Salman Bin Abdulaziz, the King of the Kingdom of Saudi Arabia in 2017. And what surprised me was that everybody in Saudi Arabia knows Peter . Later on, he visited my country to attend Future Investment Initiative forum. His contributions to that forum is valuable. Moreover , he represented China in a very brilliant way.

In conclusion, if you want to know China, contact Peter Liu. Based on his rich knowledge ,experience and wisdom. My advice for the young generation is to learn more about Peter's unique personality which can be considered as a great fortune for them.

Thank you my dear friend!

Turki Almadi

Ambassador of the Kingdom of Saudi Arabia to China

July 30, 2021

الرقم : .... التاريخ : .... الموافق : .... المرفقات : ....

推薦序

認識宇環

劉遵義（Lawrence J. Lau）

　　我很榮幸也很高興能為這本讚揚我親愛的老友劉宇環生平的作品寫序。Peter 的父母和我的父母也是老朋友，他也認識我在台灣長大的弟弟大慶和大江，我們的友誼可是從很早以前就開始了。但我不會在序中重複我在書中說過的話，相反地，我將聚焦於我認為使 Peter 成功的四個特質。

　　首先，Peter 有長遠的眼光和先見之明。他於 1993 年創立美商中經合集團，即使不是第一，它也是東亞最早的創投公司之一。在 Peter 的領導之下，中經合集團成為先驅，早在諸如紅杉資本等美國風險投資巨擘對東亞產生興趣之前，它就已經是新加坡創新科技、美國第一商務和矽谷銀行等非常成功的新創公司的早期投資者。中經合集團是核融合先鋒，我相信這將使全球免受氣候變遷的影響。然而，Peter 對於自己是促進亞

Preface

Knowing Peter

Lawrence J. Lau, Member, Academia Sinica

It is my honour and pleasure to write a preface for this volume of essays celebrating the life of my old and dear friend, Peter Liu. Peter's parents and my parents were also old friends and Peter also knew my younger brothers, Tai-Ching and John, who grew up in Taiwan. So, our relationship goes back a long way. However, I shall not repeat in this preface what I said in my own contribution to this volume. Instead, I shall focus on four characteristics of Peter's that I believe are responsible for his success.

First, Peter has long-term vision and foresight. He founded W. I. Harper Group in 1993. It is one of the earliest, if not the earliest venture capital firm in East Asia. W. I. Harper was a pioneer under Peter's leadership. It was an early investor in highly successful innovative companies such as Creative Technologies, Commerce-One, and Silicon Valley Bank, long before U.S. venture capital giants such as Sequoia became interested in East Asia. W. I. Harper is now on the frontier of nuclear fusion, which I believe will save the world from global climate

洲風險投資方面的重要人物非常謙虛。

其次，Peter 是長期目標導向的，驅動他的並不是賺快錢（quick money）。中經合集團幾十年來的成功是藉由持續地參與創新浪潮而取得的。現在 Peter 持續在進行中經合集團第八號基金的募集工作，而且顯然經得起時間的考驗。中經合集團的長壽，證明其成功歸因於專業知識而不只是運氣，並能持續不斷且豐沛地回饋投資者。

第三，Peter 是我認識最熱心公益的人之一，一直以來都很關心人類福祉。他為改善兩岸關係努力不懈，1992 年他協助安排已故的李國鼎博士訪問中國。他也是史丹佛大學四個李國鼎教授紀念講座（Kwoh-Ting Li Professorships）的主要贊助者之一，我很自豪地被任命為其中一位教授。

第四，Peter 對朋友的慷慨和忠誠是眾人所津津樂道的，我自己也是他的好意的受益者。據我個人所知，他經常與有需要的朋友分享非常昂貴的中藥。這本書中有如此多人（133人）為他現身說法，就證明了 Peter 在他的朋友中所受到的欽佩和喜愛。他們不只因為 Peter 是一位成功的企業家和風險投資家而為他貢獻文字，還因為他一直是一位真正的朋友。

祝大家閱讀愉快。

（作者為中央研究院院士）

change. Peter is, however, very modest about his important role in the promotion of venture capital in Asia.

Second, Peter is long-term oriented. He is not motivated by quick money. W. I. Harper's success over the decades has been achieved through participating in the successive waves of innovation. Nowadays, Peter has been working on W. I. Harper's VIIIth Fund. He has clearly stood the test of time. The longevity of the W. I. Harper Group proves that its success is due to expertise, and not simply luck, and that it has been able to reward its investors amply and continuously.

Third, Peter is one of the most public-spirited individuals that I know. He has always been concerned about the welfare of common people. He has worked tirelessly on improving the relationship between the two sides of the Taiwan Straits. He was instrumental in the arrangement of the visit by the late Dr. LI Kwoh-Ting to the Mainland in 1992. He was also one of the major donors to the four Kwoh-Ting Li Professorships at Stanford University, and I was a proud inaugural appointee to one of these Chairs.

Fourth, Peter's generosity and loyalty to his friends are legendary. I have also personally been a beneficiary of his kindness. I know, from personal knowledge, that he often shares a very expensive Chinese medicine with his friends who need them. The fact that there is such a large number of people, 133, who contributed to this volume, is itself testimony to the admiration and affection that Peter enjoys among his friends. They wrote not only because Peter is a successful entrepreneur and venture capitalist, but also because he has always been a true friend.

Happy reading!

推薦序

創投帶給未來世界的借鏡

苗豐強（Matthew Miau）

　　Peter 常對朋友說他是「down to earth」（務實）的人；他廣結善緣、走遍全球，認識很多朋友；他對創投的理念是以人為出發點，年輕朋友更是受到他的提拔；他總是精準把握時機、地緣，尤其擅長團隊的統整、人與人的調和，和目前動盪不安的大環境形成很強烈的對比。

　　最早認識 Peter 是二十八年前他介紹我投資 S3 公司。當時我已經和世界最早的無廠半導體公司 Chips & Technologies 合作，但 Peter 從美國回來，帶著競爭的 S3 公司團隊來見我，經過他的分析介紹，在一個小時內，我們就決定投資並進行多項合作。過程和成果都非常愉快，也很成功。反觀現在的世界，為什麼不能夠尋找雙贏的策略，反而是人與人之間的鬥爭及算計，不擇手段、損人不利己的貿易戰？

Peter 有很多驚人的言論及創舉。他長住台灣、中國、美國。他熱愛台灣，但對中國的政治氣候及中國的特色、市場、經濟，都有他的看法及見解；對中國努力去貧、基礎建設、發展高科技、大數據 AI 應用、前進的通訊及太空技術、一帶一路和世界接軌，都是中國人的驕傲。他對歐美政治經濟活動的熱愛，在參加世界經濟論壇的時候，還會打個電話，興奮地分享他獲得的新知識及體會出的新策略方向。他旅居美國多年，對美國的政治、經濟、人文深入了解，他也參與「百人會」，致力於華人在美國的地位以及在其他國家的正面影響力。

　　Peter 是創業投資界的始祖，他有熱誠，也相信「人」是可以合作的。記得當年台灣發明中文電腦的時候，中文的內碼要和日文、韓文等共同納入聯合國的 Unicode。但台灣不是聯合國會員，而大陸使用的又是簡體字，Unicode 沒有這麼大的空間分配給這麼多文字，這產生了很大的問題。1989 年，台灣資策會、電腦公會、標準局、師大教授、電腦公司代表，由神通電腦蘇亮總經理帶隊，和大陸的技術監督局第一次在香港開會。後來又在北京開了十幾次會議，共同努力花了三、四年的時間，才將 13,000 個繁體字壓縮，和日文韓文及簡體字並存 20,000 個空間，共同納入 Unicode 中。這是科技界共同努

力將電腦內碼標準化、邏輯化，對人類和平共存非常好的例子。上述例子也與 Peter 最近的投資策略相呼應，他投入環保 ESG 產業、再生能源等重大議題，將世界不同地區人才聚集起來，共同為人類和平及大環境努力。

在目前政治及經濟的動盪中，各企業及國家應該做各種盤點：風險及和平共存、前瞻發展策略、高科技產業及傳統產業的供應鏈，各國發揮自己優點、各盡所長。人才、能源、糧食、各種資源分配問題，強項、弱項如何互補，良性競爭，共同制定標準，提升效率，而不是嫉妒、製造仇恨、煽動戰爭。目標一致，才可以共存，解決問題，創造機會，製造繁榮。我們希望看到的世界是科技合作、自由貿易、合作、分工、分享智慧製造、新服務、新營運模式。創投扮演的角色是很好的借鏡。中經合集團和 Peter 的努力及成果值得敬佩。

（作者為聯華神通集團董事長）

自序
追尋超越自己的認同

劉宇環

　　人一輩子都在追尋超越自己的認同，在這探尋與追求的旅程中，讓我充滿著生命的熱情與對際遇的感恩，也更懂得珍惜深蘊人性溫度的真情。

　　生為戰後嬰兒潮的前段班，我成長的年代，國家正從分裂的歷史與戰後的慘破經濟中，蹣跚步入現代化的旅途。那時，我這位來自台灣嘉義白川町眷村、徜徉在山仔頂上嘉義中學的懵懂少年，並不知道有一場充滿著驚險的奇幻之旅正等待著我。

　　1969 年，就在美國嬉皮運動風起雲湧時，我來到加州大學柏克萊分校過著打工求學的生活。畢業後，原本可以在此過著悠哉的中產階級美國夢生活，但心中像是無根的浮萍，總覺得有著更高的認同，才是我真正想追求的。

一場改變人生的會晤

1985 年年中的一通電話，開啟了我人生最大的轉折。知道分隔近二十年的父親病重後，匆匆趕回台灣陪伴他走過生命的最後階段。父親出身於以「我們的身體、飛機和炸彈，當與敵人兵艦陣地同歸於盡！」為校訓的杭州筧橋中央航空學校，一生歷經空戰生死，那份生命豪邁與愛國胸懷，深印我心。

就在照顧父親的幾個月中，當時以「口述歷史」為胡適、李宗仁、顧維鈞、張學良等著述回憶錄的表哥唐德剛，與在波士頓大學教書的舅舅唐盛鎬也都相聚到台灣，他們與家母要我陪著一同去探望李國鼎先生（K.T.）。K.T. 請我們在家吃晚餐，跟我談國家大事與台灣經濟發展，後來他談到「Venture Capital」，他說台灣一定要做創業投資。當天 K.T. 與我聊了兩個多小時。

無私的魅力

在 1985 年前後這段台灣科技發展的關鍵時刻，許多人都是跟我一樣，受了 K.T. 無私的使命感魅力所感召，回台灣一

起打拚。這種無私的魅力吸引了許多海內外一流的菁英追隨他為國家的現代化努力，開創了一個令人懷念的世代。

回首來時路，縈繞腦海的，是大時代中，一群充滿著無私的魅力、不知老之將至的菁英典範，感召著我們這些年輕人不畏艱難險阻、合力將國家推上現代科技的全球競合舞台。

我的創投故事，就從這一群時代典範的代表性人物李國鼎先生說起，這是我出版這本書的起心動念。透過我的創投人生，來傳承與分享這一路走來的許多故事與心得，也讓更多年輕的世代，了解 K.T. 他們這些把國家放在胸懷的世代，如何慷慨地幫助年輕人來改變這個國家的命運，為下一代創造出更寬廣、開闊的世界舞台。

最後寄情的創投聖杯

創投經常是從未來的危機與挑戰中，尋找創新的機會，「晶圓代工」就是台灣在發展半導體產業之際，為求生存所獨創的發展模式，而今已成為地緣政治的兵家必爭之地。目前當碳關稅成為各國進口產品的課徵項目時，潔淨能源的供應能力將成為我國產品在全球市場競爭力的關鍵因素。「核融合」技術被視為潔淨能源的聖杯、終結能源危機的最佳解決方案。

近幾年來，我積極引進世界一流的人才、技術、資金，就是為了推動這項攸關台灣未來競爭力的潔淨能源產業在台灣落地生根，但開風氣不為師。然而，大量產製桌上型或小型核融合發電系統需要健全的生態系統，仍有賴政府、產業界、學術界、金融投資界等謀求共識、通力合作，將這項潔淨能源產業發展成為台灣之光，這是我創投生涯最後寄情的心願。

口述歷史超越個人歷史格局

如果沒有《遠見雜誌》創辦人高希均教授與發行人王力行女士的鼓勵、敦促，這些迴盪在我心中多年的感念與濃情記憶，不會如此順利轉化成篇的著作。高教授大我一輪，是我非常敬重的國士，我們都出生於大陸、成長於台灣，也都來自軍人家庭，先後成為「美國百人會」成員。四十多年來，伴隨著國家的興衰起落與度過重重挑戰，高教授總扮演著錚錚敢言的學者風範，為這塊土地無怨無悔地付出，令人感佩不已。

楊艾俐小姐，為了撰述本書，遍訪近百位業界重要人士與我的親友，憑藉其歷史縱觀的深厚學養，與對科技產業發展的豐富採訪資歷，才使得這本口述傳記，得以超越只是我個人歷史的格局，足以鳥瞰這三十多年來兩岸科技與經濟發展的成長

歷程，對於她及天下文化編輯群的辛勞與專業，致上誠摯的敬謝之意。

人生最珍貴的瑰寶──初心

感謝在我生命中出現的這些朋友與工作夥伴，是您們成就了今天足以回報社會的我，讓我得以跟大家共同享有這美好的人生，也因為有您們，我在經歷過這麼多艱難挑戰後，還能保有對生命的熱情、對創新的探索及人性的溫暖，這是我最為珍惜的初心。

家庭，是我人生最大的支柱，父親與母親對我的恩慈，大姊宇新、姊夫嘉利，與小妹宇珠、妹夫健綱對我的關愛，讓我擁有快樂難忘的成長歲月，而對於因事業奔波而未能多陪伴的家人 —— 女兒宏敏與兒子宏祥，特別是讓我沒有後顧之憂的太太紅薇 —— 願以此書獻給我一生的摯愛！

他的天空很國際

　　1995 年 5 月的一天晚上十點，到這家小企業採訪，是第五個採訪，我已頭昏眼花，中飯、晚飯都沒吃，到他那裡已經頭冒冷汗，但是這位中小企業主興昂致高，滔滔開講三小時，我只能飢腸轆轆地聽著，不忍打斷他。

　　這個中小企業主只是整個 1990 年代台灣的縮影，每年經濟成長率接近 10%，企業及個人都在飛揚。

　　這些年一直有人不斷訴說那經濟奇蹟的幕後功臣，李國鼎、孫運璿……但必定還有很多遺珠，本書主角劉宇環是我們近年來才發現的閃亮遺珠。

　　劉宇環在台灣很低調，除了科技圈，創投業之外很少人知道他。

　　台灣那麼多明星企業是他幫忙打造出來的。中國的創業投資是他引進來的，他支持了中國 3G 發展十五年才得成功，

而沒有 3G，就沒有 5G，更沒有現今世界第一大電訊公司的華為。近年來又要致力核融合家用發電技術，希望台灣有更多護國神山。

每次開始採訪傳主時，既驚且喜，每個人都如此傳奇，機遇如山峰澗水，如此值得記上一筆。一個嘉義眷村出來的孩子，走過柏克萊大學的歲月，到矽谷，回到台灣，去到中國大陸，在兩地推動高科技發展，開啟創投業的春天。他是擁有國際人脈最廣的台灣人，是唯一每年參加達沃斯峰會的華人。採訪起來，似乎水益挖益深，酒益釀益清芳。

寫劉宇環傳記更是傳奇，2020 年中，他和我同時從美國避疫於台灣，他經過高希均教授多年的囑咐（一定要把自己的故事說出來，鼓勵年輕人），終於答應寫傳記。

現已開拓創投一片天空的劉宇環，不管遇到國外國內人士，第一次見面，他都極愛講自己成長於台灣的小鎮，父親是戰鬥機駕駛，比對身世，我父親也是空軍通訊官。他說他是在嘉義白川町居住經年，我也是，他驚訝，我也驚訝。真是緣分。

我開始研究他的出生地 —— 嘉義白川町，我拿出我家舊的戶籍謄本。啊！真的喲，我家和劉宇環家只差 500 公尺，說不定小時候還見過面。那是我兩歲到六歲居住的地方，應該是建

立我日後人格特性的地方，我怎能忽視呢！對嘉義我又多了一份認同感。真是秋月明，秋風清，落葉又散又聚。

劉宇環創業順遂，當然不缺才智，奮發努力更是當然，別人是早上九點上班、五點下班，他是早上五點上班、晚上九點下班。每天就比別人多了八小時工作，有時晚上十點朋友還會接到他的微信。

更不同的是，他常強調自己機會好、運氣好，感謝上帝的恩典，創投這行真還需要運氣，買入賣出都是時點，稍縱即逝，沒有上天的保佑，不會有累積的成功。

著名政治哲學家邁可・桑德爾（Michael Sandel），最近出版《成功的反思》，菁英往往強調自己才能卓越，獲得地位是應該，但其實多少託他人之福，或者是命運的偶然。菁英有感激和謙遜，社會才可以追求共善。

也就是《了凡四訓》裡說的：「念念謙虛，塵塵方便，自然感動天地。」

他更了解，從事這一行——創投，別人把錢託給你，你就必須潔身自愛。從開始在世界各地投資，除了投資外，其他都不碰。尤其在剛進入中國大陸時，正值房地產高漲，那時到處都可以圈地，知名房地產大亨都找他來合夥，但他早在李國鼎徵召時期就高屋建瓴、望盡天涯，一心只要促成科技發展，其

他都不考慮。

　　經過一年多的採訪，閱讀成牘的文件和資料，訪問他一百多位朋友、同事、家人，數百小時的錄音，一年多的寫作，工程不可謂不大，只希望能還原當時場景，呈現一個台灣來的孩子獨身衝刺天涯、練就一身本事，最終念念回饋台灣的故事。

　　雖然講的是企業，講的是創投，這本書卻適合各類職場、各種年齡階層的人讀，它蘊含多項職場真理——先服務，再求回報；「The harder you work, the luckier you get.」努力帶來機運，也就是古語「天道酬勤」；早早就要全球化，打開自己的視野；更重要是上一代成就了台灣經濟奇蹟，續集必須靠年輕一代打造，年輕人絕不能躺平。

　　這也是一本值得收藏的書，劉宇環站在時代前端，科技最前線，我參加過一場中經合股東會，那真是「世界看好了，未來科技在這裡」——可持續發展、清潔能源、量子科學……在在都預測了未來十年、二十年的科技發展。

　　寫傳記，常懷著忐忑心情：是否忠實描繪了這個人？每個人都是時代的側影，我是否忠實地描繪這個時代？一旦開始，落子就得無悔。在落子的過程中，感謝高希均教授及王力行發行人鼓勵，吳佩穎總編輯及副總編輯黃安妮及責任編輯張彤華的協調與編輯。深感一本書能成就，實來自互信的團隊。

第 1 章

台灣奇蹟續集
——靠年輕人打造

他一直堅信，台灣奇蹟可以創造續集，但必須靠
年輕人打造，所以他對年輕人格外愛護，年輕人
求教，他一定會見，指點迷津，曉以趨勢。但他
更常說的話是：「你愈努力，運氣就愈好。」

早上四點半，美商中經合集團董事長劉宇環起床，喝杯咖啡，就開始工作，第一個工作就是早上五點在 Zoom 上與分散世界各地的幹部開會。台灣清晨五點、歐洲早上十點、加州下午兩點、紐約剛好和台灣晝夜顛倒差 12 小時，是下午五點。

　　這天談的是核融合，是一種新能源，這個產品未來有爆炸性需求，也有爆炸性成長，但是要有耐心。劉宇環已經進入投資六年，未來還有長路要走。兩位創業者是八十五歲的科學家，團隊裡有投資銀行家，有化工、太空等各領域的科學家，也有其他企業人，大部分人都自視甚高，劉宇環必須在每個人中間折衝樽俎，私下還要溝通。「每個會、每個溝通都是挑戰，雖然頭痛，但還是很興奮。」他掀起嘴角，會心一笑。

穩定獲利讓投資人忠實跟隨

　　迄今，劉宇環前前後後一共管理過 12 億美元以上的資金，創投多有賠有賺，當然他賺多賠少，才能在這個行業挺立三十餘年，而且日漸精壯。「最重要的是，他遵守創投規範，資料透明，不會亂花投資人的錢，所以很多人是跟著他從第一號基金開始投資到現在。」多位投資人如是說。

　　2019 年中經合啟動新的創投基金募資計畫，是創投業界

首家大動作正面回應台商回流潮的公司。未來投資地點包括台灣、中國、日本、新加坡、歐洲、美國，2020年下半年劉宇環又忙著再度募集基金，投資大方向鎖定商業智慧、健康醫療、永續發展等三大項。

每天早上他開會開到七點，梳洗完畢，吃早餐，八點到辦公室，瀏覽今天行程及處理公事。九點鐘開始開會，開到中午，吃完午餐後，再見幾個客人，與部屬晤談。四點以後，就是他的自由時間，他喜歡在台北逛逛，買吃的、用的。往年他到台北，只能待一個星期就匆匆離去，但是2020年為疫情所困，從6月就來了，直待到2021年。劉宇環在台灣很低調，在大陸更低調，除了科技圈、創投業之外，很少人知道他，正因如此，他可以默默做事，免除政治干擾。

台灣奇蹟的推手

已投資五大洲、見識過世界無數巨變與機會的劉宇環，回憶起自己創業生涯起點，仍然有感於懷。「那是個終生感動，官與民、朝與野、台灣與世界的結合，台灣奇蹟不是憑空得來。」不管在世界哪個角落，他都念念地說。

他也逢人就說，政府有責任帶領年輕人，找到方向、找回

當時朝與野、政府與民間的熱情，這才是台灣競爭力所在。「未來科技、未來世界都屬於他們。」年逾七十的劉宇環說，「台灣有的是人才，但要讓人才動起來。」

1970 年代，台灣正值風雲際會，第一次石油危機剛過，十大建設剛完成，基礎建設乍然改善。從商的熱情，省吃儉用，全力打拚，1981 年營業額才 1.4 億的宏碁（Acer），董事長施振榮戴著黑框眼鏡，緊抿著嘴，思考著，繼「小教授二號」電腦，下一步宏碁要怎麼走。一旁的老闆娘葉紫華，一階一階洗樓梯，準備迎接國外客人來訪。

三十四歲的曹興誠放棄安穩的電子所副所長，帶領下屬宣明智、劉英達，成立聯華電子。第二年，這家公司一鳴驚人，比日本早開發出一種會唱歌的聖誕卡，報紙發出響亮的掌聲，「科技立國理想終於實現。」一家報紙如此說。

皮膚白皙、身高近 190 公分的苗豐強，腳跨石化、食品、電子，甚至遊艇業。雖是多角化集團領導人，卻保有追根究柢、鍥而不捨的工程師個性，每個細節都不放過，建廠時經常睡在工廠裡。

年輕就是他們的優勢，衝勁植在他們的細胞中。

此時的劉宇環正在太平洋彼岸的舊金山灣畔，為一家跨國企業工作，已經實踐了他的美國夢（房子、車子、兒子／女

兒），看到台灣當時的年輕人創業熱烈，心中也蠢蠢欲動，想回故鄉一展宏圖。

台灣科技開始奠基。距離台北約 100 公里的新竹科學園區，在台美斷交後十天開工。

黃沙漫漫、北風強勁，第一家獲得開工執照的大王電子遷入，緊接著全友電腦、宏碁電腦、台揚科技相繼進駐，雄心勃勃要扮演台灣與世界產業接軌的火車頭。當時暖暖的太陽，照著低矮的廠房，空曠的街道映著外漆黃色的辦公室，「還真有點矽谷的味道。」一位曾經採訪矽谷的記者，到了科學園區驚奇地說道。

但有這些年輕熱血投入，還需政府熱心奔走，穿針引線，務必把蹣跚學步的台灣科技產業推上高峰。

1980 年代的李國鼎，人力推展台灣科技研究及產業發展，建立至今仍沿用的科技決策體系。時年七十二歲的李國鼎，未受拔擢為閣揆，甘居政務委員，卻不甘見台灣科技落後，七十二歲的他急著與時間賽跑，上下樓梯總是兩步併一步，今天交代的事希望部屬昨天已做好，就是要盡早催生台灣科技產業，提升台灣經濟。「每一個國家年年都在賽跑，就如一場經濟奧林匹克大賽，稍有大意，停留在原來的紀錄上，就要被別的國家超越。」他不斷在各種場合提醒國人，「我生於

憂患，國家的恥辱，常在我心境深處，影響我一生志業。」

1980 年代初，時任行政院長的孫運璿更視經濟及科技為施政重點。六年行政院長任內，他把科技發展經費增加十倍，更戴起眼鏡、捲起袖子，仔細研讀屬下擬的科技發展方案，一個字都不肯放過，逐一修改不當條文。又將自己在經濟部長任內催生的工研院，重新定位為發展科技產業的火車頭，「我要他們拿出真正能帶動科技發展的大計畫，我不要他們拿幾個小錢、做些小研究敷衍了事。」孫運璿說。

1984 年 2 月，在一個寒冷冬夜腦溢血倒地的他，在全國翹首關懷中，第三天悠悠醒來，醒來後第一句話就問守在一旁的太太：「我的白襯衫和領帶呢？我要到立法院開會。」

他們願意超越個人流派，協調折衷，只因為有個更宏遠的目標在眼前 —— 科技興國，經世濟民。他們是「計利當計天下利，求名當求萬世名」。每個月一定有一個下午，全部財經首長都會到齊，包括當時的科技顧問李國鼎、經建會主委趙耀東、經濟部長、工業局長、科技顧問室，共同商討資訊工業發展到什麼程度、政府部門要有什麼配合，總要有具體結論後，才會解散，結論交由各部會實施。

李國鼎時期，每年都舉辦科技顧問會議，與會者都是國際知名科學家或大公司如 IBM 總裁，他們走在國際第一線，又

來過台灣多次，最知道台灣發展情況，給我們的建議都是最實際的。

從 1970 年代開始舉辦的海外學人國家建設研究會也很有意義，並且組織得很好，都是經過篩選的各國華裔菁英回台參與。要知道，他們那時不只是提供世界發展趨勢和經驗，更是爭取駐在國支持的重要人物，益處是長期的，不是當時可見的。後來中國大陸也做千人計畫，就是模仿當年的國建會。

接受李國鼎徵召，為國家發展貢獻一己之力

1985 年，李國鼎邀請，也敦促劉宇環回台灣建立創投公司。當時正值劉宇環回台灣陪伴父親期間，一天晚上來到李國鼎位於泰安街的住所，在簡單的晚餐中，李國鼎向這位後輩娓娓闡述風險投資的重要性，並說台灣要發展高科技，一定要做風險投資，因為傳統產業的老闆很保守，不願投資高科技，只有仰賴有高風險但也有大回饋的風險資金，出資給有創新的創業家，才能有發展。見過大場面、深具世界觀的李國鼎，已到美國與十多家創投公司接觸，其中一家是華登創投（Walden）。

李國鼎見過美國華登創投的創辦人，年輕的馬來西亞華人

陳立武，認為陳立武有為創新，值得引進台灣。劉宇環看著李家陳舊的家具，甚至沙發皮都破了，外面更闌深宵，面前這位比自己大了將近四十歲的長者，仍然一心為國，自己不接受他的徵召，怎麼過得去？

性格決斷的他，不久就與陳立武共同在台灣創建了華登國際（亞洲）。從此，劉宇環展開了他的創投人生。

1990 年代和 2000 年起投身科技的人大都全力以赴，也得到成功。但這個成功得來不易。要做全球人，就得做飛行游牧族，劉宇環是中華航空的 300 萬公里鑽石卡會員，每到一地，幾乎沒有觀光行程，一下飛機就直奔各項會議，每日俱為翕忽奮迅、風馳電掣，開會、找案子、會談、參觀，行程緊湊，曾有兩次在旅行途中倒下，送醫急診，甚至開刀。

而最難的是與兒女及妻子乍聚乍分，妻子不單要全時工作，還得母代父職。一開始投身創投業，一年就進出台灣十一次，以後在中國大陸、亞洲也依然如此，通常一個月裡，只有一個星期待在美國的家裡，其他時間都在美國以外的國家。「小時候，每三個星期就看到一個陌生人來我家，要我做這做那，不准做這做那。待一個星期走了，我們大鬆一口氣，」劉宇環兒子劉宏祥回憶兒時趣事，開玩笑地說，「三個星期後，這個陌生人又回來了，我們又得適應他。」

他盡量培養與兒女間的感情，一起打球、看電影、吃冰淇淋。但是一個星期後，又得與家人道再見，獨自踏上征途。

努力帶來運氣

雖然對兒女要求嚴格，對年輕人他格外愛護。年輕人求教，他一定會見，而且知無不言，言無不盡，年輕部屬犯錯，也會原諒。劉宇環不諱言自己的成功也伴有機運，但他更常說的話是：「你愈努力，運氣就愈好。」（The harder you work, the luckier you get.）也就是，機會將帶來機會，成功將帶來成功。

他在舊金山辦公室的年輕部屬吳文斯把這句話翻譯為「天道酬勤」，你愈努力，老天會回報你愈多。

這是亙古不變的道理。《箴言》13:4 鼓勵年輕人：「懶惰人羨慕卻無所得，殷勤人必得豐裕。」務要殷勤做工，碰到困難也不要懼怕、不要抱怨、不輕易退縮。

劉宇環最懷念的還是 1980 年代當時那種氣氛、種種做法能夠讓台灣早期經濟發展，得力於大家同心協力，方向很準。政府接力推出各種政策，也就是對的人做對的事，一棒棒傳下去。例如獎勵投資條款，如果投進去，公司行號都可以有

投資減免，20%，這是很大的誘因。

　　他認為台灣早期能夠借用外力推動，例如找到理特管理顧問公司（Arthur D. Little, ADL）來台把脈、診斷，對整體發展幫助很大。ADL 跟投資中心主任黎昌意對接在一起，方向正確，而且脈絡清楚 —— 國外顧問建議，台灣必須有上、中、下游，有白皮書。上游是半導體，中、下游是製造，三者不能偏廢，外資進入、民營企業、個人投資、創投，都有所本。

　　他多年來不斷做創投，認為台灣只錯失了一個機會，就是磁碟機（Disk drive）。這個機會轉到新加坡，新加坡大賠錢，主要製造商 Seagate，如果當初在台灣，以台灣技術及人力品質，保證不會賠。台灣成為四小龍之首確實是有實力。

　　台灣最可惜的是當初軟體沒有發展起來，大的就一家倚天，其他統統轉到硬體去了。1990 年代，如 IBM、昇陽電腦（Sun Mircosystems），這些公司軟體都外包到印度。因為印度人英文底子好，世界包商一擁而至，促成他們經濟成長。

　　早期台灣基本上是跟隨美國的方向，都是跟美國掛鉤，美國發展得很好。等到李登輝主政時，採用野村控股（Nomura Holdings）提供的報告，這樣路線的轉換之中，就會出現鴻溝。那時台灣錯過幾個美國的時代，例如資訊業裡的軟體、主機、伺服器。這些都會衍生出很多產品，再衍生出零件廠商。

1990 年代初期，美國、歐洲、日本的網路開始發達。台灣沒有抓住這個網路經濟浪潮：電子商務。不論大小，軟體、硬體都有很多需求，雖然 2000 年發生網路泡沫化，但之後又有大數據及雲端儲存、雲端計算等。

清潔能源核融合，培養護國神山群

李登輝雖然偏日本，但轉向還是沒有如此快。到陳水扁時代，台灣就只提出 2 兆雙星計畫，偏向大量製造、大量營業額，較少注重創新科技這塊。馬英九時代偏好文創產業，劉宇環首先響應也投了 100 萬美元，但都賠了，因為文創產業在台灣市場太小，無法擴人。蔡英文時代致力於新能源發展，重風力發電，但劉宇環有個祕願，不單能幫助台灣改善能源，更可以培養出如另一個護國神山 —— 台積電，以及護國神山群 —— 產業聚落。

在氣候劇烈變遷的今天，燃煤發電、汽車廢氣、工廠汙染，在在威脅著地球，他和公司團隊正在發展一種可以在家發電的技術，擺在桌上，能源自動而來，是目前最需要的新技術。

這項技術叫做核融合，是改變人類命運的方程式之一，其

實很多大國已經聯手發展這項技術。這種稱做「核融合」的技術是利用一億五千萬度（太陽熱度的十倍）高溫，將兩個較輕的原子融合成一個較重的原子，而根據愛因斯坦質能互換方程式（$E = mc^2$），這個融合過程損失的質量會釋放龐大能量，卻不會產生任何輻射汙染。

由於要投入高溫能源，因此發出來的能源，比例必須大於一，才能達到經濟規模，可以商品化。

核融合產生能量的物理概念，早在 19 世紀就有科學家提出。但直到三十年前，1988 年，一項由全世界 35 國參與的 ITER 計畫才正式展開。

當時，兩大強權美國和蘇聯放下成見，由兩國領袖雷根總統（Ronald Reagan）和戈巴契夫總統（Mikhail Gorbachev）推動開發這項技術。ITER 參考的是 1950 年代蘇聯時期研究的托克馬克（Tokamak）反應爐。

到了 2006 年，中、美、日、韓、歐盟、俄羅斯等國簽訂合約，在法國南部建造反應爐，60 個足球場大，九層樓高。由於涉及的技術開發項目太多，這份由 35 國簽訂的合約，確保了興建反應爐所需的材料和智慧財產，參與國家不受任何約束地支援這項計畫。

ITER 計畫並不是全球唯一的核融合開發計畫，但這個預

算 220 億美元的計畫，目前進度已達 65%，預計 2025 年開始運作測試，絕對是目前最有希望達標的項目。

除了大國聯手試驗這項技術，很多民間企業家如比爾‧蓋茲（Bill Gates）、貝佐斯（Jeff Bezos）、馬斯克（Elon Musk），也在積極發展這項技術，他們做的反應爐也是至少一個房間大，三層樓高。「目前全世界有 50 家民營企業在主攻這項科技，我們都有很詳細的資料，誰出資，做到什麼程度，何時可以商品化。」他氣定神閒地說，「創新，不只是埋頭做工，要能知己知彼。」

中經合投資的聚界潔能（Alpha Ring）卻擁有不同的技術，最終是家用型，放在家裡就可發電。

「聚界」是由中國人陸某位易經大師取名，意即聚集天地、人間之氣，造福世界。

2015 年，劉宇環遇到兩位華裔科學家，認識了這項劃時代的科技，一位是美籍華裔物理科學家黃耀輝（Alfred Wong），一位是中研院院士李羅權。

黃耀輝為「美國物理學會」成員和「加州大學洛杉磯分校物理學和天文學」名譽退休教授，曾於 1985 年獲頒「美國物理學會卓越獎」（American Physical Society Award for Excellent in Plasma Physics）。他個人擁有超過 18 項國際性專利，在電

漿物理研究上具備少有人能超越的豐厚資歷。

首先他發現了應用電子牆（Electrons）促成核融合的發生，而 ITER 用的是高溫電漿。接著在科技部長徐爵民專案資助下，加上工研院董事長蔡清彥的大力支持，台灣團隊由李羅權主導研究同樣技術，並獲得成果。經過數年實驗與理論的精進，台灣團隊達成了目前全球第一個、也是唯一能產生增益比大於一（就是發出能源是投入能源的一倍），並可重複及長時間運轉的核融合反應器。

李羅權曾任國科會主委、中央大學校長，在太空及電漿物理上有許多創新貢獻，並為中央研究院院士、美國國家工程學院海外院士，也是 2017 年亞太物理學會聯盟「錢德拉塞卡電漿物理學獎」（S. Chandrasekhar Prize of Plasma Physics）得主，曾發表的學術論文超過 300 篇，「在我科學生涯上，這個最讓我興奮。」彼時，帶著無限希望，剛從摩納哥回國的院士李羅權，在防疫旅館裡，用 Zoom 接受訪問時說。

曾經決定將研究經費撥給這個團隊的前科技部長徐爵民說，要將聚界所研發的反應器商業化，還有很長的路要走，但台灣能及早開始，是個福氣。

劉宇環在台灣避疫一年，仍然緊盯研究進度，回到美國柏克萊山崗，更與這個計畫，緊緊相隨。

這項研究如果能成功商業化，台灣可以銜接製造，「想想看，世界上多少家庭可以用到這個桌上型發電機，也只有台灣可以做到。」這就是他所謂的台灣另一座護國神山，輔以上下游產業、零件業，更是構成另一個護國神山群。

　　為了台灣，也為了世界，他一面連接自己的人際網，一面再織新的人際網。他兼任聚界潔能美國公司總裁，方便協調溝通、做緊急決策。「我通常不兼 CEO，但現在緊鑼密鼓，非常時期，必須一肩扛起來。」

　　美國投資人問他為什麼一定要在台灣做，他說：「做人要飲水思源，是台灣科技部首先批准了這項計畫，中研院補助了研發經費，國發基金投入了最大一筆資金，我們怎能不回去呢？我們必須將這項技術帶回去。」他再加一句：「何況，台灣的製造業實力，舉世已知。」

　　北加州初冬已轉涼，細雨紛紛，清冷的空氣更讓他心志澄澈，非做成不可。為世界，為台灣，為下一代年輕人。

附記 1

自行尋找關鍵點
──格局決定結局

毋寧，劉宇環是人生勝利組。白手起家，從嘉義眷村走向美國、歐洲、中國大陸、世界，走入創投。三十餘年來，劉宇環成功的要訣是自行尋找關鍵點、設定關鍵點、守住關鍵點，全力進攻，直到下一個關鍵點出現。

　　自行尋找關鍵點，不靠父母，不靠祖宗庇蔭，當今年輕人可參考他的職業生涯。

　　第一個關鍵點是他入學加州大學柏克萊分校。

　　1960 年代末，瘦瘦高高的劉宇環從嘉義高中畢業後，考上的大學不滿意，讀建築系也不滿意，因為知道自己不適合終生拿把三角尺，量尺度寸。大一讀完他就去服兵役，服完後，進入加州大學柏克萊分校就讀，從此過著如《夢回青河》（著名留學生文學）的生活，「那是我第一個關鍵點。」

　　第二個關鍵點是他接受科技教父李國鼎的呼召，確定回台投身創投業。

　　柏克萊是美國數一數二的公立大學，在這裡他培養出對追求學問及把理論用在實務方面的興趣。更重要的是，柏克萊是美國 1960 年代學運最激烈的大學，他看到這些學生運動，一方面啟發他向傳統挑戰的勇氣，另一方面也扎實地先求自己的生涯發展。

　　另外，1970 年代，馬英九、張系國、郁慕明分別在美國

東岸、西岸及中西部組織起留美學生。當時還是個青嫩大學生的劉宇環，目睹愛國運動風起雲湧，任何力量也阻止不了中華兒女的民族情感，與這時代的小確幸有著天壤之別。

1970 年代末，台灣經濟起飛，李國鼎、孫運璿等人在蔣經國領導下，亟欲發展高科技以取代傳統工業，排除萬難設立新竹科學園區，提供一站式服務，讓所有投資疑難雜症都在一個單位裡全部解決。搶得頭香入駐科學園區的全友電腦創辦人王渤渤，帶領一批美國全錄（Xerox）工程師回台。他們捨棄了美國大企業高薪，也捨棄了花園洋房的美國夢，決心回到台灣創業，關鍵因素就是深受保釣運動影響，要追求中華民族的尊嚴。當時，中國尚在大饑荒、文化大革命後的滿目瘡痍中，而台灣正欣欣向榮。

1985 年，劉宇環嗅到台灣要發展高科技的氣息，原本一片黃沙的科學園區，已經有多家公司要發展宏圖。父親生病，他回台探父。有天晚上，科技教父李國鼎在晚餐中講述創投業對台灣科技發展的重要性。李國鼎談到風險投資，並說台灣要發展高科技，一定要做風險投資。當時李國鼎告訴劉宇環，可以將馬來西亞華裔陳立武創辦的華登國際引進台灣。「我第二天就打越洋電話給陳立武，說李老建議華登來台灣，看是否能談談。」即知即行的劉宇環說。

第三個關鍵點是進入中國大陸。

時值 1989 年天安門事變後，大陸一片肅穆慎警，國際幾乎封鎖大陸，但阻止不了他對中華民族的熱愛，也阻止不了那天高雲闊、廣袤山嶺國家的潛力。從此他成了少有能夠連接美國、中國、台灣高科技業的企業家。

第四個關鍵點是 2000 年後，他前進歐洲，看到歐洲對環保、可持續產業的執著，深有所感。身處地球能源將耗盡、極端氣候發威的年代，他深知這是一條解決之道。「近年來，他的投資都是可持續發展，這是今後世界趨勢。」前蘋果公司設計師 Scott Yu 說。

從 2005 年開始，他每年都參加達沃斯會議，與世界政經菁英挽臂交談，獲取最內圈的資料，可說是台海兩岸唯一持續參加達沃斯會議的人。

最後一個關鍵點很可能是去年他回台避疫，居然能夠跟在美國舊金山灣區的總部同樣有效率，照常定方向、討論、下決策，讓他有了雙總部的構想。「為什麼不能呢？」總是要在框架之外思考的劉宇環說。

第 2 章

造局者如何成形

造局者要改變產業，改變國家，或改變世界。劉
宇環自己要做造局者，也要投資的企業成為造局
者。

2021 年 9 月 28 日早上五點，美國舊金山柏克萊山崗，他的二十餘年住所所在，如典型的一天，他駕著車在曙色中駛上高速公路，經過海灣大橋，25 分鐘後就到達舊金山金融區的辦公室。今年七十四歲了，廉頗絕不言老，到現在還自己開車，不請司機，「我不是超級大亨，不必了。」

　　舊金山已是初秋，頃刻多雨、多風。

　　到了辦公室，祕書和部屬也都到了。今天是大日子，中經合舉行股東會。往年都在北京或舊金山舉行，去年因疫情而取消，今年不能再延了，從 6 月開始，美國、中國、台灣辦公室人員都在積極籌備。

　　為了顧及世界各個時區，舊金山時間是早上六點半，台灣、中國時間是晚上九點半，歐洲最好，正值下午兩點半，美國東岸時間九點半。「不管是不是在上班時間，員工都得嚴陣以待，隨時等候指令，虛擬會議不會比實體會議輕鬆，需要更多協調、事先演練及技術問題。」一位高階主管說。

　　台灣時間已凌晨一點半，很多投資人都奉陪到底。馬上，劉宇環及其部屬的微信、電子信箱及電話都充滿了各地傳來的待讀訊息，每封都充滿驚奇感動，中型創投公司可開出如此亮麗場面，世界各角落都能看到、聽到這一場場演講。

先世界而行

中經合股東會不是一般性地唸唸去年業績、認定營收額、獲利等，而是一場高科技資訊的交流盛宴，不是制式的歡迎，而是真能探知未來科技趨勢。

這場股東會，中經合已經準備了快半年，會裡高潮迭起，觀眾頻頻驚呼，未來科技可以如此發展。

會中主題是「可再生未來」（Renewable Future），來自世界各地的中經合股東、國際知名科技及財經專家、世界知名企業家等共二百五十餘人與會，分為新能源、可持續發展、汽車、智慧製造、量子技術、半導體、生命科學、後疫情時代的新生活方式八大板塊。其中，加州大學柏克萊分校的能源教授、曾做為政府間氣候變遷小組（Intergovernmental Panel on Climate Change, IPCC）一員而獲頒 2007 年諾貝爾和平獎的卡門（Daniel Kammen）博士最受矚目。他新近被拜登政府引進做為綠能源顧問，在去白宮之前，劉宇環極力爭取他擔任新創公司聚界的特別顧問，卡門答應了，然後白宮宣布請他擔任能源顧問，「晚了就不能接受做我們顧問了，因為有利益衝突，」劉宇環說，「美國這方面很嚴格，也可見這個行業得多麼分秒必爭。」

台灣投資人熟悉的鈺創科技（Etron）董事長盧超群博士，那天證實，未來半導體摩爾定律（即體積愈來愈小，效能愈來愈高）必將滅亡，因為已經不可能再小了。

但半導體不會滅亡。盧超群以四個「1T」來概括未來半導體行業的成長：

一、One Trillion Dollars：1 兆美元全球半導體行業投資。

二、One Transistor：1 個電晶體利用新架構新材料。

三、One Trillion Devices：1 兆個設備基於晶粒（Die）。

四、One Trillion Dollars：1 兆美元收入來自化合物半導體
　　　等技術。

也就是，未來半導體行業的無限機會來自新材料、新研發、新用途。

從劉宇環的股東會，可以看出他走前沿科技、與世界並肩，既要盈利也要回饋社會。

天下文化出版的《造局者：思考框架的威力》中，大師麥爾萄伯格指出，我們每個人都有個思考框架，有人思考框架大，有人思考框架小；有人思考框架樂觀，有人思考框架悲觀。框架主導了我們的生活、生涯，乃至命運。

造局者要改變自己、改變組織、改變產業、改變國家，或改變世界。

他自己要做造局者，也要投資的企業成為造局者，「每次來公司，都耳提面命，賺錢固然重要，但是要看得遠、看得長，要有影響力，make a difference。」三年前他投資的開必拓數據（Kapito）執行長孫逢佑說。開必拓是一家以 AI 人工智慧機器來檢測品質的公司。

劉宇環投資軌跡也歷歷可見造局者，例如最早將 SRAM（同步靜態隨機存取記憶體）技術帶回國內、帶動台灣半導體發展的矽成電子（ISSI）；野心勃勃、一度比宏碁品牌還響亮的艾鉅電腦（Arche，羅光男所創。他創立的網球拍品牌肯尼士則是台灣第一個世界知名品牌）；更有世界第一者：世界第一大數據機廠商致福（GVC）電腦。每一家都是濃烈豔麗的風景線。

他更首開創投的橋梁模式。三十餘年前，矽成從矽谷一家小小的研發室，搬至新竹科學園區，乘著 1990 年代台灣高科技風而立、而壯，1990 年代後又搬回美國，當時美國的行動通訊正夯，近年來，矽成與中國大陸企業合併，仍然在美、中、台半導體界扮演要角。追逐水草而生，造就了矽成的長青不墜。一切拜劉宇環在後面運籌規畫。

在中國大陸更是扮演造局者，成立了最早政府參與的創投基金。劉宇環的基金投資大唐電信及北京信威，創建中國的3G標準且使其商業化，十五年孜孜努力，經過無數次測試終於取得認證，成為國際三種主流標準之一。

「沒有3G就沒有5G，也就沒有今天的華為。」已躋身世界第一大電訊廠商的華為，其輪值董事長郭平如是說（華為採用三位共同總裁輪值擔任董事長的管理模式）。

1996年，他看到中國市場廣大，12億人口，絕對有機會建立世界品牌、世界標準。他安排中國企業聯想（Lenevo）的董事長柳傳志和總經理楊元慶訪問台灣，又介紹諸多上下游廠商，開啟兩岸科技交流。現在聯想不單是中國第一大品牌，也是世界品牌，隨之而來的訂單也讓台灣廠商受惠甚多。

劉宇環年輕時，造局者概念還未成形，隨著投入創投業日深，也隨著自己進入六十歲的耳順之年，賺錢已經是日常，他尋求投身這一行的意義，人生要如何有意義，他逐年堅定地要做「造局者」才有意義。短促生命值得珍惜，美國國父之一富蘭克林說過，時間是組成生命的材料。日子不容輕忽而過。

年輕人雖來日方長，更應該體悟今天應做的事沒有做，明天再早也是耽誤了。「年輕人培養勇於探索、勇於嘗試的思維，要為打造更美好的未來，提出更多突破性的想法。」

美國現今紅極一時、企業客戶軟體業穩居首位的賽富時
（Salesforce）公司董事長兼執行長貝尼奧夫（Marc Benioff）
如此主張。

態度決定高度

劉宇環也鼓勵部屬及投資者有家國情懷，在亞洲，他忙
於斡旋、協調、看投資案，每每回到美國，山居柏克萊的午
後，他展讀雜誌、書籍，隨著小雨絲絲，他心境更澄明，在資
訊碎片化中，更要看清總體、宏觀，尤其是台灣、中國大陸的
政經走向，真可謂「風聲雨聲讀書聲，聲聲入耳；家事國事天
下事，事事關心」。

有著家園情、故國情、人類情的格局，所看、所學、所得
點滴進入他的血液、心智、靈魂裡，不可磨滅，也成了他事業
大步向前的動力。

有大格局還有大氣，很多人都說他全身上下充滿氣，願意
和他在一起，接收他的氣於些許。「你看，與他握手，強勁有
力，顯然他相信自己在做對的事，也就是氣。」前科技部長
徐爵民開玩笑地說。行走世界，接觸盡皆世界頂尖富豪、政
客，但他與人交往皆抱持平常心，即使遇上了強橫的對手，他

也能維持內在的寧靜，不受影響。

而有這種格局，來自於他的個性。

他勇敢，不畏艱險。年輕時，放棄了美國舒適安逸的生活，成了飛行游牧族。中年，闖蕩大陸南北大江，投資別人視做險境的產業。現在又要做小型電動車、智慧連接各台車主，車主間可以共享資料庫。他也要人造太陽，而且希望每家都能配備一台，自行發部分用電，打造清潔能源。

4月4日生的他，屬牡羊座，愛衝愛闖，喜歡轉敗為勝，別人不肯投資、不看好的公司，他願意跳進去，「他是無可救藥的樂觀主義者。」與他交情很好的聯合文學創辦人、寶瓶文化發行人張寶琴，如此描繪這位老友。

他更勇於做決定。一些投資案，他聽了兩小時報告，就決定投資，有的甚至十分鐘就決定。

專做網上醫療、網上健檢的愛康創辦人張黎剛，回憶劉宇環投資他公司的過程。當時他才三十七歲，「但是劉先生仍然願意和我一談。我到了中經合集團北京辦公室的會議室，劉先生問我愛康具體是做什麼的，我剛好隨身帶著電腦，就給劉先生做了個簡報。大概講了十分鐘，劉先生就站了起來，過來和我握手，他對我說：『Lee，你知道對我們台灣人來說，握手代表什麼嗎？』我說我不是太了解。劉先生說，就是要合作

了。」

「領導人畏首畏尾、猶豫不決、只想做好人的，一定失
敗。」他坐在奔馳於台北街頭的座車中，語氣肯定地說。

附記 1 ———————————————

三熱總裁

對工作，劉宇環的部屬、中經合的資深合夥人朱永光（台北）、吳寶淳（舊金山）、彭適辰（北京）、夏長勇（北京），歸納劉宇環有三熱：

一、熱愛工作

他熱愛工作，體力連年輕人都佩服得五體投地，每日早起，不管在哪裡都是四、五點起床，一路開會，祕書都不忍將他的行程排到下午四點以後。但是他出席的晚宴裡，根據美商中經合集團台北辦公室資深副總經理李玉萍的觀察，有天劉宇環開會到六點，去參加一個協會的晚宴，七點開始演講，還沒有上菜，雖然他看起來很累，打了哈欠，卻沒有半途離席，還是很認真聽，吃完飯後，還留下來，和來賓及演講者寒暄，他就是要尊重主辦方。

「我們三十幾歲的人，體力都趕不上他。」李玉萍說，「他常說：『我的心理年齡只有三十七歲，雖然我七十三歲。』」

二、熱情

他對部屬、客戶，甚至對每個人都熱情，也是他能在各領域建立重要影響力的關鍵。公司裡有人有喜慶，一定送賀禮，如不讓他知道，他會生氣。北京辦公室有一位女經理結婚沒有告訴他，他唸了很久，在開會時說：「我對你一切滿意，唯一不滿意的是你結婚沒有告訴我們公司，難道我們想送個紅包，都不讓我們送，是不是嫌我們送不起？」

其實，這背後的用意是他把公司看成大家庭，家裡有人有喜事，一定要通知家人，這是加強感情交流、凝聚力的機會，哪有背著家人結婚的道理。

三、熱心

他在中國大陸發起星光扶貧運動，靠著他的好人緣和熱心腸，竟然找到諸多大明星如成龍等共襄盛舉。他過度熱心，甚至是多管閒事，但很多商業機會是在他「多管閒事」下促成因緣的。

例如他三十年前無償參與台灣美格電子在美國的新組織架構，得以認識北美第一大品牌 VIZIO 的創辦人王蔚，一路投

資他，直到 2021 年 VIZIO 在美國上市，一路衝到 50 億美元市值。

　　兩位華人英雄（王蔚和劉宇環），氣概果然莫之能禦！

附記 2 ────────────────

中經合股東會
── 世界看好了，未來科技在這裡

中經合集團近三十年來專注於顛覆性技術（Game-changing technology），2021年對新技術、新業態、新趨勢保持高度敏感。而台灣在每個領域都有可著力之處。劉宇環一再強調，台灣要向外看，機會就會無限。

2021年中經合股東會其實就是未來科技研討會，未來是現在的進行式，趨勢已經展開，全世界都在整軍備戰，台灣不能落後。

未來科技發展主題是「可再生未來」，世界在這幾年，不管窮國、富國，都嘗到氣候變遷的苦果，森林大火、洪荒大水，12月稀有的龍捲風，而應付氣候變遷首要是減少碳排放，發展可再生的各種產品。

「可再生未來」裡又有很多新科技，分別如下：

一、新能源

現任白宮科技顧問、加州大學柏克萊分校能源教授卡門認為，包括中國在內的各個國家都在積極解決環境問題，以創新技術來解決環境問題迫在眉睫，他分享了可替代化石燃料的綠色能源發展及未來預測，並特別提到核融合技術，是顛覆全球10兆美元能源市場的領先技術。劉宇環投資的聚界潔能，是

桌上型的核融合裝置，核心反應裝置只有一隻手大小，比起現在的大型反應器方便很多。

二、可持續發展

中經合長年贊助藍色氣候促進會（Blue Climate Initiative），這個基金會得到摩納哥親王阿爾貝二世（Albert II）的支持。

藍色氣候促進會在其網站上提到海洋與人類生存密切相關，海洋產生世界氧氣的二分之一（沒有海洋，人類呼吸都成問題），吸收二氧化碳排放量的四分之一。超過 30 億人（40% 人口）的主要營養來自海洋。海洋每年生產商品和服務約 2.5 兆美元，相當於世界第七大經濟體。海洋近年來受全球變暖、酸化、汙染和捕撈方式威脅重重，長此以往，人類生存都堪虞。

執行長羅蘭（Stan Rowland）說，該基金會吸引創新者、社區領袖、科學家、投資者和全球專家參與。透過創新、研究和合作來應對氣候變化，同時保護海洋，為改善人類健康、生物多樣性提供解決方案，例如致力發展可再生能源、可持續食品等。

中經合集團投資的小智研發（Miniwiz）就是將生活垃圾

如塑膠、紙張、布料、金屬等，零汙染地轉化為新型建築和裝修材料。小智研發至今已成功研發超過 1,200 種新型材料，並建立了龐大的垃圾回收利用的資料庫，引領全球循環經濟產業。

中經合集團投資的另一家台灣企業——源鮮集團（YesHealth Group）打造出目前全球最大的垂直農場，以數位化生產系統精確控制陽光、溫度、水、土壤、營養液等，出產三十多種零汙染零公害蔬菜，並已協助歐洲國家打造農業工廠，解決因氣候和環境無法生產蔬菜的挑戰。是一種高效節能的精準農業種植方式。

三、自動化元件和汽車產業

德州儀器（Texas Instruments）技術長巴海（Ahmad Bahai）博士從其專業的技術視角，分享了疫情影響下包括汽車在內的電子行業發展機會。對於未來的發展趨勢，他給出了四個關鍵字，可持續（Sustainability）、連接（Connectivity）、自主（Autonomy）、醫療（Healthcare），而相關的機器學習、電池技術、矽光子技術、6G 通訊、AI 加速、嵌入式傳感、高壓半導體等技術方向潛力無限。

而中經合投資的電動車公司 XEV 正在把握市場機會，以其技術優勢和中國電動車製造的供應鏈優勢，針對歐洲市場打造可訂製化、可便捷換電的電動車。目前 XEV 已與世界級能源巨頭 ENI（義大利石油和天然氣供應公司）達成合作，布局歐洲換電網絡，打造綠色智慧化城市交通出行的整體解決方案。

四、智慧製造

上海交通大學未來技術學院院長、寧德時代（CATL）技術長倪軍教授分享了供應鏈發展的未來趨勢 —— 智慧製造。目前的人工智慧需要基於演算法和大量資料的訓練，而在工業應用中，並沒有足夠的資料可供訓練，因此就需要有經驗的工程師介入，這就是他所強調的賦能智慧（Enabled Intelligence）在智慧製造中的重要性。他也分享了他創立的安脈盛智能技術有限公司（AIMS）在智慧製造、設備預測性維護等方面的實踐。

此外，中經合投資的開必拓數據，也正在用 AI 解決傳統製造業的品質檢測問題。製造業領域的品質檢測，一直是人力密集型的環節。開必拓將矽谷 AI 技術帶回台灣，解決品質檢測自動化需求，協助製造業轉型升級。

五、量子計算

台灣大學 IBM 量子計算中心主任及台灣量子電腦暨資訊科技協會理事長張慶瑞教授分享了量子技術的發展歷史、現狀、應用及未來前景，顛覆性、革命性的量子計算紀元正在來臨，2019 年的量子電腦就如 1968 年的電腦，正處於一個即將爆發的階段，潛力無限。

中經合投資的 FlexCompute 專注於流體力學模擬演算，可以百倍加快計算速度。如 FlexCompute 也為量子計算公司設計複雜量子電路提供模擬計算方案，讓原本用 EDA 軟體 27 小時的計算量縮短到 3 分鐘。其解決方案還可應用於飛機、汽車這類產品設計。

六、半導體

前文提及，鈺創科技、鈺立微電子（eYs3D）與鈺群科技（eEver）創辦人兼董事長盧超群博士，以四個「1T」來概括半導體行業未來的成長，證明了未來半導體行業的無限機會。

中經合投資的美芯晟科技（MAXIC），正是處於爆發式發展的半導體行業，其業務也迎來了飛速增長。美芯晟致力於

提供高效無線充電晶片設計、LED 驅動晶片設計及解決方案，成為世界一流模擬電源積體電路設計公司。其擁有多項高電壓、大電流、高功率類比電源管理和數位電路設計的核心自主智慧財產權。在 LED 驅動領域，美芯晟是業界單級高功率因數演算法和恆流演算法首創者。

七、生命科學

哈佛大學幹細胞研究中心孕育的再生醫療公司 IVIVA Medical 執行長里夫（Brock Reeve）博士分享了生命科學領域最前沿的話題 —— 再生醫療技術的研發現狀及未來。再生醫療技術是新一代治療技術，前景廣闊。中經合投資的 IVIVA Medical 正以其尖端技術致力於打造人工腎臟等器官。生物性人造器官領域的企業在全球範圍內都屬鳳毛麟角，技術門檻相對更高的人工腎臟，在全世界都沒有人做到臨床階段，僅有兩家美國公司得到了動物實驗的積極結果，其中一家正是 IVIVA Medical。

中經合投資的另一家生命科學公司 Engine Biosciences 則能識別出複雜疾病遺傳密碼中的錯誤，並以精確的治療方案對其進行修復。Engine Biosciences 的研發策略結合其專利的組合基

因組學系統、化學和藥物發現，涵蓋資料科學、機器學習和高通量生物學實驗平台。Engine Biosciences 的技術使研究人員和藥物開發人員能夠以比傳統方法更快更經濟的方式，揭示疾病基因的相互作用和生物網絡。

八、後疫情時代的新生活方式

疫情的全球肆虐改變了人們的工作生活方式。Avocor 創辦人兼執行長希克斯（Scott Hix）分享了後疫情時代用戶的需求變化，如何利用技術產品適應遠端協作。而 Avocor 目前已成為發展最快的全球協作顯示公司之一。

疫情也使人們對環境健康更加重視。中經合投資的 Wynd 打造了一款可攜式智慧清淨機，能隨時讓用戶處於一個乾淨空氣的環境之中，在後疫情時代也迎來了新的成長機會。

第 3 章

真心待人，真誠交往
—— 亦狂亦俠亦溫文

對待每個人首先就是真誠，包括真誠做自己，真實地表現自己。若迎合另一個人的興趣和期望，或創造完美印象，讓自己更加焦慮，別人也覺得你虛偽，都會累人累己。

這十六年來，每年 1 月在瑞士達沃斯峰會裡，菁英群集，總會見到一位衣著時尚的男性，每天變換不同眼鏡和圍巾，還有用回收材料特製的大衣，吸引人們的眼光。聽人講話或自己開口講話時，嘴角輕輕掀起微笑，透著自信，也透著謙和。

但不只衣著，他也有內容，「他的知識如金字塔，是由理論、實務、經驗、見識一層層打造出來，堅實而穩固，少人能比。」他多年來的朋友、夥伴，鈺創董事長盧超群說：「他自成一個派系，就說是劉派吧！」

台灣的大前研一

從 2005 年開始，每年 1 月他都在白雪皚皚中，隻身前往達沃斯參加世界經濟論壇，與來自全球各地的政經菁英挽臂交談，獲取核心資訊，是台海兩岸持續參加達沃斯峰會多年的唯一華人。亞洲地區的「達沃斯先生」（Mr. Davos）當之無愧。

環視台灣企業界，劉宇環應該算是人脈相當廣闊，諸多世界級政治企業影響力人士，他都有多面之緣，而且不是淺交，都是打通電話即可將問題解決七、八成的至交。

「他不只是台灣企業家，更是世界企業家，是台灣的大前研一。」與他熟識的台新銀行文化藝術基金會董事長鄭家鐘如

此形容。

這就是劉宇環與其他企業家的分野點。這麼久以來，朋友們看著他縱橫美中台，為所有人搭起橋梁，讓他得以驗證視野、分享洞見、激發行動、扶植事業、共創雙贏。

劉宇環渾身上下，就是全球，就是未來，就是科技、經驗、智慧、敢言的綜合體。

他的朋友記得，五年前，大家還在談減塑時，劉宇環說：「不單是減塑，未來還是無塑的時代。」如同四年前他出席世界經濟論壇時說，中國不可能一直高成長下去，一定會有瓶頸，企業都應該未雨綢繆。他等於事先警告我們不要太過天真，要預做準備。現在經濟果然慢下來。

深具未來視野的他，專注於桌上型核融合發電器，認為核融合才是環保與能源問題的解方。儘管行家說困難重重，他篤定地說：「所以我們才把這叫做聖杯（Holy Grail），就是大家看起來好像不可能，但我們能做成。」

體貼、周到，喜歡平等待人

許多初入職場的青年總會意氣風發地穿梭於各種演講、座談會、雞尾酒會，得意洋洋地說在經營人脈。但經營人脈的關

鍵就是不要再經營人脈。沒有人喜歡做你拓展經營的一環。

　　對劉宇環來說，與人交往，首先就是真誠，包括真誠做自己，真實地表現自己。若迎合另一個人的興趣和期望，或創造完美印象，讓自己更加焦慮，別人也覺得你虛偽，都會累人累己。他以草根背景自豪，從不擺架子，不管遇到國外國內人士，第一次見面，他都極愛講自己成長於台灣的小鎮、父親是戰鬥機駕駛、在美國的教育及做事經驗，他喜歡平等待人。

　　參與過四百多家公司的創業，身經百戰的他，最喜歡別人叫他 Peter，「幹麼高高在上，高處不勝寒哪！」他常對朋友如此慨嘆。尤其最近他忙於協調聚界的各種人事安排，焚膏繼晷，不能跟人說當中的苦處，更讓他體會其中深意。

　　不論大、中、小型聚會，他都會注意到群體裡被忽略的人。一位經常跟隨自家董事長去見其他大人物的中階主管說，在很多場合，她都是沒有聲音的人，也沒有人注意她，但是「劉董會注意到這些人，常會問他們問題，關切一下。或者邀他們吃點心」。

　　美國百人會裡，不單會員感激他的周到，很多會員眷屬也都感激他。舊金山著名會計師伍宗德（Dennis Wu）的太太張琪（Susan）每次一講起 Peter 都說：「參加聚會，我們眷屬跟其他人不熟，也插不上話，但 Peter 會主動來問好，拉我們參

加他們的談話，讓我們有自信。」

參加百人會，劉宇環擔任過副會長，他出錢出力，不落人後，還安排全體會員去訪問台灣、中國大陸、香港，很多會員第一次回大陸，「讓我們第一接觸故鄉及故鄉人。」會員常常感激。

過程，緣分，分享

劉宇環極少勉強自己做任何事或參加應酬，他喜歡新事、新人，對人包容性大。

他堅持見到的人是有緣分。有人說緣分是本書，翻得不經意就會錯過，所以當他遇到人，都堅持彼此有緣，有談得來的，他絕對保持友誼。

加州大學柏克萊分校化學教授楊培東，專精分子化學，十餘年前，第一次遇見 Peter，是在柏克萊附近的一家日本餐館。兩人比鄰坐在吧檯默默用餐，後來開始聊天，在暈黃的日式燈籠下，一聊就聊了三小時。以後凡是劉宇環回柏克萊，都會主動找他聊聊。後來成為美國藝術與科學院院士、美國國家科學院院士的世界頂級化學家楊培東，與劉宇環發展出至深友誼，純粹談得來而已，沒有涉及商業。

筆者為劉宇環做傳時，訪問了他的一百多位朋友，幾乎半數都與他沒有投資或生意來往，印尼第一大麵包公司董事長葉垂青（Wendy Yap）代表這部分朋友的心聲，坦白承認：「我不懂創投，我不懂的東西，我不想投資，Peter 也知道我的習慣。」

但不管如何，他每到一個地方，必定連繫當地朋友，很多友誼就這樣保持了三十幾年。葉垂青說：「如果你和 Peter 失去連絡，絕對是你的錯。」

他在中國提升的合夥人張穎說，劉宇環人緣好是各種因素的結合，但最重要還是勤奮，包括藝術圈、媒體界等等，各個領域的人都有交集。到一個城市每天都至少見七至八撥的人，從早到晚。在飯桌上、在咖啡廳交流，跟著他也學到如何與不同背景的人溝通，「這也是他訓練年輕人的方法。」

有的好朋友還不打不相識，德意志銀行總裁保羅·阿赫萊特納（Paul M. Achleitner）就是與劉宇環這樣認識的。當時保羅還在安聯集團（Allianz AG）任職，負責在世界經濟論壇上的一場簡報，提到他們公司有個理念，「任何一個客戶進到我們公司來，無論其企業規模大小，只要對我們公司提出建議或意見，我們都會記下來，可能一個小小的建議，會營造很大的財富。」

劉宇環聽了十分不以為然，保羅結束分享後，他趨前向保羅表示，中經合曾在募資時，遭安聯一位新加坡主管無故取消會議兩次，這是非常沒有禮貌的舉動。保羅聽了滿臉通紅，立即打電話回公司查證此事，並向劉宇環道歉。

從此，兩人成了朋友，有些英雄相見恨晚。

張穎比劉宇環小二十歲，當時還很年輕的他，私下覺得有些人不必見，對公司並沒有好處，但是劉宇環看得遠、看得深，喜歡交朋友，到頭來，總是對公司有幫助。例如 2018 年為了讓大家關注中國扶貧事業，劉宇環親自拜訪京東和華為的負責人，籌募 1.2 億人民幣，中經合與中央電視台電影頻道聯合發起「脫貧攻堅戰星光行動」，動員各方影視紅星，晚會時更是眾星雲集，有成龍等超過 300 位影視明星參與，3 億人次的觀看。

「我的人生只有六個字：過程，緣分，分享。」他娓娓道來。

結果（帶給投資人及企業利潤）固然重要，但他更享受過程（尤其在過程中能交到朋友）。看著一個構想從無到有，看著一家企業從襁褓、生長，他帶領、教導、監督，加上出資人的意見和員工努力，公司終於茁壯、上市，然後他和投資人功成身退。

分享卻是純粹從自己而來，沒有人強迫，也無關道德準繩，他所引領的中經合集團在中國大陸進行扶貧工作，設立年輕人獎學金，在歐洲清理海灘廢棄物，在台灣捐助嘉義中學校友會，都是他的社會關懷付諸行動。

「我喜歡給，不喜歡受。」劉宇環說。的確，朋友送的禮物很多都沒有拆，也忘記謝謝別人。

俠情重義的漢子

幫助過他的朋友，他尤其感懷，時刻想到如何報答。現任花旗銀行私人銀行駐香港代表的菲利普，以前任職矽谷銀行時，Peter 的兒子和姪子曾在那裡暑期實習過，後來菲利普轉職到香港的花旗銀行，人生地不熟，Peter 每次到香港時，不單請他吃飯，還請可能成為他潛在客戶的人作陪，給他做足面子、裡子。有時 Peter 宴請客人，不方便邀他出席，但總會要他前 15 分鐘在場，幫他介紹了自己的朋友，然後才談自己的正事。

劉宇環甚至還曾經幫菲利普未雨綢繆。有一年，矽谷銀行要到中國設立分行，代表團到北京時，菲利普照例要陪他們去選址，在代表團去拜訪劉宇環時，劉宇環把菲利普安排坐在他

旁邊，與代表團對面坐，跟他們說：「這是我的小老弟，有他在這裡，你們有什麼要幫忙的事，儘管講。」最後劉宇環想方設法，幫助矽谷銀行在北京中關村覓得分行地點，讓矽谷銀行享盡地利人和之便。

「和他有生意往來很好，但是做朋友也很好，他有義氣。」以色列Teuza管理發展公司總裁卡伯斯（Avi Kerbs）說。

朋友落難時，更是伸手拉拔。在香港有一位以前他相熟的歌星，後來沒落了，他常常去她母親開的飯店宴客或吃飯。這位太太不幸罹患癌症，住院時已是末期，他在離開香港前夕，央求所投資的公司創業主岑民傑，帶他去看這位太太，好言安慰，要她安心養病，臨走掏出 5,000 美元現金送給她，「我在旁看了真感動，覺得他……」岑民傑說到此時，頓了一下，「確是一位俠情重義的漢子！」

清代詩人龔自珍《己亥雜詩》有云：「不是逢人苦譽君，亦狂亦俠亦溫文；照人膽似秦時月，送我情如嶺上雲。」劉宇環的朋友亦感覺如是。

第 4 章

北回歸線上的遊子

父子分離近乎二十年，當中只返國兩、三次，長
年未曾承歡膝下，如今父親已走入生命最後階
段，他要陪伴父親，往昔不能長相聚，但求現在
可以長相見，但這個陪伴就改變了他一生。

1985 年年中，一位三十餘歲的男子在舊金山機場焦慮地徘徊著，飛機還要一個多小時才起飛，中間還要轉機，起碼二十幾個小時才能回到台灣。父親病重，長子不單責任重，從小依著父親，談抗戰史、國共抗戰以及來台重新建國的篳路藍縷，點滴在心，此刻東望故園，真是長路漫漫。

飛抵桃園機場，趕回家，眼見父親已然虛弱，心中一陣哀傷，不久就電告美國雇主，辭去美國企業管理顧問公司的職位。他希望多陪父親。父子分離近乎二十年，當中只返國兩、三次，長年未承歡膝下，如今父親已走入生命最後階段，往昔不能長相聚，但求現在可以長相見。

當親友過世時，最常收到一句「節哀順變」，大多數人只留意前面的「節哀」，但其實後面的「順變」才是重點。至親過世，生活裡難免會起大小波浪，或驚濤駭浪，或圈圈漣漪，極少水波不興。

對劉宇環來說，父逝後，他投入創投業，的確是驚濤駭浪，高低潮皆有，但他把穩方向、快步前進，終獲今日成就。

滋養草根性格的白川町

嘉義白川町，帶有異國風味的名字。在日據時期，台灣各

縣市都有很多町。町就是街道的意思，如台北有東門町、西門町、大橋町，不僅是異國，更有著濃濃的古意。白川町，這是劉宇環的成長地。

那幾年的台灣，像冬天赤著腳走在碎石子路上，無聲無言，清冷孤寂，一切都壓抑著，基本需求、不安全感、陰影。不管這個島是第一故鄉或是第二故鄉，大家都計畫著重建家園。

離亂時節，有些計畫看似短程，卻必須短計長用。1949年，那個很多中國人與大江大海分離的年份，一個英俊飛官攜著太太、一歲多的小宇環、長兩歲的長女，住進嘉義白川町。劉宇環的父母親以為離開北京是暫時之舉，一下就能回去了。

至今，白川町已經改成高樓國宅，眷村涼麵、鍋貼水餃等小店穿插其中，但仍然可以想像出當年那群調皮的孩童，在這裡玩著彈珠紙牌的景象。而劉宇環這位足踏了山萬水的七十多歲創業家、投資家，常縈於懷的就是這白川町的歲月。童年的回憶，在異國總是如老玉般溫暖。

父親是愛國空戰英雄

那是大家都吃苦的歲月。白川町裡家家戶戶，男主人常年

不在家，夜裡要飛到大陸，空投、偵測、轟炸。剛從大陸來的女主人，其實自己也是半大的女孩，十多歲，最大的二十來歲，又要當母親，又要當父親，守著家裡的孩子，過著清苦的生活。「那時常停水，我先生不在家，我帶三個小孩，我只有晚上兩點起來，才接得到水，」一位當時剛滿二十歲的少婦回憶，「兩歲多的女兒聽見我起來，就起來坐在門檻上陪我，直到接滿水，我們才一起回去睡。」

劉宇環的父親劉寶麟是北京第六代，家裡數代為官，祖先做過朝廷總管，可說是家學淵源。二次大戰時，劉寶麟響應政府知識青年「一寸河山一寸血」的從軍號召，畢業於最正統的杭州筧橋航校。出了學校就飛戰鬥機，得展凌雲御風、捍衛領空之壯志，才二十餘歲就成為空戰英雄。

劉寶麟的搭檔是「驅逐之王」（專門驅逐日本戰機）高又新，兩人打過很多勝仗，生命常在千鈞一髮間。最險的一次發生在 1944 年 11 月 20 日。

這一天，高又新和劉寶麟率八架 P-40 戰鬥機，分為兩個編隊，從湖北恩施出發轟炸敵軍倉庫。到達目標上空，天空中既無敵機，地面抵抗火力也很弱，編隊便以超低空飛行方式對敵軍倉庫進行投彈和掃射。

完成任務後，編隊繼續往南飛，在沙市附近發現公路邊停

有兩輛汽車，高又新帶隊俯衝下去，哪知這是敵人設的一個圈套，日本高射砲火一起向高又新駕駛的飛機射來，他們的飛機中彈了。

高又新一面命令劉寶麟代替他的位置，指揮編隊返航，一面盡量往我軍陣地方向飛行。此時飛機起火燃燒，兩人只能棄機跳傘，降落在日本占領區。劉寶麟前額炸開一個大口，鮮血湧流，旁邊有條河，有幾艘漁船，漁民把他們救起來，躲避了日本軍人的搜尋，才挽救了兩條茁壯中的生命，否則劉宇環也不會來到這個世界了。

劉寶麟額頭上的疤，跟著他一輩子，宛如勇氣、智慧、愛國的印記。來到台灣後，他仍繼續深入大陸執行任務。家住嘉義，部隊卻在桃園，那間日式房子裡，男主人經常不在家，女主人唐聖媛女士開始教劉宇環及其大姊劉寧新識字、作文，以及世事無常與恆常的道理。

母親是優雅世家千金

唐女士來自安徽合肥世家，高祖唐定奎乃清朝淮軍著名將領，因戰功卓著，獲賜黃馬褂，封「建威將軍」。唐定奎帶兵在台灣駐防過，比後來經營台灣有成的沈葆楨及劉銘傳還早

來，可說是第一位清朝派駐南台灣的高階將領。

　　1874 年的「牡丹社事件」後，清朝開始重視台灣，派出提督沈葆楨入台積極建設。在此之前，清朝派不到四十歲的唐定奎率 6,500 人分批自徐州出發，駐紮鳳山擇險分屯。當時天氣炎熱、疫病流行，士兵病死千餘人，但唐定奎率領的軍隊鬥志昂揚，伐山開路，至東港等地，為清朝安定了高雄與台南。「所以我和台灣在一百四十多年前就結下緣分。」劉宇環說，曾去旗山參觀砲台，對高雄很有感情，還曾買下高雄美術館附近的一間住宅做為休閒用。

　　來台後，劉宇環家裡小康，爸爸是空軍，又因為飛戰鬥機，有些補給，媽媽也在教書。

　　劉媽媽人稱唐菩薩，篤信佛教，家裡有座清淨佛堂，長年禮佛，喜歡做好事，年節總把認識的孤家寡人請來家裡，做個團圓宴，也幫助清寒學生繳學費。後來被選上市民代表，為市民爭取多項福利，與嘉義政治大派系許家幫許世賢年齡相近，也成為好朋友，超越省籍和黨派界限。

　　她尤其喜歡劉宇環帶同學來家裡吃飯，每次都燒一桌可口菜餚。劉宇環的小學同學林逢慶（後任陳水扁時代的資策會執行長）也到過他家中吃飯。一盤紅燒肉、幾道青菜和一碗白飯，不知道貧富差距、省籍情結、意識型態。「那是種文化，

大家打成一片。」劉宇環說。

　　林逢慶後任資策會執行長時，第一年尾牙，各廠家邀約，他都說沒空，只去中經合的尾牙，媒體戲稱林逢慶的「第一次」獻給了劉宇環創辦的中經合。

　　現今討論遺傳學非常盛行，做投資的劉宇環也許繼承了北京先祖的儒風和安徽先祖的勇氣，戰場廝殺不再，商場廝殺更慘烈，只是刀不血刃。

來自眷村的草根味

　　近年心理學研究一再證實，原生家庭對子女的人格發展影響重大，劉宇環樂觀豪爽，來自媽媽。有快樂的媽媽，才有快樂的家庭，當然也有快樂的孩子。

　　劉宇環喜歡助人、捐助慈善機構，「這是我母親的身教言教，回饋社會，才能有善的循環，對整體社會有助益。」母親已逝世二十年，劉宇環依舊清晰記得她的教誨，並且忠誠實踐。

　　至今，凡是劉宇環的朋友、客戶、同業、投資人、慈善團體，無不讚美他的慷慨大方，特別是他凡事都不會獨享，不管金錢、人際關係、科學新知等。在半年的採訪期間，他不斷說

著「獨樂樂不如眾樂樂」，無論小酌大饌，抑或最新知識、金融動態，他都願意分享。有些訊息，部分朋友當場聽了十分難以置信，但由於創投業掌握關鍵情報，他的預言及趨勢往往在幾年後應驗。

出身眷村也影響了他的性格，那些來自五湖四海、毗鄰相接、猛然被切斷了根的人們，只有靠「三氣」——勇氣、豪氣（飛行員連命都旦夕中，何況其他）、義氣——活下去，同村一命嘛。

至於學業，劉宇環沒有特別傑出，在台灣就學期間，沒有拿過第一名，但也總在十名以內。他不是死讀書的人，充分享受童年及少年的樂趣。他相交近七十年的好朋友，曾任中華航空機長的烏元俊說：「我們有幾個死黨，下課後就一起玩，打彈珠、玩木偶、玩紙牌、打陀螺，沒有花哨的電動遊戲，但有純真的友誼和實體的品物。」

到了初中、高中，除了讀書，他最大的嗜好是打兵乓球，矯健靈活的身段，瘦瘦長長的四肢，最適合這種運動，還代表學校嘉義中學去參加校際比賽，奪得錦標而歸。

高中時，他迷上了釣魚，買魚餌、魚鉤、釣魚竿投資很多，家裡也樂於給他自由發揮的空間。他的大姊劉宇新說：「弟弟很討人喜歡，家裡就一個男孩，當然比較受寵。」

「我和林逢慶幾個同學，坐火車遠至嘉義朴子、布袋，那裡才有海，往往能釣到大魚。」不能講話，只能看著近處的釣竿，以及遠處的微微波濤，對有著充沛青春期荷爾蒙的少年人來說，很難坐上一整天。「但它教會了我，要有耐心，有靜才有動。」他說，「我不是只喜歡跟人在一起，我還喜歡獨自沉思。」

在創業成功後，他的沉思中，不只想基金投資的公司應該如何加強，還要想如何去幫助社會、回饋社會，也要去幫助朋友。劉宇環是非常念舊的人，回到台北，一定找死黨餐敘。死黨裡有位成員住在舊金山，患有腦疾，這幾年每次劉宇環回到舊金山，就去看他，帶禮物給他，也帶他一家去吃飯，有如回到幼時。

鐵漢柔情

在眷村裡也體會到了父親袍澤之情，他對父執輩不單執禮甚恭，而且待其如父，例如他在白川町的鄰居烏鉞（後任華航總經理、空軍總司令）。他從小看著爸爸與烏鉞的袍澤情、兄弟情，1985 年父親過世，「烏伯伯在我父親棺木旁，哭得如孩童，真是至情至性。那刻，我決定要待他如父。」鐵漢如劉

宇環，說及此也眼眶泛紅。

烏鉞的兒子烏元俊說：「從此他每次回台灣都要去看我爸爸，我爸生日時，他就來問我爸那天要做什麼慶祝，他就帶我爸去玩、吃館子、看電影、洗三溫暖。」

烏鉞在九十二歲過世，過世前，不管劉宇環在不在台灣，他都不忘關懷這位老人家。這個在商場上衝鋒陷陣的鐵漢，在面對家人、朋友時，總會展露心底最柔軟的情感。

出走，是為了回來

1960 年代末，一個瘦高男孩子，在松山機場候機室，等著去美國的班機，外面他剛剛道別了父母及妹妹，走過護照檢查崗哨，細長的身影竟顯得有些單薄。「父母在，不遠遊。」他的眼睛紅了，但勉強不要掉下眼淚，從小被教育成男兒有淚不輕彈。母親已經淚下，縱是獨子，也得讓他踏上自己的歷程，要放手，他才能成長。

「父母在，不遠遊」是古理，下一句是個但書：「遊必有方」。這點劉宇環做到了，他要去加州大學柏克萊分校修讀企業管理，希望有天可以回來為台灣效命，光榮父母。20 小時後，抵達舊金山機場。他如那時台灣去美國的留學生一樣，只

買了去程機票，事實上，能夠買得起機票，已經夠幸運了。他也像大部分留學生一樣，一下飛機，無暇欣賞異國風光，連漁人碼頭都還沒去，不旋踵間就要找份工打。

憶起這段打工生涯，劉宇環在半世紀後，輕言回憶：

「我住在一棟宿舍裡，為房東打工，每月可以拿 130 美元。我負責做早餐，五點多就得起床準備，有很多當今名人，如胡正明、王念祖，他們都得看我臉色，我可以決定誰能來用餐。」

可以想像那棟小巧房子裡，每天早上，二十歲的大男孩迴旋在廚房裡、揮舞刀鏟，父母的寵愛遠去，繁重的課業，異國的陌生孤獨，都阻止不了他臉上揚起的燦爛笑容。

心智與靈魂的全新洗禮

在柏克萊，他覺得學校名氣大，但都是大班授課，一班兩、三百人，傳道、授業都能達標，解惑卻做不到。

他有太多的疑惑要解。讀企業管理，他疑惑商業世界運作固有常規，但是否有例外，例外是如何出現的？

商業除了賺錢、對股東負責，其他目標如員工責任、社會責任，如何兼顧？

科技新世界如何改變舊商業模式？

這些問題都得等到他進入企業世界，靠著實踐，一點一滴累積了經驗，才能獲致解答。經驗是最好的老師，「一克的經驗抵得上一噸的理論。」英國哲學家暨數學家羅素也有句名言：「有經驗而無學問，勝於有學問而無經驗。」

劉宇環也在柏克萊接受一場心智、靈魂的全新洗禮。他是在 1969 年抵達美國，前一年是很多人忘不了的 1968 年。學生運動風起雲湧，從中國大陸到日本、歐洲、美國，全世界的青年普遍開始覺醒，質疑既成的權威體制是否合理。那是一個對全世界來說很重要的年代，至今無可比擬。

當時的台灣卻仍屬戒嚴期，極度壓抑、沉重，一個封閉的社會要開一扇小窗也是不容許的。柏克萊所在的舊金山卻是最自由的地方，那首著名的歌：「如果你要到舊金山，記得在頭上戴幾朵花。」講的就是舊金山的友善與開放，整個國家瀰漫著一股奇特的氣象，人們在變，新生代自有新的詮釋，人們都在變，更訴說年輕人追求改變的恆常心願。

從不在框架內思考

原本就充滿好奇心的劉宇環，睜著眼睛看著這個截然不同

的世界，也感受到思想的自由翱翔，撞擊著他的價值觀，更增加日後的原創力。因為有原創力，也帶來熱情，直到今天，「他總是能在固定模式之外思考。」他的朋友都如此說。

但是劉宇環的特別之處，尤其是和其他企業家不同之處，是他全身融合著新與舊的元素，在遠眺世界最新科技的同時，他心中總有著一方淨土，那是東方的、中國的、傳統的，影響了他待父執輩如父、待朋友有情、待股東有義的價值觀。

畢業後，他順利找到不錯的工作，任職顧問公司，為名牌 FILA 做了顧問，還到過義大利，本可在美國做個安逸的上班族、花園洋房、兩輛車、一子一女，是具體美國夢的實現。

但他未來難道就此終生了嗎？美國夢，他真的能滿足嗎？宏觀來說，當年這群留學生，深深嵌入時代的歷史與同時代人的經驗，在劉宇環心裡，始終希望為華人的榮盛盡一份力。

第 5 章

從台灣走向世界

三十七歲的劉宇環在還是傳統工業充斥城鄉角落
的台灣，奔走著、躊躇著、奮起著，挫折是不用
說了。去見王永慶，年少氣盛，他侃侃而談創投
對國家和企業的發展，聽完後，王老先生沉吟半
晌說：「今天，到底是你來尋求我意見，還是我
徵求你意見？」一句話堵住了劉宇環的口。

「下午兩點，我們連飯都沒吃，只好到桃源街上吃牛肉麵。兩個西裝筆挺的大男人在牛肉麵攤愁眉苦臉，我感嘆華登一年飛來 11 次的工夫白費了，想到此刻只有李國鼎先生才能挽救這個局面，我決定冒大不韙，打電話給他。祕書劉曉莉很幫忙，馬上接通李先生，李先生對創投業很有熱情，馬上要我們到他辦公室。」

劉宇環代表的華登國際創投，希望有官股加入，而交通銀行是唯一可以做投資的銀行。當時交銀董事長謝森中與國民黨中央投資公司都感於李國鼎的熱忱，相當支持創投的發展，但台美兩方要談得攏，還得大大折騰一番。

這天是 1986 年農曆年前兩天，劉宇環已在台灣停留了一個多月，最後華登派出高階主管來到台灣，做投資契約的最後修改。因為雙方都有所堅持，不肯讓步，最後華登高階主管講了一句話：「我們也不一定要投資台灣的企業。」中央投資公司的代表張清德在上午十一點半，宣告談判破裂。

急景凋年，連計程車都攔不到，好不容易攔了一部，劉宇環和同事搶著坐上，馬上應允司機給雙倍車資，飛奔到李國鼎辦公室，講明原委後，李資政馬上打電話給交通銀行董事長謝森中。

這是關鍵一役，不單攸關劉宇環個人生涯，也攸關台灣的

創投業發展，更攸關台灣高科技產業前途。

「李資政打了電話給謝董事長後，下午五點多，在謝森中的主持下，雙方重開談判之門，最後總算雙方各讓一步，在春節的前一天有了圓滿的結果。」

這支擔任台灣創投前鋒之一的官民合一的創投基金，就這樣成功了。

苟利國家生死以，豈因禍福避趨之

劉宇環傳奇應該從 1985 年開始說起，當時父親病重，他回台灣，決定要與台灣產生連結。初始單純、虔誠的願望，卻成為他生命裡的第二個轉捩點 —— 踏入創投業。

1970 年代初，一批「苟利國家生死以，豈因禍福避趨之」的領導人，如孫運璿、李國鼎、方賢齊、徐賢修、金耀輝等，都憂心忡忡。

台灣面積小、資源貧，像個獨臂戰士，滿懷旺盛的生命力和進取心，快速攀登從無到有、從貧困到豐足的階梯，雖然已經創造了多項世界第一，以產品生命週期看，台灣的主力產品正處在金牛期（賺進現金，但缺乏前景），美國逼著新台幣升值40%（從新台幣40元兌1美元，升到新台幣25元兌1美

元），紡織品都設定配額，台灣是否會繁華落盡，經濟奇蹟是否會成海市蜃樓？

這群有識之士不單要力挽狂瀾，甚至是在狂瀾還未到來時，就得力挽，免受海嘯威脅。

為台灣發展高科技籌募資金

事實上，支撐台灣經濟榮景的 1990 年代、2000 年代、2010 年代，都起自 1970 年代李國鼎和孫運璿及幾位科技主管如徐賢修、方賢齊聯手的傑作，例如：送朝氣蓬勃、雄心萬丈的年輕工程師去美國學習半導體；不管老立委的反對，設立工研院。

李國鼎在經濟政策上擁有強大影響力，但仍然尊重政府體制，他的所為都以「科學技術發展方案」為根據，用經費，起專案，都經過行政院會通過，「院會裡有部長含蓄反對，他還起來發言力爭，其實按照他的資深程度，他根本不必如此。」當時參加院會的國科會副主委劉兆玄說。

正是在這樣的時代氛圍下，面對這位為國為民的長者的徵召，劉宇環覺得自己沒有任何拒絕的理由。在李國鼎的建議下，他與陳立武在台灣共同創建了華登國際（亞洲），為台灣

剛起步的科技業解決了資金問題。「那也是個『用對人，做對事』的時代。」曾任經建會主委的葉萬安說。

當時台灣發展風險投資，可說是荊棘一片。「風險投資」這名字，大家看了就怕，尤其在東方，沒有太多人願意冒險。其實風險投資在美國已經盛行快一百年，財富世家洛克斐勒（Rockefeller）、羅斯柴爾德（Rothschild）、華倫伯格（Wallenberg）都成立過此種風險基金。簡單說來，風險投資就是風險大集合，大風險、大回收，把眾人的資金集合起來，投資企業（應該是新創事業），希望有天公司能夠上市，股東有大回收，大夥一起分攤風險，也分享獲利。

美國創投是在二戰後，百業待興，亟需資金，開始風行。1960年代高科技時代降臨，矽谷充斥著英特爾（Intel）、蘋果（Apple）、IBM等企業，其背後都有著知名創投的支持。

既然台灣企業家不願意冒險，換個名詞如何？

李國鼎也對「風險投資」這個名詞感到憂心，於是他找來相關人士商量。會中，當時任職經濟部工研院創新公司的金耀輝取了個名字「創業投資」，這個名字有積極意義，你創業、我投資，從此台灣的「Venture Capital」正式更名為「創業投資」，簡稱創投。

談起金耀輝，劉宇環也深深感激。當時金耀輝從電信局轉

任工研院創新公司的董事長，撥了一筆創辦金給華登創投，此種精神，此種胸懷，他怎能不盡心？開辦不久後，他就把錢都還給金耀輝了。

為台灣做創投先驅

劉宇環與陳立武合夥創立的華登國際（亞洲），是華登在亞太地區的第一個據點。縱使華登集團在台灣華麗登場，總部卻沒有投入資金，必須靠劉宇環孜孜矻矻地籌措資金。不管風投或創投，這個領域在台灣是一片空白，很多企業家白眼以待，根本不願意讓他們登門造訪，而少數有耐心的人，聽完簡報後也是毫無下文。

才三十七歲的劉宇環在還是傳統工業充斥城鄉角落的台灣，奔走著、躊躇著、奮起著，挫折是不用說了。去見王永慶，年少氣盛，他侃侃而談創投對國家和企業的發展，聽完後，王老先生沉吟半晌說：「今天，到底是你來尋求我意見，還是我徵求你意見？」這個後生小輩無話可說。

王永慶照例只給 15 分鐘。挺直背脊、目光炯炯的王永慶，與賓客坐定後，5 分鐘內，看談話內容投機，就會按桌下的電鈴，喚小姐進來，簡單兩字：「咖啡」。表示要小姐端

咖啡進來，也表示他至少願意與你長談 1 小時。如果沒有叫咖啡，表示王永慶無意與你久談，最好 10 分鐘後就告辭，否則 15 分鐘後，他也會起身說：「今天就談到這裡吧！」

但是王永慶終歸有情有義，「有一年，他來了美國，我幫他開了三天車，到處去舊金山灣區參觀，我回台灣第一天，他就託人來找我到家裡吃飯，真是盛宴款待，他一個人就喝了一瓶威士忌，又喝了幾十杯啤酒。」劉宇環回憶往事。

半年後，劉宇環終於從台灣本地募集到 10 億元新台幣，建立起第一支基金。台灣當時已有三家創投，包括宏碁施振榮成立的宏大創投、徐大麟的漢鼎（H&Q），華登其實是在台灣成立的第四家創投，可稱前輩。年逾七十的劉宇環是台灣第一代創投家，曾被稱為台灣創投四大天王之一（另外三位為邱羅火、徐大麟、柯文昌）。

發展台灣，放眼天下

他始終鍾情於高科技，可以讓他瞭望世界、洞察最新趨勢，基金投資也依循此目標。他經常到新竹科學園區，空曠的大道、炙熱的太陽和含沙的風。兩層樓紅磚房，大片綠地，處處是引領台灣未來科技發展、工業升級的尖端產品 —— 個人電

腦、電訊、半導體等，是引領台灣改變國運的關鍵科技。

華登國際前幾號基金幾乎都投資在台灣，它投資了世界數據機第一大的致福電子、羅光男創辦的個人電腦艾鉅，以及一炮而紅的矽成。

1986 年設立華登創投基金後，劉宇環就開始他的飛行游牧人生，通常一個月裡，只能回家享有一星期的天倫之樂。一個星期後，又得揮別家人，獨自踏上征途。

征途上有冰與火、荊棘與綠茵、勝利與失落，他都可以淡然處之。最重要的是，他能站上制高點，「從一開始，他就和本土的創投家不一樣，一定是放眼天下。」好友鄭家鐘如是說。

當時，他積極介紹新科技、新客戶給台灣，有的甚至不是他的投資公司，例如幫助全友去找日本的滑鼠技術，「冰天雪地，機票也訂不到，但只要有點機會，他就會去。」跟了他快三十年的江佩芬說。

1980 年代，台灣還處於戒嚴期，不管任何資訊都是珍貴稀少，劉宇環從美國、日本帶來矽谷的科技訊息、紐約的華爾街操作、波士頓的工程及生物科技，他總是不吝於分享，並帶著很多矽谷華人回台灣。

知識變洞見靠實踐

做得好創投，必須齊備全方位知識。這段時間也是他強力學習的時期，知識經驗俱進，台灣更給了他實踐場域。通常知識體系可分四個層次：資料、資訊、知識、洞見。在公司的辦公桌前，和家裡的書桌上，他不停看報告、看商業報紙雜誌，對他來說這只是資料，充其量是資訊，還沒成為知識，得實際運用後，才能成為知識，而知識逐年累積就成為洞見（Insight），少人能企及。

1989 年他參加了最後一屆的國家建設研究會，也才四十二歲，正值壯年，代表舊金山灣區企業家，加入財經小組。「三個經濟學家，就有五種經濟理論」，但是年輕的他，甫在商場出頭，總體經濟知識還缺乏，當然得學習。

「新世界是一條惡龍，你騎上去了，就別指望還有下來的機會，你必須使出全部的力量往前衝。」大陸財經作家吳曉波曾這麼說。

延續科技教父的使命感

在 1985 年到 1988 年這段期間，劉宇環陪伴李國鼎去新加

坡為王安創投資金籌集，也陪李國鼎參加中國的宏觀經濟調控會議。李國鼎到國外時，總能看見這個滿頭黑髮的壯年人陪伴白髮蒼蒼的長者，在悠悠歲月見證人世真情。

李國鼎一生造就了無數富豪，自己卻一直住在師大泰安街的一幢公家宅寓裡。2000 年左右，民進黨政府想要收回他的住所，劉宇環知道後，曾與朋友募資，希望買棟公寓，讓李國鼎有養老之所，後來政府作罷。李國鼎 2001 年過世後，其寓所改為紀念館。

2020 年，華人領袖遠見高峰會頒給劉宇環終身成就獎，他在發表得獎演說時，首先就說這座獎應該給李國鼎，沒有李國鼎就沒有今天的高科技業，也沒有今天的他。近四十年，劉宇環心中有一方角落，為這個科技之父留著。

第 6 章

促成台灣高科技
——風華一代

1985 年是台灣高科技關鍵期，張忠謀應李國鼎之邀，從美國紐約回國主持工研院，郭台銘正在從事連接器事業，施振榮則逢人便訴說「將宏碁打造為國際品牌」的夢想，劉宇環也決定代表美國創投公司，在台灣一搏，在台灣高科技歷史上，他應該留名。

1980 年代末在台北流行王芷蕾所唱的〈台北的天空〉，四、五年級甚至六年級生絕大多數人都會唱，也心有戚戚焉。歌聲訴說著風倦、雲累、自己的夢想消失了，但施振榮、張忠謀、郭台銘，加上這本書的主角——劉宇環，絕不承認這些心情。

　　1985 年是台灣高科技關鍵期，張忠謀應李國鼎之邀，從美國紐約回國主持工研院，「以台灣人的聰明肯幹，有人帶，必大有成就」，他要把工研院打造成另一個貝爾實驗室。

　　郭台銘正在從事連接器事業，成長速度快得讓美國連接器公司開始提告，怕他再壯大起來，占有全世界市場。

　　施振榮則逢人便訴說「將 Acer 打造為國際品牌」的夢想，他的屬下，血液中也流著同樣的使命感，三十餘歲的經理洪麗甯，單槍匹馬提著宏碁電腦，在冰天雪地的歐洲，以凍紅的手敲開一家家廠商的門，介紹宏碁的優點。「我們這一生，似乎就為這四個字 Acer 而活。」洪麗甯曾扳著四根指頭這樣說。

　　劉宇環也決定代表美國創投公司，與台灣交通銀行、長興化工、國民黨中央投資公司、裕隆，共同成立創投基金。從此，啟動了產業升級，更創造了許多就業機會。的確，從那時開始，台灣的高科技彷彿成了自走引擎，不必上發條，不必加

油，剎不了車，不知會衝到哪裡。當大家都鼓吹小政府、不要管政治、只要求小確幸，「創投業卻要大力集中眼光在政府上，政治穩定、政策鼓勵是最先要看到的。」劉宇環說。

此時接替孫運璿的財經閣揆俞國華，一上任就提倡國際化、自由化、民營化。他鐵腕打破多項特權壟斷，也繼續實施高科技獎勵條例，減免稅 20%，投資創投基金的個人也可享受20% 的優惠抵稅，促成 1990 年代的高科技一飛沖天。

劉宇環對政府各項自由化措施，當然樂觀其成。另一方面，當時很多人擔心台灣民主化會造成混亂，街頭抗議無日無之，在美國實際生活過，行遍天涯的他一點都不擔心，台灣公民教育厚實，民性溫和，喜歡追求美好生活（也包括愛發財）就不會走入極端意識。

順勢操作，豪爽心細

與交通銀行合資的國際創投成立後，劉宇環的創投人生正式起步，上陣時，碰到台灣個人電腦興起，躋身世界產業分工重要一環，先後組建了多個基金，募資超過 4 億美元，投資了太平洋兩岸兩百多家高科技公司，並取得豐厚回報。同時華登國際也在亞洲風險投資界建立名聲。「這就是趨勢，你順著趨

勢，就好操作，這是創投要看的第二個關鍵。」

他自己和他投資的公司，俱為先行者，例如台灣第一個做SRAM的矽成電子、品牌知名度曾比宏碁還響亮的艾鉅電腦，甚至是曾為全球第一大數據機廠商的致福電子，每一家都前景看好。

選投資標的更難，劉宇環表示，第一個當然看創辦人，根據過去紀錄，羅光男不成問題，因為他已是世界第一大網球拍生產者，也是個行銷天才；致福電子以前也做過台灣第一，就是空白錄影帶最大產量公司。產品是否能商業化，最重要是創辦人是否品德好，「要不然拿著投資人的錢亂花，甚至捲款潛逃，怎麼行？」

「我們還請他們家人出來吃飯或旅遊，觀察他家人，一個人受家人影響很大。」他抿著嘴角，不笑就頗有威嚴，「其實就像你們做記者的，寫之前要裡裡外外做好 DD，Due Diligence（盡職調查）。」

外表豪爽、心思細密的他，選擇投資公司非常謹慎，「不管大還是小，他的 DD 都做得好，到現在仍然如此。」香港大學退休校長、中研院院士劉遵義與他有三十餘年交情，對他的行事風格甚為了解。

搭橋創造連結，成就大事業

海海人生，劉宇環不斷搭橋，一磚一石地打造橋梁，不借別人的橋梁，自己先試著走，走穩了，別人才來跟隨。

從矽谷先連接台灣，然後亞洲、大陸，近年來是歐洲、中東，點成了線，線成了面，面成了三度空間，隨手拈來一路點，就可以織成四度空間，有足夠的資源成就大事業。

例如三十餘年前，很多公司從矽谷一家小研發室，搬至新竹科學園區，乘著 1990 年代台灣高科技風而立、而壯，1990年代後又搬回美國。追逐水草而生，造就了好幾家公司的長青不墜。也多虧了劉宇環在後面運籌規畫。

至今他仍然打造橋梁，例如最近致力的核融合，分別有台灣和美國的技術，還有歐洲的物理學家，公司董事、顧問群都是跨國人才，市場雖還未定，但一定立足全世界，「我們在找尋另一個台積電，護國神山群會更為穩當。」

宏觀面要打造橋梁，微觀面更是錯綜複雜，投資一家公司不是就讓它自生自滅，一家新創公司從孕育、出生、成長，都是綿綿磨磨、九轉迴腸，耗多許光陰才能成人，不是當事人很難體會。

嚴守教練角色才能長保勝利

他不能下場經營，一個基金裡起碼投資十幾家公司，縱使每天給一家公司一小時都遠不夠，喜歡管事又極具自信的他，必須自我節制，極力守住自己的角色。

身為創投家，劉宇環嚴格定位自己是教練。教練不下場打球，比賽前要衡量敵我實力、決定戰略，鼓勵、督促、訓練球員，比賽時在場外運籌帷幄、調度資源，比賽後，又要再為下一場比賽重整球員、調整戰略、擬定新一波攻勢，才能長保勝利，「上市只是贏得了戰役（Battle），沒有贏得戰爭。」劉宇環說。

因此每當他投資的公司上市，外表看，創投總是光鮮亮麗，〇〇基金賺了多少倍，當 IPO 鐘聲一響，多少個富豪於焉誕生。創業家十年磨一劍，一朝試鋒芒。股價上升、上升、再上升，投資者皆大歡喜，劉宇環沒有加入慶祝的行列，而是離開人群，籌畫何時是出場時機、其他公司有什麼可以協助之處、下一場戰役如何打。

他同時間也成為進軍東南亞的先鋒，尤其新加坡處於亞洲金融中心，錢多，但好案子不多，創業風氣也不盛，但偏偏上天就給劉宇環一個大禮物，新加坡創新科技（Creative Lab）就

是其成功例子之一。

1989 年，一位瘦瘦小小、來自新加坡的年輕人叫沈望傅，創立了一家公司叫「創新科技」（後來成為新加坡國寶），每年不到幾百萬新台幣的營業額。有天他拿著只有一頁 A4 紙的企業簡介，沒有營運計畫，沒有未來展望，來到劉宇環在台灣的辦公室。「很狂的樣子。他拿著一頁紙，就跑到我面前，說他做聲霸卡（SoundBlaster，是一個電腦音效卡系列產品，掌管電腦音效立體或環繞，還原音樂原始音效等曾經是 IBM 個人電腦聲效的非正式標準，後來成為個人電腦的標準配備）。我說，你這個需要很多錢，你要怎麼做呢？他說，我們中國人吃苦耐勞，而且我們已經和台灣的宏碁合作，有成功的開始了。」

當時中經合一個經理剛好在宏碁有個同學，於是打電話給宏碁。打完電話後，這位經理進來遞給劉宇環一張條子：「下十年就是這個產品，趕快和你們老闆說，這個產品一定要投！現在，我們每天賣的都是帶有聲霸卡的產品。」

劉宇環很快就給了沈望傅 170 萬美元的投資。但條件是要專心做聲霸卡，在亞洲還無力以全方位市場取勝世界時，唯有找到利基市場（Niche）的產品才可能成功。這筆投資很快就得到了巨額回報。

三年後，創新科技這家位在新加坡的公司經過劉宇環及其團隊的拖、拉、拔，成為在那斯達克上市的第一家非美國科技公司，當鐘聲敲響那斯達克市場開市時，沈望傳站在台上，接受喝采。創新科技市值達 17 億美元，增值超過 200 倍，劉宇環幫助一個瘦小年輕人成就了他的夢想，也讓基金投資人笑得合不攏嘴。如果你已經接近成功，那麼再次走近它就容易多了。

　　雖然成功了，劉宇環始終低調，不願接受媒體採訪，名人與他無緣，謹記初回台時李國鼎給他的勸導。當時台灣燈紅酒綠、歌舞昇平，誘惑甚大，李國鼎說「無謂的應酬不要去」，講一次，他就聽進去了，而且付諸實行。

　　一年有四分之三時間都在海外，選擇在國際創投的波瀾裡打轉，他來來去去都不要人接送，獨自拿著行李上下飛機、通關。但是當他回到台灣時，必定能感受到，走過多少異鄉路，還是這裡溫暖，因為有著他年輕時和親友、同事一起度過的時光。

附記 1 ———————————————————————

矽成 —— 尋求第三種影響力

兩位才三十出頭的工程師，李學勉和韓光宇，同為台大電機系畢業，都在半導體公司如美商超微半導體（AMD）、華智（SYNC）、東芝（TOSHIBA）待過。沒有什麼商業計畫，只憑著一股熱愛工程、精進產品的情懷（當然目標中還包括財富），兩人在矽谷開了一家生產 SRAM（同步靜態隨機存取記憶體）的公司。SRAM 比傳統的 DRAM（動態隨機存取記憶體）速度快很多。兩人有著十足的默契，因此能夠一起度過創業期，但是美國製造能力不夠，為長遠計，必須搬回台灣生產。

　　1980 年代末，兩人回到台灣，想在新竹科學園區設廠，面對一關關的繁瑣手續，一籌莫展，幾乎想要放棄了，還好已經出資的劉宇環聽到這個消息趕回台灣，他手上也有明日之星，也有炙手可熱的產品，但他看著兩個與自己年齡相仿、萬丈雄心的創業主，決心要盡力幫助他們。

　　劉宇環帶著李學勉和韓光宇一關關叩開投資處、經濟部、國科會的門，填了無數的表格，蓋了無數的章，不只是政府領導人，他說更要感謝很多中級官員，如經濟部投資業務處處長黎昌意、國科會駐舊金山科技組組長莊以德，政府上面有政策，還要有忠實且能變通的文官。

搭檔帶來力量，建立橋梁模式典範

李學勉和韓光宇雙人搭檔運作良好，現在來了個劉宇環，加上第三人是否會變質，「三個人太擠了，三個人中，常有一個人走著走著就被擠到後面去了」，但是這三人，卻成了1+1+1>3，因為各司其職，劉宇環謹守本分，無意插入，何況喜歡到處跑的劉宇環，不會喜歡持續待在同一個地方。

終其一生，劉宇環在尋求第三種影響力，也是他在創投業奉行的原則，影響力通常分錢和權，劉宇環的投資者都有錢，他不能用金錢打動他們，他沒有一言定天下的權力，兩者之外，還有其他施展影響力的地方嗎？

在矽成這個例子上，他幫助矽成站在制高點看創業，要想得遠、想得長，堅持他們一定要著眼兩岸三地：中美台。甚至在剛開始時，李、韓兩人堅持只要用標準廠房，劉宇環卻說服他們「人靠外表馬靠鞍」，公司也要有氣派、亮麗，因此矽成建在科學園區的辦公大樓特別雄偉顯眼，從遠處一眼可見，裡面每一處都是挑高設計，「養成員工寬人的心胸，替他們招攬了很多人才。」劉宇環二十幾年前的審美觀，在員工日益重視辦公環境的今天，可謂看得遠。

矽成和任何新創事業一樣，剛開始披荊斬棘、櫛風沐

雨，李學勉和韓光宇兩位大學時代就要好的同學，在矽谷租了一間約 20 坪上下的房子，四張桌子及幾部電腦工作站，矽成的第一批產品只下了 50 片晶圓，這一批 SRAM 產品總數大約只有 100 顆左右。當時也賣不到英特爾，只能賣給新視代科技（NexGen）。高速 SRAM 的需求果然在 486、586 級晶片速度提升的帶動下，不斷大幅成長，這也是劉宇環所說的「創投投資，要看趨勢」。

已經搶得先機的矽成，也因此取得市場領先地位。由於矽成最早投入高速 SRAM 的設計及研發，因此擁有多項高速 SRAM 專利，加上全球大部分的主機板都是在台灣生產，而高速 SRAM 就是主機板上重要的零組件。

由於矽成在台灣是輕資產（IC 設計公司，多由晶圓代工廠製造），很難在台灣上市，因此過了兩年，他們又搬回美國，成立美國矽成，決定在美國上市。1995 年 2 月，矽成在美國那斯達克上市，由於當時高速 SRAM 正處於價格高檔，矽成的股價從每股 13 美元承銷上市，一直飆到 70 美元左右，總市值達到 10 億美元，從創業時的 10 萬美元，至市值 10 億美元，矽成在短短的七年間就創造了數百倍的市值，成為矽谷華人創業成功的最佳典範；後來矽成在台灣上櫃，股東也收穫頗豐。

矽成的英文縮寫是 ISSI（Integrated Silicon Solution Inc.），合起來剛好就像是兩個美元常用的符號 $ $，更為矽成增添佳話。

能夠在台灣和美國分別上市，是連台積電都望之興嘆。這也是劉宇環在幕後運籌帷幄，將橋梁模式發揮至極致的結果。當時的矽成，對外低調，絕口不提做了什麼、為何要如此做、如何做到。

這是跨國搬家，事先要細密籌畫。像是如何同時建立中美團隊，台灣團隊裡多少人要搬到美國，何種人能接受跨文化的挑戰，到了美國後，又如何招募當地人做行銷，跨國工程師如何組合，研發團隊如何建立。更重要的是，搬來搬去，公司如何估值，什麼可以折舊，什麼要資產重估，在在都充滿挑戰，需要內行人指導。劉宇環的人脈派上用場，他自己知道的就告訴他們，不知道的就幫他們請專家。

熟穀常彎腰，智者常溫和

兩位工程師出身的創辦人，不諳資本市場，公司上那斯達克前，劉宇環和他們演練走秀，吸引投資銀行及承銷證券商的青睞，並且教他們如何與員工及投資者分配股票，能夠達到三

贏，讓公司永續經營。

在這個雙打裡，應該不要忽略劉宇環的角色，「每到台灣或回舊金山，他都會找我們聊天，不一定談業務，什麼都談，你讓他盡興談，總會有收穫。」

1990 年代要去大陸設廠，也是劉宇環穿針引線、各方奔走，選定東莞設廠，富地利之便，更介紹聯想的柳傳志和楊元慶，以及惠普（HP）台灣總經理何薇玲（第一位台灣女性居此位），後來這些企業都成了世界個人電腦前三名，矽成也隨著客戶成長，水漲船高。

「還有第四個人也要感謝，就是復盛集團創辦人李後藤先生。」劉宇環對很多有恩的人總是銘記於心。於 2012 年過世的李後藤，擔任矽成董事長多年。他沒有受過高深教育，但喜歡創意創新，創業六十年一路把一家修理空氣壓縮機的小店帶領壯大成為跨足空壓機（電機）、高爾夫球桿頭（運動器材）、導線架（電子）的國際級企業集團，他的投資布局更從醫療器材、汽車零組件、IC 設計以至軟體、網路；從台灣、大陸、東南亞以至矽谷都有他投資的身影。「他是位白髮新人物的歐吉桑。」劉宇環在他過世時深深悼念。

劉宇環對矽成發展有前瞻性的洞見，例如幾次跨越太平洋搬公司等重要策略，他通常先說動李後藤，然後由李後藤說服

矽成的兩位創辦人李學勉、韓光宇及一眾高階主管。李後藤以長輩的溫文，而不是以董事長的權威來說服。

「我年輕時很尖銳，現在不比當年了。」劉宇環摸摸蓄著的平頭，避疫期間，不能光顧理髮廳，已比應該的長度長了很多。他也常勸年輕人學著謙虛些，因為「熟穀常彎腰，智者常溫和」。

附記 2 ────────────────

致福 ── 美麗與哀愁並行

致福是典型順風而起、飛速擴張的公司，它曾占數據機世界第一。數據機被稱為「電腦的電話」，一台台電腦，不論個人電腦或超級大電腦，都得靠它連接，因此市場無限龐大。

劉宇環看到美國個人電腦開始興盛，心裡也自有打算，密切注視台灣這方面產業，「我不喜歡人家叫我教父，但是我喜歡人家叫我先鋒。」

致福有著旺盛企圖心，從 1993 年至 1997 年的五年間，致福由原來生產數據機、主機板，迅速跨入監視器、筆記型電腦及無線通訊領域。集團營業額在五年間的年複合成長率達 47%（由 1993 年的 61 億成長到 1997 年的 284 億），是非常積極的，很少看見從小產品、小公司變得那麼快的。

劉宇環在致福成長期間，也貢獻至深。介紹客戶、介紹供應商，而且事先在他腦袋裡都有配對，知道他們都會合得來，才會介紹，業務一談就成。致福上市前，他也諄諄傳授其中祕訣，指點關鍵措施。

致福靈魂人物——江英村，在大學時代就開始做生意，找了在日本熟識的周神安、江國政回國成立公司，二十來歲時已做成生產空白錄影帶第一名的公司，四十歲已掌世界第一大數據機生產商，因此擅長成熟產品的大量製造、研發改進。江英村在公司簡介中，引用經營之神松下幸之助所說：「不賺錢的

企業是罪惡！」

他篤信公司每個階段都要有熱門產品才能賺錢，用熱門產品養新創產品，就是用金牛來養明日之星。致福都是在生產成熟產品，因此常被質疑：產品科技層次不夠高。江英村的標準答案只有一個：「高科技，低科技，會賺錢的才是好科技。」

1994 年，致福獲利達到高峰，每股盈餘 5.64 元，股價最高達 160 元左右。然而，致福的營運表現從那年之後卻每下愈況。致福仍然著迷於營業額高成長，「太多元化了，人才不夠，執行力就差。」周神安回想。

雖然基金在致福上市後幾年就退出，但劉宇環也不時給予致福勸告，切勿發展過快，尤其人員急速膨脹，管理就很容易發生問題。「看多了過度膨脹、過度成長的公司最後衰頹。」

在中經合，劉宇環綜合歷年經驗整理出來的「劉六條」，奉為公司圭臬，第一條就是保持警覺，其他五條則是積極應對、主動思考、執行有效、溝通充分、管理透明。

致福為光寶收購已二十年，致福各階層領導都經歷過幻滅、困頓、世故，但是也很快找到另一波人生目標。周神安創辦了 GOOD TV 好消息電視台，不時開辦基督徒投資學，自己也專注於投資生物科技等項目。江國政從十多年前就研究氣

功，拜訪了從喜馬拉雅山到西藏的各氣功大師，低調、安靜地
生活著。

　　波濤洶湧、分秒必爭，留給下一代的人了。

附記 3 ————————————————————————

一顆台灣之光的隕落

1980 年代、1990 年代興起的台灣之光，光男網球、艾鉅電腦創辦人羅光男，至今仍令人懷念。他是個天才，曾經讓台灣在國際發光，但很可惜，不能長久閃亮。

劉宇環第一次遇見羅光男，是帶他去美國普林斯頓，談併購 Prince 王子網球拍的事。李國鼎希望劉宇環給羅光男意見。劉宇環覺得對方才氣橫溢，而且在銷售方面是位奇才，一心要創造屬於台灣的品牌，也感動於他的執著與堅持，所以投資了他，也擔任其公司董事。

當時，羅光男建立的艾鉅已在近 80 個國家設立據點，很多人對他投身電腦感到不可思議，事實上這是他的絕招。因為網球拍已經有銷售及售後服務管道，他就循著這個管道，找來幾位銷售工程師（多為已畢業的台灣留學生及太太），因此短期內就一飛沖天，一年做到 3 億美元營業額，是台灣的第二大電腦品牌，僅次於宏碁。

這個網球奇才首創電腦大賣場的做法，在巴黎首創世界第一個電腦加零件、可以當場組裝的大賣場，場地有 3,000 坪，美國的百思買（Best Buy）和 Fry's，那時尚未誕生，電腦大賣場的想法還是從他那裡來的。他的售價比別人高 10%，但是他的設計好，能得到歐美人士的喜歡。

至今劉宇環仍欣賞羅光男這個台灣之光，可惜艾鉅崛起後

不到幾年，就有幾個決策失誤，導致公司發生危機，而且是不能挽回的危機，他更深切體會，任何公司，任何階段，多角化或單角化，都可以從光男企業得到啟示。

第一，工廠設在苗栗銅鑼。光男應該將電腦廠設在新竹科學園區裡，這樣運籌都比較方便，距離遠就要增加運費，而且也費時。

第二，用人不當。光男原本在美國有個很強的銷售團隊，由一個很能幹、有衝勁的猶太人擔任銷售經理，會衝會闖，一下就把營業額衝上去了。但不久後，他把一個設計部門領導人升遷成為美國總經理，主管銷售，一下從二十幾個人擴充成兩百多人，這就是缺乏經驗的主管會做出的事，人員成長太快，不可能管理得好。

第三，家族企業。雖然做的是高科技行業，但是羅光男始終未改變艾鉅電腦的體質，仍然是家族企業，上市公司的規範沒有完全守住，他也太依賴個人領導，忽略團隊的培養。可說是天時、地利、人不和。

後來羅光男篤信一貫道，凡開會、見人、談價格、訂單都得問卜神明，耽誤了很多商機，例如有次他公司遭遇大危機，劉宇環幫他安排一個德國廠商 4 億美元的訂單，加上收購他在巴黎的電腦大賣場 2,500 萬美元，應該夠他重整江山，最

後一搏，但是他到了法國，與德國廠商見面後，要求加500萬美元（說是問了神明），歐美廠商如何接受這種當場反悔？談不成併購，連訂單也取消了。羅光男公司的危機也愈演愈烈。

在那之前，有一年艾鉅電腦開董事會，劉宇環班機誤點，他們未加等待就先開了董事會，而且通過美國總經理的提案，劉宇環覺得不被尊重。再加上以前聽到的一些負面傳聞，劉宇環也調查屬實，當下就說要退出投資。中經合投資已回收一倍，應該也要見好就收，劉宇環對羅光男說：「退出後，我們仍然是好朋友，我可以做你的義工，做三年。」劉宇環實踐了這個諾言，還幫羅光男找到一筆3億美元的訂單。

羅光男不幸於2018年過世，對艾鉅，劉宇環有著「向來情深，奈何緣淺」的惆悵。

第 7 章

魅力中國
——華麗叢林如何立足

在中國，劉宇環牢記自己是橋梁，只能做推動
者，不能做主導者。一張張團體照中，他都站在
側邊，他知道自己是促合者，不是主角，他對中
國大陸充滿想像空間，但也謹慎以對。他知道如
何蓄積實力，先進軍地方，再進軍中央。也知道
如何在廣袤的中國，先推廣觀念，扎穩基礎，才
能實踐。

1989 年近年底，廣州白雲機場，劉宇環第一次踏上中國土地，心緒錯綜複雜。此行是看他的舅舅。

甫時，國際都在醞釀抵制中國大陸，外資卻步，多人預言中國從此崩潰。但劉宇環認為這絕不是中國經濟發展的句點，而是逗點。

安於低調，專注扮演協調溝通的角色

同年，劉宇環踏上北京，帶著媽媽來探親，不敢置信自己真的置身在逝去父親口中念念的土地。好一片茫茫大地，但那紅牆黃瓦、巍然城樓、廟宇殿群又如此分明。筆直古驛道，一轉彎，卻是窄巷深弄，炊煙縷縷。時空是夢幻的。

他是北京劉家的第七代，老家在什剎海第二門，高祖還做過清朝的總管，自然也喜歡父親口中念念不忘的北京美食如炸醬麵、小籠包、水餃等，他尤其喜歡與客戶分享北京烤鴨。

1992 年他踏上北京不久，與第一家在香港交易所上市的北京國有企業 —— 北京控股有限公司，共同成立了中國第一個與官方合資的創投基金。此合資得來不易，在此前後，他都是低調做著溝通的工作。

在北京，他與中國政府分享美國及台灣科技的發展，希望

中國能汲取經驗，他更介紹創業投資對創新科技的重要性，中國必須走科技，而科技必須靠創投。

當全國人民代表大會常務委員會副委員長成思危（父親為報人、世新大學創辦人成舍我，妹妹成嘉玲目前為世新大學榮譽董事長、成露茜為已故世新大學講座教授）訪問美國時，劉宇環在舊金山辦公室裡，向他簡報美國的創投起源、現況和對經濟的貢獻，如何能增加就業率、改善民生。歷歷細數，詞懇意切，在場的人都為之感動。接著幾天，劉宇環全天陪著成思危及團員參觀預先安排的矽谷創投公司，那時也是台灣創投業興旺的時節，當然他一定會提台灣。

他組織過一個中國財政部暨 16 家國投公司的訪美學習團，學員是國營企業主管、財政部官員、銀行主管等。全部課程都是客製化，包括金融發展、稅制改革、新創事業，一共 14 天。更去美國大企業參觀，臨走每個人的相片都分裝一冊，所有的講義也訂成一冊，回去好做作業，當然還會有美國好吃的食物。他還開辦了很多研習會，例如廣告研習會、網路研討會，先服務，再談生意，期間建立人脈。

穿針引線，促成李國鼎赴大陸分享台灣經驗

　　一個離開北京時才一歲，台灣嘉義眷村出來的孩子，有著影響中國大陸科技發展的能力，幾乎如一千零一夜的故事。他的貢獻一定要放在歷史架構裡看。寫過《江澤民傳》的美國學者、中國問題專家庫恩（Robert Kuhn）說：「那時，中國對市場經濟一片空白，對創投更是摸不著頭腦。」

　　1993 年，他運籌帷幄做成一件對台海都重要的事。自從鄧小平二次南巡之後，中國經濟一飛沖天，處處熱景：房地產熱、開發區熱、證券股票熱。也引發各種亂象，亂拆借、亂集資，處處可見。萬物皆漲，1993 年上半年，居民消費價格指數上漲了 14.7%；整個上半年，副總理朱鎔基都在思謀良策。6 月 10 日至 13 日，國家經濟體制改革委員會、財政部和世界銀行在大連召開「中國宏觀經濟管理國際研討會」（就是至今仍著名的所謂「宏觀調控會議」），借助國際專家之力來幫助中國政策制定者。

　　此次「大連會議」籌備半年多，朱鎔基是核心策畫人物。會議邀請了史丹佛大學教授劉遵義、諾貝爾經濟學獎得主莫迪利安尼（Franco Modigliani）、倫敦政經學院教授史登（Nicholas Stern），更重要的是，在幾經波折後請到了被譽

為「台灣經濟奇蹟重要推手」的李國鼎。當時名記者胡舒立（以獨立批評媒體人著名，後創辦《財經》雜誌及財新網），在一篇文章裡肯定李國鼎對大陸的貢獻。

而在背後穿針引線、排除政治阻礙的是劉遵義與劉宇環，當時才四十六歲的劉宇環，為何能贏得前輩如此信任，願意答應與會？

首先由劉遵義說服中國官方，台灣經驗值得借鏡。台灣雖小，但是能夠晉臻「兩高、兩低」（高成長、高儲蓄、低通膨、低貧富差距），應請台灣經濟發展老師傅李國鼎現身說法，中國專家學者可吸收第一手資訊，對做決策取捨會有甚多幫助。

當時劉宇環認識李國鼎才七年，時日累積，他倆積蓄跨世代的情誼及信任。李國鼎身體已不適合長程旅行，但對台灣、大陸都有利的事情，他赴湯蹈火，仍然願意以赴。

接著，要商量以什麼名義邀請李國鼎去。當時李登輝執政，李國鼎任資政，台灣方面當然希望以中華民國總統府資政名義前往，但大陸方面絕不會願意。以台灣民間團體名義去，又太委屈這位科技教父了。僵持甚久，幾經協商，最後決議由劉遵義請世界銀行出函邀請李資政，以世界銀行貴賓身分與會。劉宇環的低調務實，讓兩岸人都信任。

劉宇環雖然一直從事科技投資，但跑多了國家，尤其創投要深諳政治氣候，也養成了他對政治的敏感度，知道哪條神經能碰、哪條不能碰。在中國大陸做事絕對要低調。

聚集世界專家診斷中國經濟

　　已屆八十三歲高齡的李國鼎來到大連，參與宏觀調控會議。劉遵義則代表世界銀行與會。李國鼎在會中把台灣從一無所有到四小龍之首的經歷一一詳述。會裡討論熱烈，會後才是高潮戲，李國鼎在北京與當時總書記江澤民見面兩次，告以台灣早期農村發展經驗等事，朱鎔基副總理也約李國鼎單獨面談。當時隨行、曾任振興醫院顧問的白壽雄回憶，李國鼎認真與會，和朱鎔基會面前，在下榻的釣魚台國賓館十五號樓中，特別做了綱要。兩人見面一開始，朱鎔基說他是向李國鼎請益的，所以只聽不說，到最後才表達了他的意見和看法。

　　1993 年盛夏的北京，整整 90 分鐘的會面，李國鼎滔滔不絕地提出對中國經濟的看法，其實大部分都是取自台灣經驗，例如取消匯率雙軌、獎勵科技投資減免稅 20%。整場會談，朱鎔基果真未曾打斷李國鼎的談話，只在結尾時說了一句話：「你的建議，我都會去做。」這些建議後來成為朱鎔基的

經濟政策。

這段史實，大陸媒體多所報導。例如記者胡舒立在一篇文章裡提到：在與李國鼎會面後不到幾天，國務院最終形成 6 月 24 日下發的「宏觀 16 條」（即《關於當前經濟情況和加強宏觀調控的意見》）。李國鼎提出了確定中央與地方稅收之合理比例關係、整頓中央銀行、投資減免 20%、匯率併軌、加入國際貨幣基金等建議。原本以為朱鎔基說的是官場上的客套話。沒想到真正成為政策，而且是影響中國改革開放成敗的關鍵政策。

朱鎔基實施宏觀經濟調控政策成功，高升中共總理，他一手提拔的科技部長朱麗蘭 1998 年 7 月來台訪問，還特別拜訪李國鼎。她當時透露，朱鎔基特別交代她，一定要向台灣的李國鼎問好，把他的問候帶給李國鼎。

大連宏觀會議讓中國對台灣經驗另眼相看，知道台灣有一群能幹的技術官僚，置國家利益於個人利益之上。看到台灣文官如此卓越、如此具執行力，大陸也加力培養新文官，廣送文官至美國學習管理、領導、產業等，最引人注意的是 1990 年代初期，華爾街已出現眾多中國文官學習金融操作。

一連串大陸對李國鼎的連鎖反應，可能連李國鼎都無法預知，何況劉宇環呢！歷史就是這樣寫成的，也就此翻頁。

「你要把 Peter 的貢獻放在歷史框架來看，當時沒有網際網絡，資訊不發達，大陸還處於閉塞期，他能夠帶來西方觀念、西方做法，把台灣做法帶來，對中國人是很大的開啟。」北大國際關係教授王堃說，「而且他接觸到的都是中央官員，負責國家整體計畫及執行，他的建言影響很大。他雖只是一粒沙，有意無意間，很多人都一起堆，堆成了城堡。」

願為美國與大中華地區橋梁

1993 年，劉宇環創建了美商中經合集團。取名中經合是他對公司使命的明確表達：「我們的目標很明確，就是促進世界上中國人的經濟合作。」劉宇環說。中經合一開始願景已立，建立一個連接美國與大中華地區的獨特橋梁，透過引進美國、日本等國的資金和技術，全面提升大陸和台灣地區的高新技術水準。

此時，人生考題來了，劉宇環幾乎打算退休了，這些年投資已有豐厚回收，兒子女兒都正值青春期，最需要父親，太太一個人獨撐家裡一切，太辛苦，他不忍老是把背影留給家人。也許倦鳥應歸巢了，但另外一些人跟他說，他年華正盛，中國也在蓬勃生機中，放棄太可惜。他的鄰居戴維斯

（Charles "Jiggs" Davis），和他頗有商業往來，不客氣地對他說：「你才不到五十歲，退休做什麼，人生還有那麼長。」

在退與不退間，徘徊年餘，心裡總有個聲音悄悄出現，「為了台灣和中國，一個是你自己故鄉，一個是爸爸媽媽故鄉，你總得盡份力。」男兒如何能不展風雲志，空負來人間一遭。放棄嘗試，意味著永遠放棄成功。嘗試過了，天理人事都無憾。

1995 年，劉宇環做出了一個重要決定：離開華登集團，全力發展中經合，特別是集團在大中華區的業務，開始打造完全屬於自己的創業投資事業。

此後，他能全權做主，他的任務變單純了，海闊天空，任他翱翔。

他繼續做著有如傳教士的工作，舉凡進步觀念、科技進展、管理領導新知識，都帶給大陸及台灣。兩邊都急著國際化，也都吸收新知若渴，他總是能站在制高點看世界，有全局觀。

而又由於他的草根性，跟什麼人都能聊得開，他的談話可以馬上運用在別人的公司上，甚至是個人處事上。劉宇環在中國大陸順利開展人脈，他也從別人那裡學到、知曉更多知識、資訊。這真是互利的過程。

同一時間他也為台灣及大陸的福祉籌謀規畫，大部分事他不直接做，仍然是發揮錢、權第三種影響力，例如他做美國百人會副會長多年（會長留給更資深的人做），他熱心捐款捐人捐時間。那時美國國會每年都要重新討論是否給中國最惠國待遇，百人會會長那時任老布希（George H. W. Bush）總統的中國顧問，靠美國百人會（台灣和中國還沒有成熟的遊說團體代勞）穿梭白宮、國務院及國會之間，是中國能保有最惠國待遇的重要功臣。百人會還遊說美國支持台灣和中國、香港同時加入世貿組織，台灣和香港雖以地理名稱加入，但畢竟還是與其他會員同等權益。

　　2010 年美國百人會頒中美貢獻獎表彰美國前財政部長鮑爾森（Henry M. Paulson）、中國中央財經領導小組辦公室副主任劉鶴，在金融海嘯裡恢復國家元氣所做的貢獻。劉鶴獲獎，就是劉宇環推薦的。頒獎晚宴在著名的紐約大都會博物館丹鐸神廟（Temple of Dendur）舉辦，四百多位各界重要人物都出席了那場令人難忘的活動。劉宇環代劉鶴領獎，並向與會者分享劉鶴的事蹟。

　　在 1993 年的大連宏觀會議時，劉宇環就已經注意到現任副總理劉鶴清瘦的身影，「劉鶴有開放思考，記憶力驚人，學養廣博，我那時就覺得他未來會晉身領導階層！」

劉鶴在習近平上台後，火速獲得提拔，成為習近平處理經濟問題的左右手。2017 年川普任美國總統後，掀起中美貿易戰，劉鶴被任命為習近平特別代表，專責中美貿易談判。他不卑不亢，中美雙方都少有批評，現在又專責處理中國高科技獨立發展政策，如半導體、量子科學、通訊等。

中國創投第一人的經營哲學

1997 年，中經合集團和北京控股公司成立「北京高科技發展基金」。北京控股的董事長胡昭廣也是北京人，他對劉宇環說：「你應該為老家做點貢獻。」於是在 2000 年 4 月初，中經合與北京控股公司合辦了「中國風險投資與互聯網／電子商務國際研討會」（E-Beijing）。這場會議邀請全球網路界的各路英雄好漢齊聚北京，總計有近 2,000 人報名參加，可比美後來浙江烏鎮每年舉辦的世界互聯網大會。網路大咖在新世紀開端聚在一起，腦力激盪，思想碰撞。

當時馬雲、馬化騰還沒有這麼紅，但是參與者都是來自世界各國的網路紅人，包括中國聯想集團總裁柳傳志、四通集團（STONE）董事長段永基、新浪網（Sina）總裁王志東、美國網上網（AboveNet）創辦人段曉雷、TransMedia 創辦人李廣

益、華晶網際網路創投（CIVF）合夥人曾煥哲，以及台灣的宏網董事長黃少華（宏碁創辦人之一）、光寶集團（LITEON Technology）執行長林行憲，還有新加坡電信（SingTel）董事長許文輝（Koh Boon Hwee）。多位中國的政府官員如信息產業部部長吳基傳、中國科學院院長路甬祥、國家財政部部長項懷誠、科技部部長朱麗蘭等人，都是劉宇環邀來的貴賓。

由於華人網路界難得有如此盛況空前的活動，這個會議辦得相當成功，中國官方共有 24 位部長參與。會後，劉宇環獲中國總理朱鎔基與副總理在中南海接見。

2004 年，他又協助中國投資協會舉辦「生物科技年會」，廣邀美、日、韓、德、法、新及中國港澳台地區等國家和地區的網路、生物、投資界重量級人物參加，促進科技界與投資界的交流與合作。

台灣、中國、美國都是劉宇環的故鄉，他一直在尋求一個對台灣、對大陸、對美國都有實質利益的模式，不可能單方受益。例如他多次建言，大陸應實施投資抵減優惠如兩免三減半、五免五減半（兩免三減半是指中國給予外商投資企業從獲利年度起兩年免徵、三年減半徵收企業所得稅的優惠待遇），也適用於台商。1990 年代蜂擁而至的台商，受惠於稅制改革良多。現在大陸前十名出口商，有七名來自台灣，包括富士康

（Foxconn）、華碩（ASUS）、緯創（Wistron）等，「不能說只是中國得利，台灣也受惠於中國的崛起，人必須有更寬廣的胸襟。」

附記 1 ————————————————————

出錢出力為台灣

1998 年他在因緣際會下邀請聯想集團總裁柳傳志、總經理楊元慶，以及聯想高級幹部來台灣參觀，卻幫助造就了世界第一大個人電腦公司。台灣資訊業都蒙其惠，半導體製造、代工、設計，電腦、周邊零件都成了聯想的供應商或客戶，穩穩占住產業鏈的一環。

　　1994 年 3 月 19 日，聯想成立電腦事業部，由三十歲的楊元慶擔任總經理，但他削破了頭，帶領團隊衝刺，銷售也難比 IBM、惠普等知名廠牌。1996 年是聯想發展的關鍵年，聯想結合英代爾（1998 年 1 月起改稱「英特爾」）最新推出的 Pentium 處理器，只賣人民幣不到 1 萬元，而美國知名電腦品牌的標價是 1.6 萬元。聯想根本不知道大陸的消費者是否寧願買較貴的外國貨，而不相信配備相同的中國貨。這一前所未有的冒險舉動可能讓聯想血本無歸，但是聯想終歸做了，造成轟動，開啟聯想跨越世界第一大電腦的門檻。

　　談起這個 14 人、歷時 11 天的台灣參訪團，劉宇環掀起嘴角，展露笑容說：「當初我只是看這家公司雄心勃勃，台灣資訊業也需要這個客戶，試試撮合他們。」

　　訪問 11 天也夠久，為什麼？「我要他們一次看個夠。他們以後不一定有機會再來台灣。」

　　但是當時台灣廠商還沒來得及會意聯想電腦正在崛起，聯

想那時在大陸的電腦銷售量，每年還不到 80 萬台，台灣科技界並不太在乎。歐、美個人電腦大盛，從西半球來的訂單都接到手軟。但是台灣人終究純厚，遠來是客，兼以想到未來商機，還是盛大接待。

參訪團晤見了施振榮，上上下下參觀宏碁辦公大樓及工廠，沒有保留。當時施振榮已經打「Acer」品牌經年，「施振榮沒有私心地分享經驗，以及進軍國際的酸甜苦辣。」時任中經合經理的江佩芬說。

台灣南南北北其他企業，如聯華神通的苗豐強和華碩的施崇棠、流通業聯強的杜書伍、台中的誠洲電腦廖繼誠，都盛大接待大陸團員，這些公司派在大陸的幹部也都趕回台灣一起討論。雖然多是為生意，但當時聯想還是前途未定，生意先擱在一旁，聯想謙虛為懷、求好心切，就很值得熱情的台灣人分享經驗。

他們也參訪很多文化景點，例如故宮，對台灣保存古文化的決心和做法深深佩服。還去了誠品書局，難以想像台灣地方這麼小，但出了這樣的書店，實為「十步之內，必有芳草」。

最重要的是，最後聯想董事長柳傳志帶領部屬在日月潭舉行三天的策略會議，決定未來公司走向，要走全球品牌，還是集中打國內品牌？也許是日月潭溫柔水域，激發起無限的想像

空間，清風白雲清澈了聯想幹部的頭腦，他們決定要在中國境內全力發展，先中國，後世界。中國有十幾億人口，在中國贏了，就是在世界贏了。

此邀請專案從頭到尾都由劉宇環與員工商量、策畫、執行。創投業用人精簡，都是一人兼數職，帶 14 個人 11 天，吃、喝、睡、交通、娛樂，工程龐大無比，劉宇環全程指揮，有的陪，有的不陪。老闆要求異常嚴格，既要顯示中經合人脈實力，也要顯現台灣製造業優點，後來發現人員不夠，還從香港調人回來。

此後，聯想追、趕、跑、跳、併購 IBM 個人電腦，供需都如急切風雲，剎那湧起，成為中國大陸第一品牌。

2000 年亞洲金融風暴尚未歇，歐美電腦訂單急遽減少，被稱為電腦少帥、接任總裁的楊元慶再度來到台灣，帶著超過新台幣 100 億元的訂單，成為台灣電腦業的及時雨。從大眾電腦董事長簡明仁、仁寶董事長許勝雄到威盛電子總經理陳文琦等，各方爭相宴請，飯局排不完。

不管劉宇環是無心插柳，還是有心插柳，這個柳是插成了，證明中國大陸需要台灣，台灣也需要大陸。

第 8 章

中國投資故事
——前瞻、自主、科技

一旦中國大陸政府採取開放態度,人民所積蓄的
活力如水湧閘門,再也抵擋不了。做為中國創投
先鋒,他不能放過這個機會,為世界、為華人,
也為他自己的事業。

2008 年，時任中經合資深副總的高鳳，走進中經合集團北京辦公室，準備與劉宇環面談。「我坐在外面，聽到他在裡面大聲喝斥，害怕極了，想轉頭就走，」高鳳說，「不久後他出來，每人發一根加州棒棒糖，到現在我還記得那滋味，每次去加州，都會買來吃。」

　　他有時會發脾氣，也不足為怪，台北一位創投人士說，搞創投的哪個脾氣好？許是，每天萬事緊急，募資、投資、談交易、評估進出時點，時刻生活在高壓裡。自己又聰穎異常，部屬不能達標、恨鐵不成鋼，都會讓老闆深具挫折感。

　　發完脾氣後，他有自己的道歉方法，像拿棒棒糖出來，或者，「要吃飯時，吆喝你一定要來吃，不管你手上有多少工作。」一位中經合工作人員說。

高要求成就高標準

　　劉宇環對部屬嚴格有理，他在美國讀書及受訓練多年，嚴謹堅持，送出去的報告、電子郵件，別說錯字不能有，格式、空行、空格都有規定，對客戶端的言談，乃至穿著，都有他的高標準。他認為做事太輕忽，很難成事，魔鬼都在細節裡。

他在青壯時期受過美國的專業訓練，1980 年代進入台灣和中國，當時兩個地區服務精神及規範都很差。台灣是經歷了多番挫折，在 1990 年代才有了服務規範，進而提升服務水準；大陸則是大量外商進入，設定服務標準，在 2000 年進入 WTO 後，服務水準才突飛猛進。

雖然嚴格，員工跟著先行者老闆做事，還是過癮。中經合從來沒有乏人應徵過，多年來，員工也讀懂了老闆，「他指責我們時，通常還是我們沒做好，你就不要辯，你哪辯得過他？」曾任職中經合多年的江佩芬說，「換個時機，再跟他提出解決方案。」

這個老闆，中國產業的造局者之一，有自己一套高標準的行事規範。正如《造局者》作者麥爾荀伯格所說：「每個人必須有他的思考框架，做出來的決策才能對自己、人際關係、國家社會有功。」

而經過多年，劉宇環經事且諳事了，脾氣漸趨溫和，「我只要知道他們努力了，就給他們機會。」

他的創投不只是投資，而是共同創業

劉宇環廣泛接觸大陸想要創業的年輕人，發現他們獨

立，想要做番大事業，大陸年輕人必須喝狼奶才能長大。這些學生身經百戰，很多孩子初中開始住校，單獨在外，生活起居自己打理，還要與同學、室友折衝御衡，逼著他們早早社會化。初中畢業，一不小心，考不上好學校，就失去升學管道。每年 7 月的高考，更是一試定江山，大學錄取率雖有 70%，但要擠進好的大學（即一本大學），大概只有 10% 的機會，要入北大、清華等校更只有 0.05% 的機會。

縱使進不了名校，進大學仍然是他們唯一的翻身機會，大陸大學生多半來自農村，畢業後，不可能再回農村，必須留在都市裡就業，還得寄錢回鄉下，幫助父母蓋新房子。

尤其遇到那批畢業於北大、清大，留學美國常春藤名校的中國尖子（出類拔萃者）後，更激起劉宇環想要投資的興趣。他的創投方式，不只是投資而已，而是和他們共同創業，他是教練，他們是球員，要共創佳績。

矢志建立台－美－中模式

劉宇環早在 1989 年就進入中國，扎根於大陸。當時地方政府土地都是廉價而且半買半送，他隨便圈幾塊地，十年後退休就可此生悠悠，不必再做生意了，隨便與人合夥做個生

意，也不必如此奔波。但是他不，偏不，要做更大、更有意義的事。

他專注於將以前的台灣－美國橋梁發揮到極致，成為台－美－中模式，使台灣、美國、中國企業同蒙其利。

既然已經過第一階段，他獨上高樓，已望盡天涯路，現在應該是第二境界，「衣帶漸寬終不悔，為伊消得人憔悴。」唯一與這句古詩不同的是，劉宇環身形不符合。到中國後，講究「吃頓飯，喝杯酒」才能成為朋友，因此隨著在中國日益活躍，他的身影也日形厚重，這也算努力要付出的代價吧！

劉宇環成立了第一支政府參與的創投基金，先後的投資都為中國科技，在國內或國際創造價值。在第一個創投案成功後，劉宇環募集基金的速度愈來愈快，合作對象也愈來愈大，第二個北京高科技基金找到新鴻基集團、九龍倉、數碼通、北京控股等股東，第三個取名為「數位媒體基金」的創投基金也已經完成。當時 IBM 選擇了中經合做為亞洲的主要合作夥伴，已退休的 IBM 副總裁伯尼（Richard Birney），當年透過 Peter，促成了 IBM 首次在中國參與創投基金，也為之後聯想併購 IBM 的 PC 部門埋下了伏筆。聯想對 IBM 個人電腦的併購案，就是在中經合的舊金山辦公室裡擬定出來的。

他看到中國市場廣大，當時已經有 12 億人口，絕對有機

會建立世界品牌、世界標準。他安排聯想董事長柳傳志和總經理楊元慶訪問台灣，又介紹諸多上下游廠商，現在聯想不單是中國第一大品牌，也是世界品牌。

中經合還將由其參與投資的美國 DivX 公司及其擁有的 MPEG4 技術引入中國，並尋找合作夥伴形成美中聯盟，共同推出下一代具有自主核心技術標準的 DVD 產品。由於採用了劉宇環提出的新商業模式，DivX 的業務在很短的時間內得到迅猛發展，最終成功登陸那斯達克。劉宇環認為，中國人口眾多，其 DVD 設備在世界占有重要地位，應在寬頻視聽傳輸領域，建立起寬頻視聽影音傳輸的技術標準，進而促使中國在世界寬頻 VOD 產業中占據舉足輕重的領導地位。

不怕競爭的自信

他以無私的胸懷致力於培養大陸本土的創投人才，得到業界的廣泛肯定。聯想創投、清華創投等後生公司都向中經合取經，他也不吝於分享中經合成熟的運作模式和創投經驗，積極推動大陸本土創投行業的發展。

他投資企業，使之成為國際標準，例如劉宇環的基金投資大唐電信及北京信威，十五年孜孜努力，經過無數次測試

後，取得國際認證，成為世界標準，並列國際 3G 標準之一，「在審核我們時，老外專家都跑出去喝咖啡，認為我們一定不會過關。」信威公司創辦人陳衛回憶。

這是從電信傳入中國以後，中國百餘年來第一次能自立設定標準，有著民族感情的驕傲，也有著商場創造的應有利潤。獲得國際電聯認證 3G 標準之後是中國大陸官方的認證，風風火火，一下成了市場的熱門，人口多，使用者多，克服了前面幾關，就是「輕舟已過萬重山，兩岸猿聲啼不住」。

因此他是中國電信業造局者之一。

2008 年是中國翻轉的一年，世界奧運在北京舉行，2010 年 5 月開始的上海萬國博覽會、11 月 12 日開始的亞洲運動會，世界視野投向中國至極致。也在那前後，中經合緊鑼密鼓，聯合其他基金，如香港新鴻基地產發展有限公司，以及中國的北京控股有限公司、清華大學及國家資訊中心等單位，更擴大劉宇環在中國創投事業上的影響力。

投資的企業有美通、TOM 線上、亞洲醫藥網、博奧（生物晶片）、分眾傳媒、愛康網、全景網絡等等。其中，博奧生物成立於 2000 年 9 月 30 日，該公司以清華大學、中國醫學科學院、軍事醫學科學院和華中科技大學為技術依託，致力於為精準醫療（包括預測、預防和個體化醫療）領域開發和提供創

新性產品與服務，研製開發出了生物晶片，擁有多項自主智慧財產權，以及可以在國際舞台上與其他廠家競爭的產品和服務。

這些投資幫助更多的追夢人成就夢想，造福千家萬戶！在這裡，市場大，就等於水大魚大，水大養出大魚，大魚彼此相助，吸引更多的水、更多的大魚。

當然，在中國這個大片華麗叢林裡，他也有跌跤的時候，1990 年代末期，眾多媒體請中經合投資一千多萬美元，成立了 BNI 媒體集團，旗下有十餘家媒體，有財經、醫學、電子雜誌，幾年下來，虧損至巨。「我充分了解那句話，你要害人，就勸他辦媒體。我繳了學費。」他說，「但學費沒有白繳，後來我們在美國投資 PMC 媒體集團就很成功，它現在已經是世界第二大數位媒體集團。」PMC 集團旗下包含《滾石》（*Rolling Stone*）雜誌、《告示牌》（*Billboard*）雜誌、《女裝日報》（*WWD*）等 29 家媒體品牌。

感染年輕人的朝氣

在世界各地，他對年輕人特別好，因為他們是世界的未來，而且深諳科技。年輕人向他請教，他從不會拒絕，雖然

年齡相差二十歲，甚至三十歲，但年輕人都能與他找到共振點，那是抱負、野望，及自我期許。

在中國的朋友圈裡，只要有人開始述說 Peter 大哥或 Peter 叔叔對他們的影響，一群人渙漫的記憶就會逐漸亮起。

AI 之父李開復，想起自己在 2005 年到美國百人會第一次演講，就是劉宇環對百人會建議的。百人會是華裔美國大老組成的，如建築師貝聿銘、大提琴家馬友友、飛虎隊陳納德將軍遺孀陳香梅等，但他們一直致力吸引新生代會員，這樣才能生生不息。第一場入會面試是做場演講，潛規則是演講者講得好，就可做會員，否則就當作是場專題演講。「我是街頭的新小子，New Kids on the Block，我剛從 Google 中國離開，創新工場還只是初啟，Peter 不單投資了，還將我介紹給這個美國華裔最重要的組織，最後這群大老同意我加入，我跟他們學到很多。」李開復說。

年輕人皆記得他工作的熱情。曾於 1980 年代紅極一時、在中國大陸演《紅樓夢》林黛玉一角的陳曉旭（後來罹患乳癌，拒絕治療而過世），其夫郝彤曾經營白酒事業，現為北京生物科技公司創辦人。1990 年代初，大陸基礎建設落後，「大哥組團邀請我們一起去參觀考察中國的白酒企業。我們從北京飛到合肥，再轉坐汽車七小時，才到亳州古井貢酒廠。一

路上很長一段都是土路，坑坑窪窪，塵土飛揚。大哥一身西裝筆挺，雖在車裡但也覺得與環境有些格格不入。大哥卻一路談笑風生，絲毫未被環境所擾。參觀、品酒、座談，時間過得很快，也開啟了我此後近三十年與白酒行業的不解之緣。」郝彤回憶著。

投資就是投人

他授人以「魚」，也授人以「漁」，做教練，讓球員有發揮，這點印象最深刻的就是現任中國經緯創投（美商經緯在中國的創投公司）總經理張穎。張穎在 2000 年網路泡沫時任職荷蘭銀行投資部，被資遣。他醉心於做創投，在一週時間裡，投了 4,000 封郵件，改個名稱然後複製貼上。最終當然大多數郵件都石沉大海，少數客氣地回覆一下，能落實到見面喝杯咖啡的，也就四、五家。

中經合就是其中一家，張穎發現他們的辦公室就在馬路對面，舊金山市 101 街道的最末端。「他們回了我的郵件說可以聊聊，我由此結識了我的啟蒙老師劉宇環。」張穎說。

當時中經合正好想招一位生物醫療背景的投資經理，張穎至今仍覺得這個過程不可思議，「見面後，他跟我聊了一會

兒，便給了我一份工作，他做決定真快。」

在他給張穎「魚」的同時，他也給張穎「漁」。他充分賦能年輕人，不單教，還給他們機會去行，讓他們自己去找案子，然後教他們去識別，給他們足夠的子彈和機會去扣扳機，打了很好的投資基本功。

2003年他又派張穎去中國大陸，使張穎躬逢中國盛世，「2003年至2008年，他階段性地每年會在中國待幾個月，我們也會有很多配合，一起做協同投資。但更多時間他給了我們足夠的空間和不可思議的信任，讓我們自己去找項目、自己去判斷，當時我們幾個人如果推十個項目，至少有八至九個是劉先生會去堅持投資的。雖然也不是每個都能成功，但正是這種實戰經驗為我們的未來奠定了基礎。」

劉宇環也是個有果斷力的領導人。中國第二大在線旅遊網——藝龍網，創辦人張黎剛取得哈佛大學醫學碩士後，進入博士班，但為掌握中國一飛而起的互聯網創業風潮，輟學回到中國，起初擔任搜尋引擎搜狐的副總裁，當總裁要他接班時，他婉拒了，要去創業，「我不做英雄的陪襯，我要擁有自己的公司。」當搜狐董事長要升他為總裁時，他這麼說。

三十七歲的他創辦了藝龍網，並擔任執行長。藝龍網改變了中國傳統旅遊服務行業的格局，為數百萬會員提供了一種嶄

新的商旅服務模式，不旋踵間，已成為第二大旅遊網，僅次於攜程旅行網。藝龍網的服務線上和實體雙具備，有問題打電話，不管何時都有真人接聽，馬上解決問題，甚至在旅館裡有問題，旅館可以當場幫你打電話釐清問題所在。

2004 年，藝龍網在美國那斯達克上市，張黎剛又離開藝龍網，開創醫療在線服務——愛康網，就是愛護健康之意。他回憶起向中經合籌資的這段過程：

劉先生問了愛康的估值，我大致說了個數字。接著劉先生說：「這個價格有些高，能否這樣，把估值降低一些，中經合少投一些，這樣也不要太稀釋公司股份。」他一直看著我的眼睛，我沒法抵禦他真誠的眼光。投資愛康 300 萬美元對我本人、愛康的初創團隊，是莫大的信任和支持。

這邊劉宇環解釋他為什麼 15 分鐘後就決定要投張黎剛，「他有成功紀錄（Track record），他的公司上了那斯達克，當然是很好的領導者，」劉宇環說，「投資就是投人。」

十年磨一劍，2014 年愛康集團在那斯達克風光上市，這位哈佛大學博士班的輟學生張黎剛在那斯達克現場大螢幕前，舉著香檳酒，闡述自己以體檢照顧群眾的理念。

綜合來看，其實劉宇環就是在實踐千古以來不褪色的利他主義。利他主義在許多思想和文化中是一種美德。別人的幸福快樂比自己的來得重要。幫助別人後，別人也會幫助自己。

附記 1

3G 與五糧液
——中國電信自主的故事

1996 年美國拉斯維加斯電腦展，矽谷著名創業家陳五福，帶著一位曾在摩托羅拉工作過的著名半導體工程師，以及一位德州奧斯汀大學教授，來見劉宇環。當時劉宇環已在台灣、大陸、美國建立名聲，也賺了多桶金。但他總覺得自己還有大片空間可以揮灑，正是一詩一畫一世界，可以自由自在自發揮的時年。

　　工程師叫陳衛，大學教授叫徐廣涵，中國電信史應有他們的名字。1995 年陳衛辭了摩托羅拉工程師職位，其時才不到三十五歲。兩人拿出 40 萬美元的積蓄，成立了一家公司。他們對劉宇環講了兩人新創公司信威（CWILL）新的智慧天線等一系列無線通訊新技術，可以發展出行動電話的標準，成為世界標準，爭取中國電信技術自主。

力促中國電信標準誕生

　　劉宇環＋一個工程師＋一個大學教授＋中國政府的決心，居然就讓中國發展出了第三代電信標準 SCDMA，獲得國際認可。後來他們又聯合說動中國電信營運商，中國移動、中國電信、中國聯通等，採用此標準。

　　採用此標準後，中國電信的設備廠商也得到發展，電信設

備廠商高度技術密集，使科技製造業能創造更多高品質就業機會。過去電信設備向為歐美大公司寡頭壟斷：美國電話電報公司（AT&T）、易利信（Ericsson）、諾基亞（Nokia）⋯⋯打破外資壟斷後，產生純種中國企業華為，更帶動台灣台積電的擴充產能，為華為供給零件的台灣廠商也同時受惠。

而中國電訊史上，沒有 3G 中國標準，就沒有 5G 中國標準，也就沒有華為，「他雖然沒有直接投資我們，但是對我們公司有貢獻。」華為輪值董事長郭平說，華為現已居世界第一大電訊企業，很早就開始設置輪值董事長，三人輪流當董事長，以訓練接班人。

故事的開頭是陳衛和劉宇環在賭城的會面，不久後，劉宇環就談成投資 300 萬美元，給陳衛及徐廣准成立的信威電信，後來又給了 100 萬美元。沒有天人交戰，沒有喏喏呀呀，似乎此舉——促成中國電信標準誕生，就是要圓滿他的此生緣法。

信威只是一個剛剛起步、尚處於研發階段的新公司。拿到這筆投資，解了燃眉之急，買儀器、請人、搬到新辦公室，得以潛心研發，但終究還是個小的新創公司，前途何在？

陳衛及徐廣准兩位創辦人運用智慧，說服郵電部電信科學技術研究院（後來民營化，成為大唐電信）出資 300 萬美元，來合資做夥伴，成立北京信威公司。有了官方管道，做事方便

許多。劉宇環也請現任副總理劉鶴給予支持，劉鶴時任國家發改委副主任，已挑起經濟發展大梁。等於給信威多一張通行證。

寧願犧牲利益，也要顧全大局

新技術發展不順，尤其缺乏大規模測試市場，使得生產的電信設備，品質難以掌控，本來信威應該很有賺頭，計畫和機會都好，但計畫趕不上變化。信威公司研發的 SCDMA 是具有獨創性的無線接入系統標準，卻因為政府政策的改變而使得該項業務幾乎沒有利潤可賺。

另外，SCDMA 的無線市話在實驗室中表現優秀，在實際商用環境卻因大氣、塵埃等外部環境而大幅影響通話品質與訊號，客戶投訴一件接著一件，公司聲譽受到極大傷害。

此時公司因缺乏後續資金。當初從摩托羅拉請來的管理人員紛紛離去，最後一個也在 2000 年初離開了德州的信威。

信威的部分股東逐漸失去了耐心，在美國也對遙遠中國市場失去了熱情。當時在信威公司的董事會中，共有四個董事席位，陳衛和中經合支持信威回中國發展，而其他兩位董事則認為應該結束這家不知道什麼時候才能看見曙光的公司。在這種

二比二的狀況下，董事會無法形成任何決議，而根據美國的法律，沒有董事會的決議是不能採取行動的，公司事務遂陷入了僵局。深深魅魅的隧道，好長好長，永遠沒有出口。

劉宇環再次出面協調，化解矛盾，而這次困難的解決，是中經合顧全大局並犧牲了自己的部分利益做為代價。首先他邀請最初介紹他認識陳衛的陳五福先生進入公司，購買了美方股東的股份，從而使陳五福進入了董事會，順利排除了意見分歧較大的董事會成員。另外，中經合又協調各個股東，改組信威公司董事會，引進美國另一位產業界知名人士進入董事會。這樣，董事會有了五個人，多數成員支持回中國大陸發展，也就是和大唐公司合資的信威電信。曙光乍現。

通常劉宇環春天都在亞洲，北京春寒有雨，沁沁撩人意，但每每一下飛機，他就忙著協調股東、官方，為信威介紹客戶、介紹營運商關鍵人士，甚至願意犧牲自己利益，成就大事。這是他生命裡的一場盛事，千古難逢，唯怕錯過。「他不離不棄，真金白銀地給。」創辦人陳衛說。

為家國情懷堅持到底

劉宇環還要面對一個尷尬難局，信威公司艱難創業和成長

（1997 年至 2000 年）的這段時間，正是美國經濟——尤其是新經濟——的鼎盛年代，許多在美國的投資很快獲得了高額回報，包括中經合曾經投資的美國第一商務（Commerce One），就獲利百倍以上。然而，對於信威這個 Baby 獨角獸，投資人往往兩手一攤，有的要劉宇環趕快退出，見不好，就要趕快收，但他外表看起來隨和，拿起主張來，絕不會改變，支持到底。劉宇環曾經在不同的場合多次表示：中國的 3G 建成之日，也就是他退休之時（當然他永遠不會退休）。

一投資就是十五年，但他總認為，以中國的人口和人才，定可開出錚亮天下，一雪中國人百年來電訊都要靠西方人的恥辱。「他早已超出創投家的商業範圍，有個更高層次的考慮。」

現在負責一家車用電池的新創公司的陳衛，回想起這十五年歷程，談笑風生，或許因為時過境遷，或因勞苦終有成，似乎在談別人的事。「這是情懷（家國）＋視野（世界）＋眼光。」

在那時，世界只有三大電信製造設備廠商：美國電話電報公司、北電網路（Nortel）、易利信，中國要製造電信設備，有如痴人說夢，「有位首長深夜兩點把我叫到一家酒店裡，罵我罵到五點，說我們癩蛤蟆想吃天鵝肉。」

創辦人陳衛捨棄北京舒適辦公室，搬到大慶油田，一年住九個月，在那裡實驗信威的產品。設計的智慧天線比西方通訊公司做得還好，他們的微波可以轉彎，因此別人的只能達到30公里，他們的卻能達到60公里。得到當時國家互聯網信息辦公室副主任劉鶴及當時副總理馬凱全力支持，總書記江澤民還去參觀過。

　　2000年信威的三代通信標準去申請國際電信聯盟（ITU）的批准，此時加上美國、歐洲兩強相爭，在評審中國時，很多委員都跑出去喝咖啡了，「國際電聯認為第三勢力很重要，國際電聯不認為中國會出什麼了不起的標準，也不認為應該草草給我們通過，以示公平。」陳衛說。

　　但是對信威來說，得到國際認可，有著「不經一番寒徹骨，焉得梅花撲鼻香」的感覺。

　　然而這只是逗點，而非句點，通過了國際，中國政府卻只能在一定程度協助信威。同時，信威公司致力開發的SCDMA綜合無線接入系統產品也取得了重大進展，並在2006年全面通過鑑定。鑑定會後，國家發改委、科技部、信息產業部多位委員發言表示，信威的技術具備了大規模商用的條件，鼓勵三大運營商採用該系統，而且政府規定此為農村無線網路的標準，也支持該系統的獨立晶片設計。

於是，劉宇環還要再為信威、為大唐、為中國的電信產業不停奔波。劉宇環為大唐電信介紹中銀國際、介紹德意志銀行，爭取資金支持，尋求海外募資之路；為大唐電信引薦美國國家半導體公司（NSC），探討手機晶片合作開發的可能性。

　　2008 年 5 月到 2009 年，三大營運商之一，表態要採用信威的標準，信威開始成長爆發期。2011 年信威上市，上市前中經合退出，一位熟悉內情的人說，雖沒有賺到 100 倍，收益也有 20 倍，還算對得起投資人。

上海灘上的 IC 拓荒者 —— 芯原微電子（VeriSilicon）

「他來看我，要我投資時，我正在發燒⋯⋯」劉宇環回憶，「本來想跟他說，我們改日再談，但我還是見了他，對他的構想非常贊同。」

在今天就不可能了，可能 COVID-19，要去檢測、隔離。

生著病，還在募資，工作精神太超過。但劉宇環怎能不見！看到如此簡歷：戴偉民，加州大學終身教授，1995 年創辦美國思略科技（Celestry）和 Ultima，都成功被大企業收購，為學校賺了一大筆錢。「創投就是人、人、人，我們投的就是人，」在採訪中他一再強調，「就像買房子，是地點、地點、地點（location、location、location）。」

創投就是投人，力保核心人物！

戴偉民選擇走最艱難的路，做 IC 設計的模塊，讓 IC 業者可以不必從頭設計，就像蓋房子，不必從磚塊開始做，「我們幫你做，你集中發展你自己的專長就好。」他在趕回辦公室的路上用 Zoom 接受訪問。在繁華的上海灘，他是進駐張江高科技園區的第一家廠商，開始做磚塊，為 IC 設計業者服務。

雖然資歷大好，構想也好，但是劉宇環投資的芯原卻是一投十五年還沒有利潤。新加坡的一位投資者在中途認為戴偉民

花錢花得太多，遙遙不見光明，想要趕走戴偉民，並且發出最後通牒：「不是他走，就是我走。」

在上海開董事會，劉宇環一下飛機就直奔董事會現場，他統合眾人的意見，扭轉大家的想法，使這個原本相當尷尬的場面，最終有一個圓滿的結果。

劉宇環覺得芯原對 IC 產業有重大貢獻，也有很好的商業模式，將來必可賺錢，靠劉宇環周轉調和，聯合其他董事如前蘋果電腦營運長蘭迪（Marco Landi）等，極力支持戴偉民的策略，也保住了戴偉民。

芯原要改變半導體的遊戲規則，如產業樹般，一層層影響上去，影響了電腦、電訊、AI、串流、大數據乃至未來的清潔能源。

劉宇環總是善於認識哪些產品會對產業整體產生巨大影響。

做半導體設計最基本的單元，使半導體業者不必自己從頭設計，有了基本工具，也就是 IP，就像從芯原買回來最標準化的單元，然後你就在上面再設計，他自己沒有產品，等於 IC 設計的服務業，台積電、聯電、中芯國際（SMIC）是代工製造。

這是一個很好的理念，當時中國大陸還沒有這種公司，所

以沒有競爭者，但是相對也沒有足夠客戶，IC 設計業還在荒原期，一片白茫茫。

大陸市場既不成熟，主意只能打到台灣，劉宇環的橋梁模式再次發揮槓桿作用，公司既然輕資產，隨時搬都可以，台灣做了國際市場的試金石。

該支出的就花

在台灣同樣也創業維艱，連房租都要省，2003 年芯原到台灣設辦公室時，租了一間在松江路上不到 20 坪、只能放三張辦公桌的辦公室。貪房租便宜（只有 2.5 萬一個月），上面是按摩店，下面是卡拉 OK 店，辦公室還飄蕩著廁所的味道。「晚上八點以後，鶯鶯燕燕都出來了。」創業班底詹俊才說。

劉宇環在董事會發了飆，「你們趕快給我搬家！」詹俊才馬上去找到內湖捷運站附近的華爾街大樓，神奇的是，才搬進去，營業開始轉好，當然也是台灣 IC 設計業大盛。「也許風水真的有關係。」在創投業闖蕩多年的劉宇環，常常不能不服神祕的力量。

至今仍尤其感謝台灣，台灣從 2000 年開始，半導體一飛沖天，自然，半導體設計也起飛，中國大陸不管哪種半導

體，都還是荒原一片，台灣提供了測試他們產品的市場，對一家新創公司至為重要。台灣業務、研發、市場行銷都在拚命，當時芯原也不能給股票分紅（沒有上市），全靠台灣人的敬業與專業。

當時晶圓代工廠如台積電、聯電，也發展模組 IP，本來這兩家做製造，芯原做設計服務，井水不犯河水，但 1990 年代起，流行跨界，製造業和服務業，界限已泯滅，只有跨界才能制敵於先。台積電、聯電發展模組，一來幫助客戶節省成本，自己也可再賺一筆，發展雙重利潤。「台灣團隊那時很辛苦，我們去拜訪半導體設計客戶時，都不敢在前台簽到，怕這兩家公司知道，制裁我們客戶。」

台灣興盛之後，中國、美國半導體一飛沖天，美國大公司如博通（Broadcom）等，看到半導體設計的模組愈發盛行，也就是自己的競爭者愈來愈多，開始釋放自己的專利模組，於是芯原的生意超音速進展。

芯原微電子創立短短三年期間，已成功和中芯、宏力、華虹 NEC 及上海先進等知名半導體廠商建立合作關係，並與這些晶片廠合力製作了標準單元庫。

「這時，Peter 修正了我們的策略。他絕不只是出資者，他對創業者有高度附加價值。」戴偉民說。

第 9 章

美國
——舊金山灣畔的清明

他一年在何地的季節非常分明，秋天回美國，這裡生活有節奏，有太太及女兒、兒子，還有姊姊劉宇新、妹妹劉宇珠以及他們的家人。他們總一起過萬聖節、感恩節、聖誕節、新曆新年，這裡是可以讓他喘氣歇息、蓄積能量，再出發的地方。

在美國，他致力於諸多非營利組織，是他的熱心，也無形增加他的政經影響力，更對中、美、台之間關係助益甚多。

「老弟，我再投資你 5 萬美元，」2002 年，劉宇環對著略顯疲態、鬥志卻依舊昂然的四十多歲壯年人士說，「我信任你。」

今天踏進美國任何大賣場，沃爾瑪（Walmart）、百思買、塔吉特（Target），都可以看見閃亮琉璃的 VIZIO 電視，毫無愧色地與日本新力（Sony）、韓國三星（Samsung）並排而立，少有人知道，這個異軍突起的電視品牌，創辦人王蔚是台灣之子，中學時才去美國讀書的小留學生。

不輕言放棄，造就北美第一大品牌

「那時，我與 Peter 已認識十幾年，他投資 5 萬美元時，是我最潦倒的時候。公司差不多等於破產了，我把自己的房子抵押，籌得 40 萬美元，Peter 投資我 5 萬美元，我再從各方借得 10 萬美元，希望重新做起。我預測智慧電視已成氣候，打算再次創業。」

2021 年上市，居然一開盤，市值就高達 80 億美元，這樣的投資也太划算了？其實不然。王蔚在 1990 年代搶先在市場推出智慧型電視機，市場不成熟，賠掉了中經合資金的 200 萬美元。那 5 萬美元是說服投資人再給王蔚的，但起了關鍵作

用，有了劉宇環的投資，也等於有了劉宇環的背書，王蔚可以向其他人集資了。

創投往往一窩蜂，看到名人投資了，其他創投加碼投資，最好和最慘的天壤之別。但正是劉宇環不輕言放棄的精神，造就出一個北美第一大品牌。

1990 年代末期，王蔚面臨最暗黑期，忙著還債，公司奄奄一息。2000 年，王蔚甚至還踏上了死亡班機 —— 那架魂斷桃園機場（當時稱中正機場）的新加坡航空 006 號班機。「我毫髮無傷地走下飛機。」王蔚現在可以談笑風生，的確是大難不死，幾年後，還獲賠近 90 萬美元。

2004 年左右，宛如一道春雷，劃下一道讓北美電視機界驚恐的蟄醒。VIZIO 比當時的百年品牌新力、夏普（SHARP）等，便宜 20%，同樣尺寸，而且品質相同，激起了一股換機潮。王蔚的智慧電視得以重新圓夢。

王蔚完勝，三年內，在 2007 年已經達到北美占有率第一位，營業額三年增加 15 倍。縱使在 2008 年金融海嘯那年，他們仍然成長了 50%。至今仍然是北美第二大品牌，只稍遜韓國三星。

喜歡雪中送炭，不喜歡錦上添花

美國多的是創業成功的亮麗故事，Google、亞馬遜（Amazon）、蘋果……還有說不盡、道不完的科技新星。但是平均說來，都是要創業三次才能成功，那還指的是創業成功的人，不包括已經成為萬骨枯的人。「矽谷夢不是如人們想像如此平順。」香港中文大學榮譽教授劉遵義說。

這時第二次、第三次機會就非常重要，有認真創業的人失敗了，想找第二春，劉宇環自己投資已滿手，又介紹其他投資家幫忙，他喜歡拉人一把，「我喜歡雪中送炭，不喜歡錦上添花。」

雪中送炭的例子不只 VIZIO，還有很多個人及企業。創業主現在談起來仍然津津有味，和劉宇環見面總要談談當年情形，再談天下大事，頗有「青梅煮酒論英雄」之感。往往天已暮，幾人皆不察。

彭斯基（Jay Penske）現任 PMC 媒體集團主席，從小喜歡讀報、買雜誌，年輕時希望辦一份有影響力的雜誌。看著媒體日益凋零，兒時的夢想依舊，但是必須轉型，他遂成立了 PMC 媒體集團，專門收購報紙雜誌，將其數位化，並納入集團大傘下。然而以前他的投資人不贊成他的做法，希望快速回

收，甚至要換執行長，尤其在 2008 年金融危機後，投資人更打算出脫手上股份。那時聽說舊金山有位 Peter Liu，也投資過很多媒體，彭斯基不確定劉宇環會否投資他，但最後一線希望總得試試。

他飛到舊金山，忐忑不安地進入劉宇環約定的地方，史丹佛大學附近的帕羅奧圖鄉村俱樂部（Palo Alto Country Club），吃了三小時的午餐。劉宇環因為之前在大陸投資媒體集團失敗的例子，所以問得特別仔細。午餐結束前，劉宇環告訴彭斯基：「我相信你，我們從現在開始，要同舟共濟（We are in the same boat）。」

於是展開了兩人十餘年的商業及私人緣分。而今 PMC 已成為世界第二大數位媒體集團，甚至在疫情期間大幅擴充，更上一層樓。去年營業額 5 億美元，利潤就已經達 1.3 億美元。

劉宇環不輕易投資，「他的眼睛像兩把利劍，會直透人心。」他的一位朋友說。

物換星移，唯心不變

劉宇環在美國的日子很單純：典型的一天始自早上五點。

柏克萊山崗 —— 他的二十餘年住所所在，不管冬夏都還在

朦朧中。西諺云，早起的鳥兒有蟲吃，人盡皆知，唐代道士孫思邈說：「早起，尤千金妙方，長壽金丹也。」更演繹出早起是健康財富的關鍵。多年來，劉宇環堅持的習慣，還逢人就勸，他的幾位朋友如兒時玩伴烏元俊和國際扶輪台灣總會顧問謝三連都因此成為早起者。

起床後，他開始讀報，以前五份必讀報紙，《紐約時報》、《華爾街日報》、《世界日報》以及地方報。網路興起，更方便了，都在網上讀，還可讀到台灣報紙，現在還要讀中國朋友隔夜傳來的微信。

七點多準備上班，在微曦中開著車，上高速公路，到了辦公室，打開電腦，不到八點，很多同事都還未到。每天他堅持自己一定要在交通尖峰時段前出發，否則要一個多鐘頭才能到。歐洲現正下午，與歐洲、美國東岸友人連絡，大部分與業務有關的人都變成了他的友人。

劉宇環生活簡單，每年在美國差不多有三分之一時間在看案子、與部屬檢討投資案進度，中午照例都安排業務午餐，找朋友吃飯，辦公室忙完一天後，晚上如果沒有應酬，也通常追著夕陽回家。

他一年在何地的季節也非常分明，冬天、春天在亞洲，包括台灣、中國大陸等地；夏天去歐洲，大都在摩納哥和薩丁尼

亞度過；秋天回美國。他尖銳地感受科技如狂風驟雨地來，但是這裡生活有節奏，有太太及女兒、兒子，還有姊姊劉宇新、妹妹劉宇珠以及他們的家人。他們總一起過萬聖節、感恩節、聖誕節、新曆新年。這裡是可以讓他喘氣歇息、蓄積能量，再出發的地方。

在美國，他致力於諸多非營利組織，是他的熱心，也是增加他的政經影響力，更對中、美、台之間關係助益甚多。

自從加入美國百人會後，他就盡心盡力、出錢出力。每年聚會，只要他人在美國，縱使萬事緊急，他也會擱下手邊事務，前去參加。無論是成名前還是成名後，他永遠都是那個「Peter」，不變的是他的初心。

他對有錢有勢卻吝惜付出的會員不假辭色，舊金山灣區名人、資深合夥人伍宗德回憶，有次開會，連會長都不敢惹的人，劉宇環卻在會中直言批評，指出某些會員對百人會會務太不熱心。沒有指名道姓，但在座都知道他指的是一位跨足香港、中國的房地產大亨。

周旋中美台之間，進退必須有據

受過老一輩如貝聿銘、陳香梅、馬友友薪傳的付託，也受

過很多同儕的器重，還介紹過一些後輩加入，為提高華人在美國的地位、為兩岸和平盡力。

他組織百人訪問團到中國及中華民國參訪，拜訪了中國官員，還獲得當時中國總理朱鎔基及高階官員吳邦國、李克強、王岐山、劉鶴的接見，在中華民國獲得陳水扁總統和馬英九總統的接見。讓他們認識自己的血脈淵源、基因密碼。

在中國，劉宇環安排他們住釣魚台國賓館，到各處參觀都還有警車導引，這些人在美國有權有錢有專業名聲，但是生活在美國這種眾生平等的國家，還是首次受到這種皇家禮遇，每個人都樂乎乎。

幕後的安排、行程、連絡、陪團都是劉宇環和其公司部屬張羅。當時他的主要目的是增強迅速推進的中美、台美關係，以及兩岸關係，今天看來格外難得。中美關係緊張、台灣夾雜在中美之間，進退都要有方才行，如果不是當時有頻繁的來往，已經建立了動力，今天局面更劍拔弩張了。

劉宇環心底始終有個不變的情懷——促成兩岸和平。2001年陳水扁已執政，兩岸停止談判，關係凍結。華裔會計師伍宗德的太太張琪回憶，在一次與一向主導兩岸談判的汪道涵接見場合，大家心知肚明，這是個官式訪問，不外打打哈哈、你安我好而已。

「但會面結束前不久。Peter 的聲音出現了，很溫暖但不失嚴肅地請汪老恢復兩岸會談，汪老是當時領導人江澤民的老師，自然有此力量。汪老聽完後，意味深長地看了 Peter。汪老什麼都沒說，但在場的人都看懂了汪老的身體語言，感覺他有此誠意，而且聽懂了 Peter 的話，這是那次會議最有收穫的地方。」張琪說，「這一幕我現在都還記憶猶新，Peter 有著天生敏銳特質，為了他的最終大局，知道何時該進、何時該退。」

他也陸續介紹美國各種訪問團去中國大陸，帶領他們了解遠方神祕迷離的中國，例如舊金山與上海締結姊妹市，就是劉宇環在幕後穿針引線而成。舊金山市政府首次組團訪問中國，他事前諄諄叮囑各種禮節，但百密總有一疏，訪問團先造訪北京，卻沒有高官願意會晤，縱使是最負盛名的舊金山市長威利・布朗（Willie Brown），人家中國照樣不買帳，衙門深深，不會為了這位市長破壞了他們的千年體制。

中國最注重對等，後來劉宇環居中協調，總算北京副市長答應接見，「美國人不知道階級的重要性，舊金山既要與上海締結姊妹市，應該先去上海，見了他們的人後，再到北京，等於有了推薦信才行。」

但是什麼都阻止不了美國人初登中國的興奮，劉宇環是最

好的導遊，也是宴會的靈魂，有了他，什麼場合都賓主盡歡。

＊　　＊　　＊

當然，除了非營利事業，他在自己創投本業也打了幾場漂漂亮亮的仗，其中最負盛名的一仗就是美國第一商務。

這家公司是第一個做 B to B（Business to Business）的公司，是要把全世界的企業連線，供應商和客戶一環環都用網路連接起來，規格、貨品和錢都可以在這裡完成。現在看起來稀鬆平常，但當時是創舉。當時，亞馬遜的貝佐斯才剛剛開始那賣書的網站，阿里巴巴的馬雲在杭州賣電話簿，皺著眉頭發愁下一步如何走。

第一商務創辦人霍夫曼（Mark Hoffman），一通電話告訴 Peter，他被董事會炒魷魚、趕出門了，自己在一個小車庫裡開創另一家公司，要征服全世界，請 Peter 去聽他的簡介，「我聽了，半懂不懂，但這就是視野，當然我要支持他。」

之後，美國三大汽車聯盟，英國製造業聯盟，台灣的聯盟當然是由 Peter 居中協調成立，由當時惠普總經理何薇玲結合八家公司，包括遠東、裕隆汽車、台新銀行，橫跨百貨、紡織、金融、電腦業，以小博大，是近一百年來難得的機會。

成立之後，第一商務客戶、員工、供應商皆有所成長，勢如破竹。1997年劉宇環投入資金，兩年後第一商務在那斯達克上市，中經合所擁有的第一商務股票價值節節高升，獲得超過100倍的回報，成為大中華區第一家投資網際網路獲得百倍報酬率的創投公司。投資其他網路公司如Fantastic和Intraware等，也都獲得巨額收益。中經合成為中、港、台、美第一家投資網路公司人獲全勝的華人創投公司。

　　李白有詩云：「行路難！行路難！多歧路，今安在？長風破浪會有時，直掛雲帆濟滄海。」能恰恰印證一千多年後的劉宇環及他投資的企業。

第一商務
—— 看他起高樓，看他樓塌

如有訪客知道第一商務，劉宇環馬上就很興奮地提起當年第一商務的榮景。提起第一商務，豪爽坦誠的劉宇環出現難得的傷感。一個如此有前景的企業，竟如彗星般，不到六年就消逝，「這是一個最典型的暴起暴落的例子。」

　　第一商務的重要性是在網路中設下里程碑，尤其是「企業」對「企業」（B to B），沒有第一商務就沒有後來的阿里巴巴，也沒有後來的亞馬遜商業帝國，當然也沒有馬雲和貝佐斯。

　　對第一商務，他也有著個人的感情，創辦人霍夫曼是他的好友，他在還沒有創投者投資霍夫曼，而自己也不知道什麼是B to B 時，就基於朋友感情投資了霍夫曼，「A friend in need is a friend indccd（患難之交才是真朋友）。」

　　四年後，第一商務在那斯達克上市，中經合也獲得超高額的回報。

　　第一商務和甲骨文是宿敵，兩位創辦人已在江湖上互罵二十年，但為了生意互利、互補長短，以爭取美國二大汽車公司的聯盟，願意放下宿怨，展開合作。而三大汽車公司也願意放棄尖銳競爭，聯合採購，量大就可制衡價格，增加公司競爭力，樹立與敵人共舞、既合作又競爭的典範。

　　1999 年 7 月 1 日，第一商務轟轟烈烈上市，到 2000 年開

年已經上漲 37 倍。網路泡沫的頂峰時期，一股 1,300 美元，該公司的市值為 215 億美元。不只高股價，第一商務的技術在資訊界留下長久影響。它的 XML 模式技術，影響了 W3C 的 XML 模式語言和用於 XML 綁定的 Java 架構（JAXB）的開發。

企業往往在最盛時，也是掉落的開始，但是第一商務卻來得太快，如縮時攝影，本應該一夜開合的曇花，成為幾秒鐘的畫面。

其實新創企業風險到處存在，2001 年，聯合創辦人岡薩雷斯（Thomas Gonzales）在三十五歲時死於罕見的癌症，等於公司的一半靈魂已去，所以中經合在評估創辦人時，創辦人的身體狀況及接棒人選也是很重要的考量。

也和大部分失敗的網路公司一樣，缺乏健全財務計畫，以為資金、市場甚或無限，但這些都是有限，資源枯竭後，天空本來無限也變成有限了。

2002 年第一商務開始裁員，2004 年 10 月終因財務大幅虧損，申請破產，就此結束了它短暫而傳奇的生命。

第 10 章

歐洲文明
──先做紳士，再做生意

在歐洲，要先做紳士，再做生意，做不了紳士，就做不
了生意。

在歐洲建立人脈為首要，歐洲人外表嚴謹，有著與生俱
來的傲慢，而他又要走在別人前面，追求全球化，初期
必定是踽踽獨行，這些議題及投資，他牢牢記在心中。

「我痛得要命，旅館叫救護車把我送到凱莉紀念醫院（Grace Kelly Memorial Hospital），那是歐洲最棒的醫院。」就是那家以美國知名女星葛麗絲‧凱莉為名的醫院，她與摩納哥王室聯姻，曾來台訪問。

2010 年，劉宇環去義大利薩丁尼亞度假，在那一週，他特別不適，腹痛時有時無。到了摩納哥，住進巴黎大飯店後，沒多久腹痛即刻轉劇，鐵漢終於倒下了，他超時、超國界工作，終於要付出代價。

創投業瞬息萬變，從事者都處在高度緊張中，巨額金錢在指尖流動，進進出出，而且是別人的錢，更是小心翼翼。許多做創投的人免疫力常出問題，有時全身長疹子，又痛又癢，查不出什麼問題。有次在吃完龍蝦、喝了酒後，無緣無故頭上長一個大包，也無可奈何。

1990 年代就曾經有兩次病危，他比喻自己大難不死，必有後福。有次他剛飛抵巴黎，和客戶開了會後，飢腸轆轆，就到路邊咖啡座吃早餐，點了一客生牛肉塔（Steak Tartare，用刀剁碎生的牛肉或馬肉，配上生雞蛋，加入胡椒、洋蔥、酸豆、橄欖油、香料，拌勻調味後直接生吃，是一道著名法國菜），到下午腹痛如絞，疼痛難當。朋友把他送進醫院，醫生當場宣布他感染沙門桿菌，生命垂危。還好及早送入醫院，巴

黎已經因為吃這道菜，死了幾百人。經過一番折騰才出院，他卻立即飛往下一個目的地。

「如果要說他有什麼缺點，那就是工作太認真了。」謝三連曾如此形容。

走過生死關，悟出新人生

摩納哥那家醫院一如五星級旅館，照說很舒服，但是都講法文，語言不通，就只能比手畫腳。他本來以為是膽結石而已，醫生卻說：「你是膽囊發炎，再拖下去，膽破裂，釀成腹膜炎，就一命嗚呼了。」第二天立刻要開刀。

疼痛不止，懼怕更無止，雖然常有人告訴他「好事發生在好人身上」（Good things happen to good people，即好人有好報），這次應該不會危及生命。

「但我這次能逃過嗎？如果我就此去了，家人怎麼辦？員工、那麼多人靠我，他們怎麼辦？」

這個城鎮華麗魅人，此刻卻只有蒼涼，一位相熟的朋友都沒有。

他拿起電話，撥給在半小時車程之外、住在尼斯的好友蘭迪。蘭迪是義大利人，曾任蘋果電腦全球總裁，直接向賈伯斯

（Steve Jobs）報告，而且是將賈伯斯再度引進蘋果電腦的關鍵人物，當時已自行創業。他向劉宇環保證，第二天早上一定趕到。

「我去的時候，Peter臉色蒼白，從來沒看過他如此虛弱。」蘭迪幾乎不認識他了。開刀前兩個小時，蘭迪握著他的手，安慰他，和他一起禱告，一直對他說：「你會好的。」

他的家人沒有隨行，蘭迪安慰他，也跟醫生溝通，擔任翻譯。同天，他的兒子劉宏祥趕到，蘭迪又去接宏祥，載宏祥到醫院。「這種友誼，我一生都不會忘記。」劉宇環感動地說。

四小時的手術，是大手術，手術後兒子趕到，兩人都表現得超酷，但父子連心，劉宇環乍見兒子，還是心安了不少。十天後，又一個精力充沛的Peter出現在朋友面前。

但是面對蔚藍的地中海，他也再度思考，是否要慢下來。二十餘年飛來飛去、未有停歇的生活，體力透支、愛工作的他，不會喜歡退休的日子。打高爾夫球、喝茶，太慢了。生命節奏從不屬此。但他可以調整工作速度及方向，「我那時是工作中毒（workholic），沉醉在工作癮裡，就和酗酒者酒精中毒一樣。大家都要小心，不要染上這個癮。」他認為工作上癮不單危害健康，而且會只見樹、不見林，更會混淆你的判斷力。

在歐洲，以文明創造財富

在歐洲，他著重欣賞歐洲文明、文化及繁衍而來的投資方向，例如可持續性發展、電動車，甚至他現在著力的核融合。

美國宗教家亨利・比嘉說：「財富不能創造文明，文明卻能產生財富。」歐洲卻是用文明創造財富，而財富回饋文明，歐洲商賈贊助藝術家，公共建築才能造就今天歐洲宏偉壯觀的教堂、小巧雕像、深街小巷、淙淙噴泉。十步之內，必有芳草。

美感更是直通個人品味，春天女人身著紫羅蘭洋裝，不只映照著街旁盛開的紫羅蘭，也映照著她們的瞳仁。街邊咖啡座裡男男女女回眸一閃，便覺得日月悠長、山河無恙。

歐洲也是劉宇環全球化啟蒙地，他第一份工作是在運動品牌 FILA 擔任顧問，曾經為了併購事宜在義大利待了一個月。那時他才二十八歲，是以為「美國就是世界」的人，從此長了見識。1990 年代，他活躍於歐洲、中國、亞洲各國，在德國和法國也產生科技影響力，他與中、法人士成立了第一支在中國大陸發行的中法基金，協助中國獲得法國尖端科技，也協助法國取得中國的科技市場。他受德國總理施密特（Helmut Schmidt）的請託，參加德中科技諮詢委員會，促成多項中德

科技合作項目，很多舊識是在那時認得，保持關係至今。

也因此他體會到：在歐洲，要先做紳士，再做生意，做不了紳士，就做不了生意。

「不管是哪國人，他似乎都能直透你心。」曾任義大利聯合聖保羅銀行（Intesa Sanpaolo，是歐洲第四大市值的銀行）集團執行長的庫奇亞尼（Enrico Cucchiani）說。

樂於結交朋友

在眾友人口中，劉宇環是個「multiplier」，意指他是個可以產生乘數效果的人。人們會感受到他的熱情，他的朋友會變成你的朋友，你的朋友變成他的朋友，大家都成了好朋友，然後又介紹更多人認識，彼此交流經驗及知識，分享喜怒哀樂，不僅擴展自己的視野，也增加了人生智慧。

他進入歐洲正是天時、地利，再加上人和，更學習了歐洲的兼容並蓄，願意放棄部分國家主權，實踐更高遠的理想。從歐洲共同市場，走向歐盟，再走向歐元區單一貨幣，每個成員放棄一些，尋求更大的利益，很符合劉宇環的哲學。

劉宇環見證了這宏偉歷史大潮，也教給他耐心、沉著的重要性。體會了古老國家的現代智慧，也深浸在歐洲文化及思想

間，又使他對創投有了新認識，所有的商業行為必須對社會有利，因此他堅定對永續發展的投資，包括替代性能源、廢物回收等。

歐洲人外表嚴謹，有著與生俱來的傲慢，而他又要走在別人前面，追求全球化，初期必定是踽踽獨行，這些議題及投資，他牢牢記在心中，宛如清朝詩人鄭板橋所形容的竹子：「咬定青山不放鬆，立根原在破岩中。千磨萬擊還堅勁，任爾東西南北風。」

他 2005 年開始參加瑞士達沃斯經濟論壇時，幾乎沒有華人參加，但他用劉式魅力如真誠、助人、東方哲學等，征服了諸多參與者，遇到的人都願意與他為友。達沃斯論壇每天從早到晚長達五小時的議程，相當辛苦，但他非常享受開拓視野的樂趣，也喜歡在這個過程中結識來自不同國家的朋友，他樂於向新認識的朋友學習其所屬文化。

機緣也一而再、再而三發生，在摩納哥病倒，大難不死，但為他開闢了另一個認識不同領域朋友的機會。

首先是他成為摩納哥遊艇俱樂部（世界最有品味、也最有政經影響力的俱樂部；大部分國家都有成立遊艇俱樂部，但要跟歐洲聯盟才算有地位）第一位華裔成員。俱樂部成員都必須擁有一艘或數艘遊艇，而他不單是第一位華裔成員，並且是第

一位沒有遊艇的成員，經過特別投票才能加入，可見他人緣有多好。

他也把摩納哥遊艇俱樂部引介給青島、上海、三亞，這些城市也與摩納哥遊艇俱樂部結盟，拓展中國富有階層的視野。

只有將近四萬人口的摩納哥在世界舉足輕重，人民平均身價在千萬美元以上，一部介紹摩納哥的影片中，受訪者多與劉宇環相熟，連摩納哥親王阿爾貝二世聽到劉宇環要出傳記，邀約寫序時，也欣然接受，並且期待劉宇環能夠對氣候變遷、可持續性發展做出更進一步的貢獻，認為他必能帶動這方面發展，也將能鼓舞年輕人往這方面貢獻，因為這是他們要面對的世界。

以笑容和草根感染每個人

在歐洲國家裡，義大利是他接受全球化洗禮的第一個國家，以後四十年，他一直與他們保持密切關係，是慈善事業飛行天使（Flying Angels）的主要贊助者。

飛行天使是個很特殊的慈善團體，專門幫助偏遠地區貧困病童，以飛機載他們去先進國家動手術治療疾病。病童多為兒童癌症、心臟病，往往必須緊急開刀才能救回一命。協會只負

責機票，醫藥費用由當地醫院負責，看起來所費不多，但是往往這些病童虛弱，必須坐商務艙，連同家人也要一起去，花費就很高，必須募集巨額款項才能支付。

認識創辦人馬西莫（Massimo Pollio）後，劉宇環就熱心捐助，他連慈善事業都往往會揀選非傳統性的組織。到了歐洲，他常常和馬西莫一起旅行，邊吃邊玩，總能留下美好、歡樂的回憶。

他用笑容和草根感染與他在一起的人，很多義大利朋友都記得他做中式披薩的壯美經歷。提起這段，他眼睛發亮，侃侃而談自己如何在義大利派對上結合蠔油與海鮮做出人人讚不絕口的中式披薩，還自己調出甜辣醬口味的醬汁，搭配肉類做出咕咾肉口感的披薩，主人家三十多口人，至今仍對這場盛宴念念不忘。

劉宇環眉飛色舞地形容著，可以想像他義大利朋友的驚喜讚歎。恍若五百多年前，遠去東方的馬可・波羅，把中國的麵條帶回義大利，義大利人民也如此驚訝這堅實又好吃的食物，從此變身為今天各式各樣的義大利麵（Pasta）。

他能交到歐洲朋友自有其祕訣，歐洲人只是個籠統名稱，分屬不同傳統文化。德國人嚴謹，法國人精緻，義大利人浪漫，各有其特性，但他都能順勢而為，願意傾聽各個文化人

民的心聲。

歐洲人的姓又長又難唸，他拿了每個人的名片，回去後練習多次，下次見面就會記得並且準確無誤地拼讀出來，表示他對此人的尊重，只見一次的人也覺得窩心。

他強調，這是年輕人追求全球化最起碼的能力。

還有隨時準備款待他友人的中國餐廳，縱使他不在，也能遙控幫客人點菜和點酒。他投資核融合發電的聚界，兩位科學家，中研院院士李羅權，和美國華裔科學家黃耀輝，鬧得不可開交，都不願讓步。他遂邀請兩位科學家去摩納哥度假，請友人調停，「真意外，我們去了這家中國餐廳，老闆出來招呼我們，還說：『不要費心點菜了，他也點了一大瓶酒。』Peter真有心，不想我們路途老遠、有時差，吃頓飯還得想點菜、點酒，這頓飯吃下來，三個人都很愉快。」

最戲劇性的是 2008 年初，他在瑞士世界經濟論壇聽末日博士魯比尼（Nouriel Roubini）的演講。魯比尼是國際總體經濟學領域世界知名的專家、紐約大學史登商學院經濟學教授。2008 年以前魯比尼還是個沒沒無聞的教授，但是從 2007 年開始他就到處宣揚一場跨世紀、跨國界金融災難即將來臨。2008 年初，魯比尼參加瑞士世界經濟論壇，仍然堅持「烏鴉嘴」，預言房地產次級貸款即將引發的超級風暴。

劉宇環聽完後，走上前和魯比尼打招呼並交談，魯比尼說：「你是少數相信我的人。」

劉宇環回美國後，就把基金裡該出清的股票賣出去。而金融海嘯真如這位末日博士所預測的那般飛速展開，創立超過一百年的雷曼兄弟最終因找不到金援而宣告破產。「大到不能倒」的神話，就此破滅。甚至引發房地產價格大跌，也連帶股市、債市大跌，造成金融海嘯。

2008 年、2009 年，劉宇環操作的基金雖有損失，但比起其他同行一蹶不振，他還能保持元氣，走在「前」沿科技之「前」，不餒至今。

成功投資人不只是精於計算和選擇，他們更懂得放棄和堅持。

附記 1 —————————————————————————

飛行天使，另類慈善機構

馬西莫是一家義大利物流公司 Imagro 的創辦人。這家公司的年營業額約為 2 億歐元，主要客戶有大型集團如惠而浦、奇異等，再偏僻、再緊急的地方他都能幫客戶送到。

2011 年，馬西莫在羅馬尼亞遇到一個才一歲的男孩尤帝，因為先天性心臟疾病，生命垂危。馬西莫自告奮勇，幫尤帝安排去義大利開刀，但飛機延遲，而且要轉幾趟機才能抵達義大利，「尤帝在我懷中閉起眼睛，停止呼吸。」前一刻還在談笑風生的馬西莫，此時大眼睛的長睫毛開始潤溼，十年前的羅馬尼亞那個偏遠小鎮裡，尤帝和家人的無助眼神一直猶在眼前。

做為一家年營業額 2 億歐元公司的總裁，馬西莫當然是日理萬機。然而歲月倥傯，他始終忘不了小尤帝一家人，於是他在 2012 年將悲傷化為行動，和三位合夥人成立了飛行天使基金會，是世界上唯一協助貧困病童就醫的慈善組織。

2012 年暑假，劉宇環依例到義大利薩丁尼亞海灘度假，遇到了馬西莫，兩人一見如故，都是熱情豪爽的個性。馬西莫捉到這個基金會，劉宇環甚覺新鮮，不是個大組織，但所做的事別具意義，讓他願意捐贈飛行天使基金會，「我不喜歡和別人一窩蜂做同樣的善事。」

劉宇環不單身先士卒捐款，還趁著自己在香港，邀馬西莫到香港去，請了華美銀行資深董事總經理方文靜等人一起午

餐，讓馬西莫為她們做簡報。女士們聽了簡報後，對那些隔著半個地球的孩童大生惻隱之心，但還沒有馬上捐款，還要細細拷問馬西莫一番，如基金會運作、申請及批准資格，最終，她們都成了每年固定捐款給飛行天使的慈善家。「當然，有Peter 保薦，就過關一半了。」馬西莫說。

「他不單在框架外思考，他的思考是無框架，但這正是創新。」他的義大利友人、銀行家庫奇亞尼說。

企業人經營慈善事業，重效率且要透明，補助的案例都要經過嚴格挑選，在網站上可以查出受助病童的名字、國籍、病症及花費，每年都規規矩矩地向出資人進行簡報，基金會很透明，不會利益輸送。

而劉宇環也與馬西莫成了好朋友，每次到歐洲，都會與馬西莫在義大利敘舊。

劉宇環不單幫助馬西莫的慈善組織，還幫了馬西莫的公司大忙。馬西莫的公司客戶需要一批化學材料，這批材料為日本大商社所掌握，不願意賣小量，台灣只有長春化工生產，台灣人一向阿莎力，可能願意做小生意，馬西莫請劉宇環幫忙介紹。

劉宇環一直在電子業，化工業人脈淺，但是他想起二十年前長興化工有投他華登國際第一筆基金，而長興化工又與長春

化工相熟，於是他帶著馬西莫去見長春化工董事長林書鴻。林書鴻果然很阿莎力，當面應允供貨，而馬西莫的這位客戶愈做愈大，需求愈盛，長春化工給了他穩定貨源，等於也得到了一個大客戶，雙方皆大歡喜。這是劉宇環最喜歡的工作 —— 建造橋梁。

附記 2 ———————————————————————————

時尚是一種自我展現

劉宇環給人印象最深的是時髦的衣著，明顯的歐風。剛開始看，在台灣有點不搭調，但是後來看，再知道他的個性、行事風格，就覺得這樣的打扮很適合他。

「不必穿名牌，服裝要適合你，時尚是個人的一種自我展現。」自負也自信。

劉宇環的時髦是慢慢養成的，近年來尤其精進。他開玩笑地說：「年紀大了，更要注重穿著。」

聽劉宇環談男裝，才了解男裝這麼多講究。男裝樣式不多，而且大部分場合都要表現莊重，不是隨便到百貨公司買一套就成，而是要特別講究質料、剪裁方式、顏色、條紋。例如藍色就有數十種藍，會展現你不同風範。領帶和放在口袋裡的手帕也都要配對。

裡面的襯衫，雖然穿起外套，只看見前面一半，同樣重要。他有件白襯衫是立領，不用打領帶就很正式，而且，「立領可以遮我頸上的皺紋。」他說。

褲子也要講究，他現在穿直筒褲或低腰褲，尤其回到台灣瘦了 11 公斤，穿起來更覺合身。他也常吸收時尚資訊，「我以前比較胖，自認穿高腰看起來比較瘦一些；但後來朋友告訴我，其實要買低腰比較適合，高腰已經過時了。」

他認為上了年紀更要打扮，無論女性或男性。他在北京

有專屬服裝設計師王麗。北京外交圈鼎鼎大名的三里屯SOHO商場的WENDY LiR掌門人王麗，三十歲就開始為美國總統做西裝，她不是海歸派，也無國際品牌經驗，而是個來自江蘇南通的姑娘。

髮型也要講究，他雖然是平頭，但不是土平頭。他在舊金山的髮型師也為美國眾議院議長裴洛西（Nancy Pelosi）剪頭髮，經常看到裴洛西帶著保鏢去剪髮、做髮型，「她已經八十幾歲了，看起來像六十幾歲。」劉宇環說。

他的平頭，設計師按照頭型去設計。用剪刀（大師都用剪刀剪的）把髮根的東西南北順著剪，剪完以後，看起來年輕十歲。每天都可洗頭，洗完頭後，只要用慕斯掠過即可。

在台灣避疫期間，唯一的遺憾是沒有這位髮型師為他打理門面。

收藏眼鏡也是他的嗜好之一，他有近三百副眼鏡。十多年前開始的，第一副眼鏡來自香港眼鏡店「溥儀」，也曾請巴黎工匠手工定製二十幾副眼鏡，他就上癮了！眼鏡的顏色有大膽的紅色和紫色，還有皮革製的。他認為自己臉型大（臉大吃四方），手工定製較符合他的臉型，戴起來很服貼。

眼鏡是個很能引起話題的裝飾品，到處有人問：「你的眼鏡哪裡買的？很酷啊！」往往就可以引發一連串的對話及互

動，他喜歡跟人聊天。與日本人會面，他就戴一副日本定製的眼鏡，旁邊還擺著日本可爾必思飲料，讓客人都覺得親切，破冰容易多了。

眼鏡還是他重要的配件之一，依據當天的穿著，挑選配戴的眼鏡，整體服飾搭配就更完美了。

時尚是一種自我展現，比起名片上的頭銜，劉宇環的穿著打扮更能展現他的個人特色。

第 11 章

台灣避疫，
發現新明珠

2020 年在台灣避疫一年，記憶存痕鮮明異常，
「這是我最充實的一年，也是最快樂的一年。」
他在敦化南路和信義路口的辦公大樓，六角形眼
鏡裡閃著真誠的光。

在這裡一年，他更堅定台灣在高科技的競爭力，
他甚至打算在台灣設第二總部，還要在台灣製造
核融合家用發電器。

2020 年 6 月 15 日接近半夜，長榮航空從舊金山機場出發到台灣的班機，乍起飛就沿著太平洋飛行，海岸旁仍見點點漁火，不久，往窗外看，已是暗黑穹蒼，卻更能感受其浩瀚無垠，波瀾壯闊的太平洋在腳下。

空姐已供應晚點完畢，一切安妥，座艙燈光已關閉，劉宇環就著一旁的乳酪和小點心，淺酌紅酒，準備歷經 12 小時的航程。當時以為頂多待兩、三個月就回美國了，或如往昔，從台灣再到大陸、到亞洲，然後去美國、歐洲，多年來已經習慣了這樣的旅程。沒想到一回台灣就一載，再次回到舊金山機場，他已長了一歲。

而台灣一年，真的是他的奇幻旅程。

世紀大疫困住全球每個人

2020 年 1 月下旬，劉宇環如常飛往瑞士，參加世界經濟論壇。同時間，中國武漢在小年夜封城，接著廣東、溫州都成了重災區，每天感染和死亡人數都增加三成以上。搶口罩已成日常，公民記者看到屍體一具具被搬出醫院。一名武漢的女孩發微博，她在一星期內失去三位至親，包括爺爺、奶奶、爸爸，而媽媽和姊姊還躺在醫院裡。

跨越另一半地球，2020 年瑞士達沃斯峰會風風火火舉行，世界最頂尖的菁英仍在高談闊論 AI 與其他最新科技，當然還是會關懷環境議題，當年大會決議，全球一起種樹 10 億棵，抵擋氣候變遷、綠化世界。

此時，劉宇環諄諄警告與會人士，要注意這隻黑天鵝，因為他有從中國傳來的第一手消息，從武漢開始的這場肺炎絕不可能善了，是比 SARS 傳染力高千倍的病毒，一旦散播開來，衝擊無與倫比。

往年，峰會完畢後，他會到義大利找朋友，談生意兼享受生活，2020 年他覺得疫情險峻，心緒寥落，便直接打道回舊金山。

2 月初，義大利、西班牙已經多人染疫，醫院人滿為患，必須放棄治療老人，世界第一次目睹世紀瘟疫的殘酷。一個多月裡，美國已超過 11 萬人染疫、全世界 26 億人禁足、在家上班，非必要商業如餐廳、酒吧、百貨公司都關閉。

全國禁足，愛熱鬧的劉宇環自然不能出門，失去和朋友共進早餐、晚餐的機會，也無法和同事面對面討論投資案，人與人碰撞的火花霎時停頓。人類面臨灰色世界，黑暗的隧道裡，還看不見盡頭。

劉宇環困居在柏克萊山崗上的家，吃的都靠外賣，一星

期去一次超市，往日會與顧客和收銀員聊聊天，但現在戴著口罩，匆匆選定要買的東西，即快步踏出超市，發動汽車引擎，迅速開走。「我的朋友更慘，1,700 萬美元買的豪宅在 17 哩路（17 Mile Drive，北加州瀕臨太平洋區，最美麗的公路），連外賣都不願意送。」不主動去找吃的，會活活餓死。

大抵心安即是家

　　從來沒有經歷過這樣的生活，劉宇環和大多數人一樣，宅在家，專注於美食，一下胖了 5 公斤，有時還會恍神，差點上了講中文的詐騙集團的當。

　　6 月，他看這樣下去不行，而台灣因防疫控制得當，只剩二級警戒，除少數不便，其他都還能自由活動，有如舉世淆亂中的桃花源，他想念那個故鄉。於是決定東行返鄉。

　　長榮班機在晨曦中抵達，仲夏時已經大光天了。每個回國的人都很忐忑，不要說冒著在飛機上被感染的危險，飛機不管哪個艙等都是密閉空間，都具風險，頭等艙也不能倖免，出發前一定要填好健康評估表，下了飛機，防疫中心會把收據以簡訊傳到你給的手機號碼，萬一接不到簡訊，是否會被拒入境？是否在入台以前就要有台灣的網路？下飛機後，如果沒有

人接，防疫計程車容不容易搭到？

「其實，都不要緊張，政府設計得很好，一關一關照著走就好，防疫人員可親，甚至沒有台灣網路的，還會帶著你去辦。」

隔離 14 天，對劉宇環來說，有難有易，但是很快他的心就定下來。既來之，且安之，開始追劇，看書報雜誌，開線上會議，一分一秒多麼難得。他從不看 Netflix 影集，太浪費時間，但這 14 天裡看完了《維京傳奇》（Vikings），北歐人征服自然、征服災難的故事給了他勇氣，也給了他啟發。

也在這時候，他努力研讀疫苗資料，有五家公司都在做，疫苗可能在 2020 年底問世，世界將恢復原來面貌。14 天後他順利出關，他認為自己頂多只待到 2020 年底，沒想到一待就在台灣待了一年。

記憶如幻如化，存痕卻鮮明異常，「這是我最充實的一年，也是最快樂的一年。」他在敦化南路和信義路口的辦公大樓，六角形眼鏡裡閃著真誠的光。

他在台灣努力工作也努力玩，從早上四點開始開會，下午四點以後則是他的自由時間，到處逛逛，或者和朋友約著喝咖啡。晚餐除非必要都回家裡吃，往往只需要一碗湯、一顆蘋果。這一年在台灣瘦了近 10 公斤，神清氣爽，朋友看到他都

恭喜他，愈來愈年輕。

在台灣也養成良好的運動習慣，每天早上到附近國小走一小時，8,000 步左右。他逢人便展示蘋果手機上的走步紀錄，「我每天都有達標。」

嘉義是他兩歲到十八歲生長的家鄉，應該最有世間情緣。但是去國已久，嘉義都半世紀沒有回去了。這次在台灣，一趟嘉義行，所有願望得償，造訪嘉義中學，號召校友如前光寶董事長林行憲、台大醫院院長吳明賢（胃癌專家，發現超過八成胃癌是幽門螺旋桿菌感染引起，除菌可預防胃癌），一起支持嘉義中學百年校慶活動，也造訪自己生長的地方白川町，雖然已改建，仍能找出絲絲兒時記憶，當然更不能不吃一頓嘉義雞肉飯。

生在嘉義、長在嘉義近二十年，卻還沒去過阿里山。這次去了阿里山，體會了蜿蜒而上的小火車的驚險與美麗，也在那裡聽過「高山青，澗水藍，阿里山的姑娘美如水，阿里山的少年壯如山……」的曲調，人生缺憾補足了。

趁著 2021 年農曆春節，又飛到金門玩一趟。最有意義的，是在八二三史料館裡，找到他父親劉寶麟所屬的空軍第五聯隊對中華民國的貢獻。

劉宇環父親常年駐防桃園，不常回嘉義家中。第五聯隊在

1948 年的八二三砲戰期間立功卓偉，共擊落米格 17 戰鬥機達 21 架。八二三砲戰時，劉宇環全家包括母親、姊姊、妹妹，時時刻刻忐忑擔心父親安危，這次看到史料館的資料，表彰父親及所屬單位對國家的貢獻，內心澎湃萬分。

讓世界看見台灣之光

最特別的，遠見天下文化舉行的 2020 年華人領袖「遠見高峰會」，決定頒給這位有投資教父之稱的劉宇環，一座終身成就獎，這是這場論壇舉行十八年來難得頒出的獎項。

劉宇環早在 2009 年就得過一座《紅鯡魚雜誌》（*Red Herring*，英語世界最著名科技雜誌）的終身成就獎，當時創投及科技界都以為他要退休了，結果他「食言」，又重回工作崗位。這次他又得了終身成就獎，在接受訪問時聲言，接班計畫正在進行中，未來的第 10 號、第 11 號基金……他十分期待年輕一代的表現。

接下獎座，劉宇環眼眶泛紅，第一句話就說：「這個獎項應該獻給前總統府資政李國鼎先生。要不是當年李國鼎引進創投的觀念與做法，我也不會回台灣。」他接著說：「台灣經濟沒有李國鼎，就不會雄踞世界科技。」

向來周到的劉宇環，也在台上逐一感謝企業夥伴與公司同仁，當然還有最重要的，特地從舊金山回台參與這場盛事的家人。他希望自己能將四十年來所積累的經驗與知識，傳承給下一代的年輕人，期許年輕人和他一起努力，讓全球看到台灣之光。因為島國經濟，「沒有走出去，就沒有走進來。」

應邀而去的貴賓，他都在頒獎台上一一提名感謝，把規定的致辭時間全占滿了，「但是坐在台下的我們，卻倍感溫馨。這麼重要的場合，他一一點名感謝，下次他拜託你做什麼事，你能不答應嗎？」好友謝三連感動地說。

每件事都全力以赴

劉宇環不是為了拿獎座而去參加峰會，他是真真實實坐在會場，認真地聆聽每一場演講、座談。事後能說出每個人的觀點，以及自己所得。

這場華人領袖峰會，他也主持了一場專題論壇「疫後創投新脈動」，更凸顯劉宇環的特質，做任何事都全力以赴，無論是做聽眾或講者。

他自己事先準備創投新趨勢，並且演練數次，還急著找與談人一起排演。曾長期研究郭台銘及鴻海集團、被人戲稱

「郭台銘御用」分析師的科克蘭資本董事長楊應超,從美國鳳凰城飛回台灣,沒有及時與劉宇環連絡,讓他憂心了幾日,心焦少了一個,排演不成。每個人發言必須無縫接軌,才能達到這位主持人的標準。

劉宇環做主持人,言簡意賅,要言不煩,創業投資為什麼到某些國家,而不到其他國家,最重要是觀察投資國家的政治氣候,來判定投資的可能性。其次他說,創投是非傳統資金,不是傳統的金融投資公司,應該要用在最新科技上。

然後,他把各國的高科技進展用幾張投影片展示,驚豔全場,尤其是 AI 在各國的發展,美國、英國、中國大陸一一列舉,連俄羅斯都有,讓在座人士心驚驚,台灣得加油了。

這次老中青創投三代同堂,橡子園顧問董事長陳五福、藍濤亞洲總裁黃齊元、科克蘭資本董事長楊應超,以及識富天使會創辦人黃冠華,五人進行對談。由於主持人劉宇環的串場成功,原本以為很枯燥的座談會,在主辦單位的問卷裡,竟被評為最受歡迎的場次之一。

疫情、黯黑、灰天鵝,阻止不了他的企圖心

由於前一年疫情控制得當,他到達時,台灣已開始討論疫

後新世界，科技前所未有的鼎盛，不與人接觸，就得倚賴科技 AI 機器人，無人駕駛汽車、量子、半導體摩爾定律，成長已達極限，但又有新方法出現，科技的改變，豈止是片刻，現在更是毫秒的改變。

平日世界各地奔波的企業主，因疫情動彈不得而滯留台灣，如半導體業的盧超群、施振榮等，一下子召集聚會容易多了。平日旅居國外的企業家如劉宇環、陳五福、陳士駿等，皆回台避疫、找尋桃花源，他們常有機會齊聚一堂。也因著這些企業家齊聚台灣的機緣，劉宇環的母校嘉義高中在 2022 年 4 月舉行「98 啟航邁向 100」校慶系列活動時，特地邀請 YouTube 創辦人陳士駿到校分享創業經驗，並邀傑出校友劉宇環與之對談，希望嘉惠莘莘學子。這群在嚴峻疫情中也從未停下腳步的創業者，他們積極地為國內產業數位轉型獻策，不單獻策，還付諸實際行動。

二戰英雄邱吉爾爵士嘗盡世間辛酸，最後帶領英國獲得勝利，他曾堅定地說：「悲觀者在每個機會看到困難，樂觀者在每個困難中看到機會。」我們在劉宇環和他的企業家朋友身上所看到的，正是這股在困境中也不輕言放棄的樂觀精神。

盯得緊，學得多

劉宇環待在台灣一年多，受惠最多的是中經合員工。以往他每年回台灣兩個月，來去匆匆，自有不及之處，這次在台灣，部屬從上到下都了解劉老闆的脾氣、性格，今後溝通可望較少隔閡。他還每個月挑一個星期六與全體部屬共進早餐，讓部屬了解他輕鬆的一面。

最重要的是，員工和他投資公司的創業者，從他的言教與身教，悟出能在現今社會出頭的要素，看他如何演練國際觀、未來觀、全局觀，在世界地圖上，拿著顯微鏡，看台灣有什麼競爭力。

「他盯得緊，但我們也有所得。」中經合台北辦公室資深副總經理李玉萍說，發現他喜歡讀書、讀雜誌、不斷吸收新知，成功確實得來不易。

劉宇環在台灣帶著部屬去見各方人士，不只是要部屬分攤工作，也不只是督促而已，更是殷殷教誨、循循善誘。從事創投行業者，都是絕頂聰明（至少對錢），用這種方法，他們反而願意接受，「以前他只叫我們做這做那，跟他出去，事後再一起討論分析，更深入了解他背後的想法。」

例如他們要投資一個案子，往往要做足盡職調查，甚至還

要訪問投資人的朋友、同業、客戶，甚至家人。例如要把創辦人太太約出來吃飯，並不是社交應酬，「從家人可以看出很多。例如家人是否支持創業、家人會不會太奢華，太太影響先生的道德觀很深。」

一位中經合高階主管說：「如果創業人年齡偏大，我們要看他的配偶對投資案是否有興趣，或者他是否有接班人等。」

劉宇環常和部屬說，所謂風險投資，拚的就是把風險盡量降低，拚的就是眼光和資訊的不對稱性。而蒐集的資訊比別人多一些，就有可能比別人判斷得更準一些。這些資訊的來源，就是要比別人做更多的功課，包括訪談更多的人、查閱更多的資料等。

就像他幾乎每天都要如傳道士那般重複的：「你愈努力，運氣就愈好。」其實就是天道酬勤。

態度，決定生命的精采度

對他來說，台灣是顆待琢磨的寶石，但是鑽石還需要畫線、劈裂、鋸割，經過設計、切磨、加工，才會璀璨奪目。他津津樂道，台灣以前有上海幫、山東幫，但是說起台灣幫，他豎起拇指：「吃苦耐勞，創新也夠。」

他這次避疫一年，更感受到台灣的製造業實力。他積極籌畫五年，也獲得中華民國政府支持，資助研究桌上型核融合發電機，商業化也許在不久的未來得以實現。這種發電機在世界上將有大量市場，也能培植眾多上下游產業，成為台積電之外，另一座護國神山。

2021 年 3 月下旬，他帶著團隊到台南，去看看是否有合宜的地點做核融合園區。兩天之旅收穫豐富，他們拜訪了成大校長蘇慧貞及台南市長黃偉哲，聽取台南科學園區的成果報告。台南科學園區正在開發屏東、高雄橋頭、台南沙崙等三個科學園區，還有個綠能園區更具潛力，也適合中經合的核融合發電特質，經過這次考察後，至少要做核融合園區，應該可以找到適合的地點，也強調聚界可以吸引國際資金到台灣投資，對台南市正面助益很多。

在遠見天下舉行的華人領袖高峰會上，他聽了台南市長黃偉哲的報告，知道亞果休閒事業投資建造遊艇俱樂部。聽了他們的規畫後，他馬上熱心給意見，亞果不應只注重港口附近的地產開發，也該注重軟性內容相關規畫，並且熱心地將摩納哥遊艇俱樂部的做法介紹給他們。

摩納哥遊艇俱樂部行之百年，雖是富人大集合，但不是暴發戶，買幾間房子或做幾筆交易就可成事。而是會員有相同興

趣，品味相合，縱使談生意，講究的是互惠和諧，是一種文化、一種風格。

他多麼希望亞果俱樂部能夠向世界頂尖一流的遊艇俱樂部學習如何營運、如何永續，彼此的航海家可以在地中海、大西洋及太平洋揚帆萬里。這才是真正開放的台灣。

態度不只決定高度，更決定生命的精采度。

第 12 章

台灣未來獨角獸

他們是台灣未來獨角獸，各占台灣一個角落，隱身街頭巷尾，但他們都燃燒著職魂。他們有本事，也有故事！劉宇環讓他們的故事圓滿。

無用之用是為大用：小智研發

　　創辦人為自己公司取名，都蘊含著偉大、宏觀、一飛沖天的期待，如鴻海、飛達（VEDA）等，唯有黃謙智創造的回收材料研發科技公司，卻反其道而行，命名為「小智」，來自老子，期待自己不必有大智，只要有小智，最終達到無智，即可運行世界，以臻永續。

　　他做的產品，是從垃圾堆裡鍊金，也符合莊子的哲學——無用之用，是為大用。現時行銷專家都同意，「產品固然重要，產品所說出的故事更重要。」的確，小智的辦公室、產品，甚至他所設計的家具，都是垃圾變尤物的見證，一方茶几、一個菸灰缸、一枝筆，都能說出自己的故事。

　　小智研發創辦人黃謙智，一襲暗色夾克，一件深藍色長褲，隨意一條圍巾，就能穿出他的味道，本身也有著滿滿盈盈的故事。

　　四十三歲、已創業二十年的他，自開公司以來，從不改其志，一意要做垃圾回收，一意要公司能永續經營，一意尋求和自己志同道合的投資人，至今投資人俱為大咖，中經合、新加坡淡馬錫。

　　「第一次看到他，一個年輕人，那麼小的公司，居然有這

麼多國際經驗，」坐在黃謙智對面，欣賞這位後輩的劉宇環說著，「飛了這麼多國家，飛得遍體鱗傷（指挫折碰壁），還是要飛。」

千里馬尚待伯樂賞識，才能成就。在遇到劉宇環之前，小智每年暑假都到義大利薩丁尼亞海灘做垃圾回收。

由於暑假，歐美最有錢的人都到那裡度假。人潮中有錢有名者所在多有，風行草偃，不單能打響小智名氣，也可在有影響力的人中散播觀念及做法，多麼值得。「我逢人就講這個活動多重要，但是只有劉先生聽了大讚其重要性，總算有人聽懂我說的話了。」

漸漸由不識、初識到熟識，成了彼此生命裡的一道風景，不只是投資而已。

絕大多數人都把近年來的氣候變遷歸罪在碳排放，歸罪石化產業，但是時尚產業碳排約占 10%，這引起的溫室效應，所有人都得承擔。穿了就丟的快時尚更是罪魁禍首，因為時尚快，丟掉的衣服也快，全世界舊衣汙染已無法控制。台灣丟棄舊衣也不遑多讓，一年丟棄超過 2 億件舊衣，每個人平均每年丟棄 10 件衣服，每分鐘丟掉 438 件。

黃謙智大學畢業後，和同學在紐約市創辦了小智。決心要把學到的工程技術用來創造可持續的產品，以垃圾創造新材

料。紐約做不成，搬到香港去，香港還是不成，那就回到台灣。

　　2010 年是小智的轉捩點，台北市轟轟烈烈舉行國際花卉博覽會，近千萬的參觀民眾，印象最深的莫過於那棟白天白淨亮眼、晚上晶閃耀目的 30 公尺高建築，是遠東集團贊助的，叫做「環生方舟流行館」，借用《舊約聖經》裡挪亞方舟的意象（地球沉沒，上帝指示挪亞建一方舟來維持家族及各種動植物的生命，以避免毀滅）。

　　這也是座垃圾屋。小智用從台北市民手中回收的 150 萬個塑膠瓶，做成磚，做成瓦，一磚一瓦建成的。

　　小智是家很特別的公司，沒有什麼競爭者。它太先進了，或太不容易賺錢，所以很少公司願意投入。但它的困難和別人不同，光是產品原料就煞費周章，大家垃圾隨手丟，不是很容易取得嗎？其實不然，各國垃圾大都掌控在江湖大哥手上，普通人不敢妄動。

　　夙慧的黃謙智經營小智得運用大智，他另闢材料來源，例如與時尚品牌達成協議，因為這些名牌只用一張牛皮上最柔軟細嫩的一部分，其他都丟了，就是所謂的下腳料，可惜至極。小智拿他們的下腳料，加工增加結構強度，做成椅子、桌子，賣給高檔旅館，原本注定垃圾命運的下腳料，搖身一

變，一張張黃色、紅色的桌椅，愉悅地就走到顧客前，再度展現風姿。

劉宇環投資小智以後，不時提醒黃謙智要有理想，也要有策略，更必須利用小的優勢，做各種靈活應變。小智遊走於 B to B、B to C 之間，為什麼？本來小智專攻環保材料，希望以新材料帶動垃圾回收產品，但是比非環保材料昂貴三成，很難為消費者青睞，「我們只能先創造消費者市場，等到規模夠大，可以支撐材料產業再說吧！」

曾經是雷子、憤青，和很多大企業主都吵過架（更別說承包商、投資者和員工了），創業二十年，黃謙智逐漸走向穩重、內斂、沉著，不再跟人吵架，有幻滅，也有留存。

二十年不會使人脫胎換骨，只是滄桑些、世故些。

風城一品：開必拓數據

10 月底，新竹風吹得猛烈，不是幾度玉門關的和煦春風，竹北的「秋風吹雨過南樓，一夜新涼是立秋」，秋風吹得愈猛烈，更顯蕭瑟。

但開必拓所在的八樓裡面的投資家、創業家、技術家，卻有著「明鏡明於月，白髮白於雪」的心志，每個人講話速度飛

快，但心緒鎮定，在場的人都知道這是工業必走趨勢。爆炸性成長、成為獨角獸，只是時間問題，雖然忙，但不慌亂。

尤其有老師傅劉宇環在旁邊指點，三十五年創投看盡千帆，新創有起有落，惋惜中途夭折的公司，雪中送炭給努力不懈、東山再起的人。太多經驗累積，「我現在可以到達心想事成的境界。」對事業甚少誇口的他說。

2018 年，劉宇環遇到開必拓執行長孫逢佑，孫逢佑正創設一家以 AI 人工智慧機器來檢測品質的公司。孫逢佑交大電子所畢業後，在新竹科學園區工作多年，創業前在聯發科工作十年，頭腦活跳，話語幽默，完全沒有高科技人的死板僵硬。

曾任聯發科技行銷經理，以及聯發科技中國合肥軟體工程處經理，2016 年，孫逢佑離開聯發科，自行創業，放棄一年拿 18 個月薪水與 100 萬元一張的員工分紅股票，一定要吃了秤砣鐵了心才行，「那不叫放棄，而是選擇。」四十五歲的孫逢佑露出超過年齡的智慧和精明，「我選擇人生另一道風景。」

「我會看相，」劉宇環半開玩笑地說，「他有 Killer instinct（殺手本能，在商界指的是要推出新產品，就必須席捲世界市場），聽了他簡報，我就決定投資。」

殺手本能至為重要，美國總統川普做房地產時，曾接受

電視訪問：「這世界只有兩種人，一種是殺手，一種就是被殺，我當然要做殺手。」

高科技裡尤其需要這種人，微軟、Netflix、Google，一推出產品，就得霎時占領市場，至少要有此宏觀。這些行業需要快速反應，而且在時效期內可以賺取大量報酬，過了時效，則虧損甚巨。

講起創業主，開必拓個個具本領，孫逢佑弟弟叫孫逢佐，一右一左甚為有趣。弟弟清大畢業後，拿到卡內基美隆大學的電腦博士（與李開復同校）。這家連弟媳都傑出。弟媳葉怡婷，考上清大電機系，是少有的女生，和孫逢佐同系，也是學姊，羨煞孫逢佐的同學。葉怡婷拿到碩士後先去了美國，在史丹佛修讀博士學位，但是兩人拿到博士後，都到矽谷，參加多個創新公司，孫逢佐曾任 Comprehend Systms 新創公司數據科學家，葉怡婷曾任 Apropose 數據總監。

到底開必拓做什麼產品，又有什麼特色？

原來，很多工廠的最後一道手續是檢測，大都必須用人工來進行，開必拓開發人工智慧來做檢測，1 平方公尺的開必拓檢測機器，比人聰明很多倍，相機比人眼銳利，而且裝了多台攝影機，從上、從下、從左、從右都可以看產品，看完後，儲存到裡面資料庫，幾秒鐘就能迅速比對出是否有瑕疵。這台機

器人檢測器裝設後，每天比品管員看的產品多很多，而且記憶力超強，等於日益見多識廣，判別力更快且強，人會健忘，也會分心，但機器人 24 小時全年無休。在全世界缺工的今天，是製造業的救星。

2020 年至 2021 年，全球為疫情所苦，開必拓卻逆勢成長，受到雙重庇佑，在家工作、零接觸、遠距會議等需求浮上檯面，帶動 3C 相關產業如伺服器、筆電、手機等商機，而製造業生產模式則大幅轉向智慧製造布局，兩大引擎都讓開必拓受惠，加上結合矽谷 AI 技術與豐富的竹科產業經驗，使得僅二十餘人的小公司拿下多筆國際市場的訂單，營收快速成長。

「創業就是勇於接受挑戰，不斷地突破與創造美好回憶。」開必拓數據孫逢佑執行長表示。

而劉宇環扮演著這批年輕創業者美好回憶的關鍵角色。

你我共耕一畝田：源鮮智慧農場

通過浴塵室後，就是微風徐徐、播放著音樂的 800 坪智慧農場，穿著潔白工作服的源鮮智慧農場主人（董事長）蔡文清，上下行走於高 10 公尺的 14 層種植層架之間。他仔細看著每一株菜的生長狀況，對訪客說，蔬菜跟人一樣是有生命

的，對待蔬菜，要像對待自己家人般付出心力與細心照顧，蔬菜會以清脆甘甜的口感與豐富的營養來回報你！

一切欣欣向榮，在疫情期間，舉世更注意健康，對無毒的新鮮蔬菜需求殷盛，源鮮不但在台灣產品暢銷於百家以上通路，2020 年更開起國際整廠輸出業務，在丹麥的農場已建造完成開始營運，並將於 2022 年末在立陶宛建廠。蔡文清預計下個擴展國家是沙烏地阿拉伯，在沙漠氣候中，智慧農場是更適合不過的食物生產方式。

2008 年，他自組研發團隊，除了向有「農業神醫」之稱的中興大學蔡東纂教授請教植物生長知識，團隊也自主研發智慧農場所需的所有軟硬體設備及系統，近幾年還與財團法人農業科技研究院進行許多研究開發。由於這些努力，源鮮集團於 2022 年 5 月獲頒世界經濟論壇的技術先鋒獎，為感謝中經合集團最初的投資，還特地邀了劉宇環出席慶功宴，共享殊榮。

人生因病轉了彎的蔡文清，受老天眷顧而痊癒，使他深信生病從來不是看醫生吃藥這麼簡單。而是應該做自己的醫生，傾聽身體的聲音，吃對的食物，找回最單純的味道，並且保持身心靈的平衡。

「重生後，我能在健康這件事上為人們做些什麼呢？」蔡文清選擇成立源鮮農業集團，種出富有靈性、水果等級的高品

質營養「活舒菜」，成為世界的農夫。

咖啡秤做出大事業：Acaia

　　喜愛手沖咖啡的曾柏偉，擁有美國杜克大學（Duke University）電腦工程碩士學位，由於家裡從事工業用磅秤製造行業，非常清楚磅秤準確度的重要性。有一天他和侯君儒在矽谷的咖啡廳講起可以做智慧咖啡磅秤，讓煮咖啡的人可以省卻到底沖一杯好咖啡要放多少咖啡粉、多少水、煮多久的困擾，讓咖啡新手也可以成為咖啡達人。

　　於是他們在矽谷成立了 Acaia 公司，後來看上台灣精密製造的優勢，在台灣大量生產。Acaia 是一種生長在寒帶的咖啡品種，是高冷植物，果然也如中國成語：「不經一番寒徹骨，怎得梅花撲鼻香。」Acaia 特別好喝，果酸濃度剛好，其他咖啡不能及。兩位創辦人都知道創業唯艱，期許自己公司像這品種咖啡，能耐得住風霜寒冷。

　　咖啡廳到處都是，但在 Acaia 推出智慧咖啡磅秤前，並不存在專用的咖啡磅秤。大家都用傳統的廚房用磅秤，不夠精確，也無法累積成大數據來做為經驗。因此這產品沒有競爭者，有的只是好產品，以及讓消費者知道產品價值，把區隔市

場硬生生拆出來。

Acaia 推出第一個產品 Pearl 智能咖啡秤後，即引起全球咖啡愛好者的目光。Pearl 智能咖啡秤於 2014 年美國精品咖啡大展（SCA）首次展出，便獲得「年度最佳新產品」和「最受歡迎咖啡產品」兩項殊榮。後續出品的 Orion 智能分豆機，則於 2017 年獲得美國精品咖啡大展「年度最佳新產品獎」。Acaia 以「美學與科技」結合的實踐在咖啡應用，改變人們沖泡咖啡的體驗。

Acaia 相信未來咖啡的配件將會變得更多元化，配合軟體的應用以及網路時代線上咖啡社群的互動，除了在設計與功能上能夠協助咖啡愛好者提升沖泡咖啡的技術，更能讓每個人都像咖啡大師般製作出更美味的咖啡。

他們在大直捷運站附近和一家咖啡廳 Maven 合作，在一樓 Brewbar，運用物聯網（IoT）技術的 Acaia 智慧咖啡秤，以藍牙連接 App，由專業咖啡師精準地量測每一杯手沖咖啡的水量與沖泡時間。

Acaia 知名客戶包括藍瓶咖啡（Blue Bottle）、星巴克（Starbucks）、木邨咖啡（Key Coffee）等，其中藍瓶咖啡是美國最高檔的咖啡廳，星巴克則到處可見，但只有旗艦店才會使用。

目前 Acaia 一年可銷售五、六萬台，每台 150 美元到 250 美元，因此一年也有近千萬美元的銷售額，小小咖啡秤竟能打出近 3 億新台幣的佳績，誠屬難得。

劉宇環在 2016 年經人介紹後，就決定投資 Acaia，因為這符合投資原則 —— 生活化的尖端科技，而且著眼於世界市場。「創投是帶領新創團隊往前走的重要推手，創投需要比新創公司走得更前面、看得更遠，才能帶領新創公司開闢更大的版圖。」創辦人曾柏偉說，「劉董事長就是這樣子的角色。永遠都比我們走得更前面，了解整個市場的動態跟未來的趨勢。」

促進能源的世界大同：聯齊

想像，哪一天你家裡用電用不完，可以連上隔壁鄰居家，給他們用，這家工廠電用不完，給另外一家用，電也可以當成禮物來送人，還可互通有無，是能源的世界大同。

2017 年，中經合投資的聯齊科技（NextDrive），就在促使這個大同夢實現。創辦人顏哲淵不是青年創業，而是中年創業，他在科技界有豐富的領導及行銷經驗。雖然是董事長兼執行長，仍有著工程師模樣，一板一眼，苦幹實做。

聯齊科技創立於 2013 年底，透過互聯網科技與能源技術整合，實現「善用每一度電」的新能源願景。他們透過軟硬體結合，幫客戶收集電、節約電，再上雲端匯成大數據，可供客戶使用，等於是協助客戶建立一座座虛擬電廠（Virtual Power Plant, VPP）。

　　深耕國內商用車市場、擁有七十五年歷史的順益集團，其中壢汽車廠就是聯齊科技的重要客戶。廠內設置了太陽能板與儲能設施，聯齊供應名為 Cube 的物聯網閘道器，它可連結智慧電表，即時掌握用電的情況，透過 AI 提供用電分析與建議。因為有聯齊的解決方案，從產電、儲電到用電，都做了最佳化管理，因此廠內高達 50% 的用電是「自給自足」。

　　這項名為 Cube 的物聯網閘道器，是聯齊 2016 年推出的明星產品，並已通過日本多家大型電力公司的驗證。在台灣，Cube 也協助小學和私人企業建造一座座的「虛擬電廠」。例如：聯齊幫助桃園龜山的文欣國小設計具有能源調控功能的校園虛擬電廠，校園裡有風力發電、太陽能發電，目前一個月可以省下新台幣五、六千元的電費，再也不怕「班班有冷氣，但沒錢吹冷氣」的窘境。

　　顏哲淵創辦聯齊以來，員工已增至 150 名左右，現在 85% 的營業額都來自日本。他們打入了最難打的日本市場，更打入

了日本最難打的電力市場。

2016 年，聯齊參與台北國際電腦展（COMPUTEX），時任日本電信網路公司 Internet Initiative Japan（IIJ）副社長的慶野文敏也應邀參與 COMPUTEX 發表演講。慶野文敏連續數日出現在聯齊攤位上，對於外型猶如白色方塊的 Cube 愛不釋手，回去後向電力公司推薦，「Cube 能串聯日本智慧電表，會非常有競爭力。」

打入日本市場的關鍵是中價位產品，但是品質卓越，而且還耐用。一年半後，獲得日本大型電力公司的驗證，陸續拿下日本電力公司的訂單，如第三大電力公司中部電力等，等於拿到兆元能源產業的門票。「我認為既然要創業，就要玩大一點，勇闖另一條未知航道。」顏哲淵以自信的口吻如是說。

2017 年，中經合投資聯齊，不單資金挹注，也等於對他們發出認證，其他投資公司也陸續投資。「劉董事長對很多事都有好奇心，我跟他做簡報後，他問了很多問題，值得年輕人學習。他也無私地把自己的舊識介紹給我們，成為我們的人脈，促成新客戶。」對於成功路上的每一位貴人，顏哲淵都充滿感激。

國外獨角獸,不遑多讓

中經合投資的國外獨角獸,也不遑多讓。

一、XEV

XEV 是一家位於義大利的小型車製造公司。由義大利設計、結合 3D 列印技術的電動車 XEV,以交換電池解決方案,提供快速電力補充。歐洲都市街道窄小,無法安裝充電椿,交換電池是可以解決的方案之一。

另一方面,車內電腦系統也能收集包括駕駛生命徵象、駕駛喜好及習慣等數據,提供汽車產業更多消費者個人化數據及未來發展。此外並攜手電源合作夥伴,營造永續產業生態圈,翻轉傳統汽車產業面。

目前這家公司的汽車已經獲得摩納哥政府的支持,行駛在摩納哥街道上,而且與賽車公司結合活動,推廣知名度。

二、Divinia

Divinia 是一家美國新創公司,專注於提供自然語言分析技術。自然語言就是我們日常所講、所寫、所說的語言。這家公司利用自動化的語意拆解分析演算法,解析大量文字訊息,提

供公司行銷用。這能讓搜尋體驗更為精準迅速，效率優於目前市場上 Google 所推的主流解決方案，準確率可達 88%，真正了解消費者行為和喜好。

　　創辦人方濟擁有史丹佛大學自然語言學博士學位，曾在美國一家專門以自然語言處理（NLP）技術研發客戶體驗管理的公司擔任首席科學家。中經合於 2020 年底投資 Divinia。NLP 應用市場雖日趨成熟，但在客戶服務和精準搜尋部分，如何針對語意判斷和使用者喜好，做出更好的回應和數據應用領域，仍具相當的市場潛力。

三、Wynd

　　通常空氣清淨機都是笨重、置放在定點的機器，Wynd 空氣清淨機卻小巧可愛，便攜且智慧，可以手持。Wynd 不但可以居家使用，也可以在旅行、聚餐時使用，隨時隨地享受清潔空氣，在疫情期間很受歡迎。透過網路平台及大數據的運算，讓購買空氣清淨機的消費者經由雲端平台的分享、互動，未來包括藥廠及健康管理公司都能依此開發出相應的產品及服務。

四、Fresco

　　Fresco 是一家智慧廚房家電平台，以點到點串接各式廚房智慧家電應用軟體，打造最佳應用平台，為使用者帶來兼具科技應用和美味的料理體驗。其與各國電器製造商合作，提供服務，客戶包括博世（Bosch）、伊萊克斯（Electrolux）、奇異家電、Instant Brands、Kenwood、樂金電器（LG Electronics）、松下電器（Panasonic）和美善品（Thermomix）。

第 13 章

誓做核融合發電先鋒

詩人韋應物云:「浮雲一別後,流水十年間。」
2020 年到 2022 年,才兩年多,也彷彿十年,每
個人都無意間鑲進歷史,身邊總有人染疫歷經滄
桑——或辭世,或病重,多了些滄桑,但劉宇環
仍然不改其志,在清潔發電上要做拓荒者、先鋒
者。

2021 年 6 月 17 日晚上，台北已夜闌人靜，劉宇環急著整理箱櫃、行李，光是要從台灣帶回美國的禮物就占兩大箱，第二天早上就要結束在台灣的一年避疫之旅。

6 月 19 日回到美國後，萬事待理。首先他的岳母高齡一百零六歲過世，必須協助妻子安排岳母後事。接著他開始打理家裡和自己的書房，沒有拆的信，沒有連絡的朋友，要更新進度的投資專案⋯⋯

兩星期，他時差都沒調整過來，凌晨兩點多還在發微信，指揮這、指揮那，這時間歐洲是早上十一點，台灣是下午五點，不會打擾到部屬及客戶。

「Greeting from Berkley Hill」（來自柏克萊山崗的問候）不時跳動在每個朋友手機螢幕上，還要邀請舊金山地區的朋友聚餐，詩人韋應物《淮上喜會梁州故人》云：「浮雲一別後，流水十年間。」這一年，也彷彿十年，每個人都無意間鑲進歷史，身邊總有人染疫歷經滄桑 —— 或辭世，或病重，即使復原了也會有嚴重後遺症。

他總是勤於連絡朋友，不管是生意上的或是私人的。這次回到美國更殷切了，體會「一生大笑能幾回，斗酒相逢須醉倒」（通常喝紅酒，所以不會醉倒）。

美國已從疫情中恢復正常，雖然 Delta 變種病毒仍然肆

虐，但美國已經無法鎖城了，庶民一片哀鳴，該做的事荒廢許久。畢竟很多事是無法透過 Zoom 在線上進行的，一定要面對面，人與人之間的化學效應才能顯現，何況如他這等熱情，Zoom 殊難傳遞。

台灣的生活著實舒服，享受了一年的小確幸，但也頗與世隔絕。才回美國沒幾天，劉宇環已經發現，離開一年，世界已人不同。拜登上任，全美國比他離開前更分裂，對中國的敵意、防範更強，世界兩強處不好，和平難期。

危機，就是轉機

危機確實也是機會，因為氣候變遷，拜登特別注重新能源，劉宇環八年來一心要做的核融合發電受到空前重視，他所傾心的家庭式核融合發電機，獨樹一格，還沒有競爭對手，但是技術極度困難。

風險投資公司會因為太與眾不同而招致危險，但打破常規往往是值得的。紅杉資本（Sequoia Capital）創辦人唐‧瓦倫丁（Don Valentine）說過，要相信自己的直覺，這能讓你避免陷入傳統思維、試圖取悅他人。

聚界潔能需要重整，劉宇環兼任公司總裁，只有老師傅才

能擺平各方,「我通常不兼總裁,但現在非常時期,必須一肩扛起來。」

他也迅速在腦中畫出了核融合的路徑圖,聚界已經成立六年,最近研究成果已達到可靠度,雖然還未達到大規模商業化的能力,必須事先部署人力。政府支持,大趨勢是對的,但諸事倥傯,他得加快腳步。

首先必須重整組織,著手公司治理,使它更有競爭力。雖然小,但必須萬事俱備、五臟俱全,成立各部門,財務、研究、管理、監督部門,都一一設立起來。

他堅持將來研究成功,要在台灣製造這些家用發電機,要為台灣豎起另一座護國神山。

為了台灣,也為了世界,他一面連接自己的人際網,一面再織新的人際網。世界四家大銀行花旗銀行、美國銀行、德意志銀行、渣打銀行,兩家投資銀行高盛、摩根士丹利,都派遣團隊來到他位在舊金山金融區的辦公室聽取簡報,將來很可能投資。

他邀請中外專家擔任聚界的顧問,最重要的是必須延攬各方顧問群,技術的、官方的、策略的,都需要專家。住在舊金山附近的專家顧問,他一一拜訪、登門請教、簽聘請合約,這可不是酬庸職,真正的又要顧又要問,但他有他的本領,可以

搶下別人的時間，優先見他，給他意見。

　　有的甚至得在去官方任職前搶先聘做顧問，最驚險的是加州大學柏克萊分校能源教授卡門博士，他被拜登政府引進做為綠能源顧問，在去白宮之前，經劉宇環極力爭取擔任聚界的特別顧問。

　　請到了這位顧問，他不會後悔回美國了。「當面談，才能感受誠意。」劉宇環說。

　　台灣雖然與舊金山遙隔山水，但是這幾個月來，台灣顧問群也一一齊備，有三位部長如蔡清彥、徐爵民等，三位院士如李羅權、劉兆漢等，陣容強大。

　　在美國，依舊早上四點多起來，正是歐洲、台灣的上班時間，只有星期天是自己的時間，早上去附近水庫和友人走路（堅持三十年的習慣），下午去妹妹家打麻將，無謂輸贏，只是放鬆一下。

　　美國一連串假期於 10 月底展開，很多人從 10 月上旬就開始無心工作，但劉宇環習慣未改，只要其他地方不放假，他照常工作。歲月更迭，丹心未改。

　　偶爾，各方意見紛雜，他費了相當力氣仍無法達成目標，也會坐在椅子上，有點恍然，輕嘆：「高處不勝寒，你們都不知道我的苦處。」那是他難有的多愁善感。隨即打起精神

說著：「我不能氣餒，我一垮，部屬更難聚集士氣了！」

　　與其說是眼觀四路、耳聽八方，不如說是心無旁騖、深度專注。中文可以拆字，例如「道」字，由「走」字底和「首」字組成，人都可走出一條人生之「道」來，首要的，是邁開腳去走。劉宇環和這些創業主，都靠邁開腳走出去，邁向成功。

　　有些台灣朋友發現，半年不見的他，白髮多了起來，他索性就讓它白，白起來，又有不同風味，人生和投資很像：都充滿不確定性，要學會等待。

為霞尚滿天

　　三十年來，科技路上滄海桑田。世事難料，看盡人間富貴權位，很多人風光一時，旋即身陷囹圄；有人瞬間富貴，瞬間身家瓦解；人生萬事無不有，他已有深深體會，唯有執守他的創投業，才是王道。

　　這一生他經歷過無數道風景線，除了累積財富，他最感安慰的是促成了台灣高科技、大陸 3G 因緣，也參與到美國的網路爆發，如果這次核融合發電能做成，他此生就無任何遺憾。

　　寫這本傳記，他咀嚼生命甚於過往，有些事刻骨銘心，有

些人但願從未遭遇過，虛虛實實，輕輕重重，但他依然是亦狂、亦俠、亦狷、亦溫和，也依然堅信他的全球征戰成功多於失敗。除了他格外努力，跟著他一路投資的謝三連說，他的運氣非比尋常。

過農曆年，朋友一起打麻將，他手風一路都好，常常贏，有幾次做了相公（每人麻將十六張，多一張牌或少一張牌都叫相公），也能槓上開花自摸，讓牌友無可奈何。

大家跟著他投資，在創投這種未知風險的行業，運氣多少還是重要。但他更堅持他的座右銘：「你愈努力，運氣就愈好。」

很多人勸他步調放緩，挑選接班人，放手給屬下，甚至退休，含飴弄孫（一個孫子，一個外孫，一個外孫女），但他堅持要把核融合發電做到一定階段才談退休。

有些人他選擇放下，有些事他仍執著，不變的是他對華人下一代的關心，期待他們對世界盡力，台灣青年不要小確幸，大陸青年不要躺平。世界無窮大，今時貝佐斯、馬斯克都上了太空，宇宙又無極限，等著下一代去知曉、探索，甚至征服。

詩人劉禹錫在《酬樂天詠老見示》勉勵銀髮族：「莫道桑榆晚，為霞尚滿天。」縱使是晚霞，也要布滿天空。劉宇環做到了，他不單不是晚霞，而且是日正當中。

第 14 章

寰宇情懷的人生體悟

（劉宇環口述）

做全球人，你先去體驗不同文化，進而包容、欣賞、融入那個文化，你就會樂在工作了。

錢的意義在於能如何回饋社會，回饋社會就是如何去幫助社會上其他需要錢的人。錢要有效地運用。

一、當一個全球人

當一個全球人，關鍵點是站在制高點看世界萬事萬物。亞洲的全球人典範應該是孫正義，他是韓國人，定居日本，在中國大陸、歐洲、美國都有業務，穿梭於這些國家之間，就是全球人。

你必須有願景及眼光！按部就班去做，就會成為全球公民。並不是說你有錢，還是有地位，而是看事情的眼光，不是只從台灣、只從大陸、只從美國看事情。例如現在氣候變遷，各界開始重視永續性，蘋果要在五年間成為零碳排放公司，就影響台灣和大陸的蘋果中下游，一環環都會受到影響。

全球化年輕人必須能適應各國文化、風俗、習慣，甚至穿著。

我的第一份工作是在運動衣名牌 FILA 做顧問，曾經為了併購事宜在義大利待了一個月，是我開竅的起點，也是我做全球人的起點。那時才二十八歲，又是第一份工作，等於是入門階級，像是劉姥姥進大觀園。

很多事需要注意，第一就是穿著。我第一天去見義大利的 FILA 總設計師柯維里（Enrico Coveri），他看著我們一行人，有些為難地說：「你們的穿著不太行。」其實我們穿的是休閒

服，我覺得已經不錯了，但還是被嫌棄。他幫我挑了一件上衣，是他設計的，網眼棉質衣料，很軟。褲子上有補丁。他還為我選了鞋子，一穿以後，果然不同凡響。他們拉丁民族很花俏，什麼都很多彩，我記住了。

拉丁民族還喜歡夜宴，往往從晚上八點吃到半夜兩點，你得跟著一起，中途離席或不去都會被認為很沒禮貌，要放鬆，才能享受他們的熱情。那年 7 月溫布頓比賽時，我們人就在那，當時義大利剛好有時尚秀，他們讓我去開眼界。FILA 是大家族創辦，招待我們的高規格簡直太棒了，從早吃到晚，天天都是義大利麵、義大利冰淇淋（Gelato），我們像小孩一樣，高興得不得了，人要及時行樂嘛！盡力工作，也盡情享受。

我們的談判人帶了經理在城堡裡面談，就像你看電影一樣。我們就穿著西裝、打著領帶，在古堡裡面談生意，一面吃飯喝酒，一面談。他姊姊帶了一隻貴賓犬在那蹦蹦跳跳，小狗一直跑來要親親，繞著我們團團轉，化解了很多緊張氣氛。談生意還帶著小狗，這表示義大利文化很不拘小節。談好一切相關細節之後，我發現我從落地到義大利，到要離開時，大概一共重了 10 磅。

義大利有著很熱情的文化，跟我們中國很像，也很注重先

祖，並飲水思源。我們參訪一家企業，一進去，董事長的曾祖父雕像就立在門口。董事長對我們說：「You are Americans with only two hundred years of history; we have five hundred years of history.」（你們美國人只有 200 年歷史，我們有 500 年歷史，比美國更久。）可見他們對文化非常重視及自豪。

正式場合也必須特別重視衣著。有一次，我們受邀參加一家鞋公司的一百週年派對，那是在佛羅倫斯附近的一家溫泉休閒旅館。義大利人最會辦派對。夏天的派對，男生要穿白色燕尾服（Tuxedo），女生要穿白色晚禮服！美國 FILA 的 CEO 隨身有帶白色燕尾服，但我們美國過去的 4 個人全都穿深色西裝，坐在那 800 人裡面，就像電影《教父》一樣，主桌旁邊只有我們 4 個人穿深色，真想挖個洞鑽進去。

歐洲人很注重氣候的變化和衣著的關係，冬天才穿深色，春天和秋天又各有不同，不像美國或台灣，什麼顏色都可以適應，只是質料厚薄而已。

穿著實在很重要，並不是虛榮、愛現，而是必須給人良好的第一印象，甚至是一種禮貌。我看高科技業年輕人常常穿著很隨便，往往一件 T 恤，套上牛仔褲，就這樣去參加正式場合，很不禮貌。他們會說蘋果的賈伯斯、庫克（Tim Cook）都是這樣穿，卻沒想到人家的 T 恤可是三宅一生設計的，質料、

樣式都有考究。

我之前曾和前舊金山市長威利吃飯，他已經八十五歲，看起來卻如六十餘歲。他說兩個方法讓他年輕：一是身體和心靈活躍，一是注重穿著。

做全球人，你得先去體驗不同文化，進而包容、欣賞、融入那個文化，你就會樂在工作了。

全球化，每個年輕人都會經歷學習曲線，中間會有上有下，這時就需要堅持，成功不外堅持、毅力跟延續力。有了挫折便退出，那就是前功盡棄，交了白卷。

基本上，我也鼓勵我投資的公司的負責人要有世界觀、大氣魄，甚至是公司建築物設計都要大氣。

全球化的公民不管是自己或是公司都要設定「Mission statement」，就是有使命感。去一個國家，要有協助這個國家或地區的使命，比如摩納哥就需要永續發展的企業，我們在那裡投資再生事業，就是這個國家十分需要的。

如果只談企業發展、賺錢，全球化不一定很划算，國外生活不便，又沒有朋友，會很累人，賺到一定的財富後，你就沒有動力了。

你到一個國家，就如探險般，能夠發現當地的需要，你去協助發展，也在世界上盡一份責任。

二、我的投資人生觀

創投是個發展的工具，創業投資也不是金融業，它是個非傳統基金。傳統基金就是普通銀行，它不能投資新創事業，因為銀行只能投資穩當事業，有資產、有營業額。創投就比較有彈性，可以投資創意、未上市產品、實驗產品等。

我們當初發展創投，就是跟國際同步，跟得上美國腳步，也促成後來 1980 年代及 1990 年代的繁榮。

創投主要目的是，你投進去一家公司後，你一定要有董事席位。有這個席位，可以很快掌握到科技的信息。比方說我投資新加坡的創新科技，成為他們董事以後，我已經知道美國要發展 MP3，也知道 iTunes、iPod，別人還沒看到時，我早在兩年之前就知道！所以有這種前沿頂尖的資訊可以流通，投資夠多家，然後你平常人脈又多，可以取得第一手資料，就成為高科技資訊流通的平台。你的投資才會準、才會及時。

每個創投業者都有專精，有的人只做天使投資，有的人只做第二輪或第三輪。中經合不做天使投資，我們大部分只做第二輪，最終目的是中長期的資本獲利，這中長期有的三年、五年，甚至七年、十年。

我對某些產業裡的公司比較有耐心，例如我投資信威長達

十五年，因為我希望這家華人公司可以在 3G 標準上取得國際認可，這代表華人一百多年來首度取得電信主導權，對我來說意義重大。

戰到最後一兵一卒

我們投資最長時間的一家公司，投資了十八年，這家位於台北的公司叫永生（StemCyte），研究幹細胞，是生物科技，我覺得很有展望，是長期投資。對某些公司，我就是懷抱著打不死的精神，非要戰到最後一兵一卒，打到最後一顆子彈。

怎麼決定要不要放手，還是要看創業團隊是否都兢兢業業、盡最大努力，也要看是哪些公司跟你一起投資。

有人說我會看相，其實我主要看這個人是否能合作。太自我、太偏執的人不容易成事，公司不管人小都得團隊合作。創辦人來募資，我要看他以前是否有經驗、有創業成功的紀錄，不成功我還是會給機會，讓他解釋沒有成功的理由。

當然也有看走眼的時候。在美國我投資一家公司，創辦人拿了錢，沒有產品出來，我們要退出，他還要告我們。我衡量要請律師打這官司，不單要花錢，最重要還要花我的時間，兩方就和解了事。我們賠了一筆錢，但換來清靜，公司不會為了這個案例卡在那裡。

3P：People，Patience，Persistence

這種事在創投業比比皆是。有些新創公司剛開始要錢的時候，什麼都答應，等拿到錢以後，我們教練要他傳球，一下球不見了，人也不見了。很多都是如此，一個沒弄好，本來運著球的創辦人就不傳球了，再弄弄，球也不見了。

投資有三個 P、一個 F，第一個最重要的 P 就是 People，人。就像投資房地產最重要的就是地點。

人首重誠信，就是這個創業團隊，或是創辦人，他的為人好不好，這非常重要。他要有誠信，有了誠信，其他都好講。我們在美國看到很多案例是，許多新創公司的 CEO 我們跟他談到最後，都要把他太太找出來，就是要從多角度去做判斷。我們累積了很多經驗，人可以改變事情的發展。

人不能太自我，有些人帶來技術，聰明得不得了，但不會想到要建立一個團隊才能成功。有的人喜歡一把抓，是控制狂，打死也不放，有時還加上一個太太也抓著不放，公司會出大麻煩。

第二個 P 是 Patience，耐心。時間是朋友，不是敵人。這一行你如何贏就是靠耐心，有耐心就會釣到大魚。我小時候喜歡釣魚，一坐就是一整天，對我現在養成耐心很有幫助。若你沒耐心又判斷力不夠，根本釣不到魚。

有時你只釣到小魚，是因為你沒有耐心，看得不準，可能坐錯地方，位置不佳。

第三個 P 是 Persistence，就是堅持力。既然投資了，就盡量帶領公司發展，不要輕言放棄。

另一個要點是 Focus，專注。就像一個人在大馬路上開車，你很穩定地握住方向盤，以平常速度前進，就可以準確地到達目的地。但是很多外誘因素可以使你開車不集中精神，一下子跑到小巷子去，迷了路，或撞了車，就回不到大馬路上了。

還有很多新創事業，一下有大企業投資，都欣喜異常，其實這也不一定是好消息。大企業投資小企業，一定想要主導，就像開慣卡車的人去開小客車，猛力踩油門，胡打方向盤，亂換車道，一定會撞車。

大家都認為創投很神祕，其實沒什麼神祕，凡上軌道的公司，投資都有一套程序，譬如評估、追蹤、輔導、出場，都有原則。

前面投資其實只占後來公司結果的 5%，其他後續所提供的執行占 95%。也就是投資者和創業團隊一起做出的成果，我做創投最重要是提供附加價值，比如說要集資 10 億，那我們就會問你：「這 10 億要幹麼？」

你可能會說：「要一個新的事業，別人都沒有的，但是我很有把握。」那我們會問：「你很有把握，那團隊在哪裡？要多少預算？方向在哪裡？要到哪個國家？」最好有全球性的布局，才可能有規模地擴大。

我們擔任教練的工作，而且是教練團隊，教練不會下場打球，只在一旁指導。創業者需要有人帶技術、帶管理和行銷，我們在旁邊輔導，像打球一樣，可以左右突破，或是中間推進。

我們有一套方法論，有一個經營模式（Business Model）。你的經營模式是什麼？是中小企業還是大企業？你有什麼特性？你的產品怎麼跟別人競爭，怎麼跟別人區隔？那整個有很多因素要考量，我們有張清單，一個個跟你確認，再經過我們委員會一起腦力激盪，最後再決定要不要投資你。

出場策略（Exit strategy）也要講究，這也是有標準化的策略，一上市先賣三分之一，再等一陣子之後才又賣三分之一，有時是四分之一，要看市場狀況、世界經濟展望。

我也不怕把這些原則公諸於世，甚至很多創投公司都可以公布自己的經驗和方法，但這如同藝術，知道的人不一定學得會，學會了也不一定成功。就像人人都可以去畫畫，隨便揮上幾筆，但不一定有人買你的畫，你的畫也不一定可以成名，甚

至留世。

創投者要有基本常識——你是產業生態鏈的一環，有些人在我們領域裡面很成功，但姿態擺得很高，瞧不起人家。在創投界有很多這樣的人，時間久了就變成冷血動物。

我從中經合開始就在建立文化，要先了解對方的需求，如果被投資的公司有人進來，我們的人一定要做到一點：要先確認他的需求，考慮他的立場。

創業者找你，有時也不一定是要找資金，他們常常需要你的人脈，需要方向或其他管理等方方面面。當你花過時間去確認，你等於知己知彼了。

在中經合，我綜合歷年經驗整理出來的六條準則，奉為公司圭臬，第一條就是保持警覺，任何企業都要有風險意識。第二條積極應對，第三條主動思考，都是強調員工要主動。接著第四條執行有效，要強調執行力，不能光說不練。第五條溝通充分、第六條管理透明，鼓勵員工建立開放透明的企業環境。

三、錯過機會不足惜

有時創投者和新創者之間是八字對不對的問題，這話看起來玄，但是大部分人都相信，有人說我會看相，其實也不是看

相，而是看的人多了，會有些心得。再輔以一些研究。比如這人有沒有過往成功紀錄？還是第一次創業？你要了解他的背景、了解他家人的背景，所以我們在投資前，不單要與創辦人詳談，還要與他太太詳談，甚至子女也一道。

做創投，你錯過機會是稀鬆平常，原因如下：

（一）有的公司太快崛起。這些公司大都改變了行業規則，又是客戶極度需要的，例如Uber或Airbnb，起來得太快，來不及投。

（二）我們的疏忽。阿里巴巴，我們也沒有投，其實我很早就認識馬雲，我們投第一商務時，馬雲還在做電話簿生意。有一年，美國百人會邀請馬雲來演講，他的想法來自第一商務，但是他更精明，不單做 B to C，更做 B to B to C，就是結合中小企業賣給消費者，企業和消費者通吃。馬雲等於徹底改變了第一商務的商業模式。百人會對他讚譽有加，創辦雅虎的楊致遠會後和他談了很久，決定投資。我們一直在評估，等適當機會，後來估值就太高了，投資不划算。

（三）我自己的疏忽。有一年在西班牙開世界無線通訊會議，有人介紹 Skype 的創業者給我，要請我投資。那次會議我沒什麼心情談業務，在此之前不久，我的一位得力合夥人過世，心情總是很鬱悶。所以我跟 Skype 的創辦人說，我想想

看。一下就耽誤了，結果 Skype 上市後的股價一飛沖天，是當時他們開給我的價格的 1,300 倍。

我幾乎不往後看。所有的錯過，不管能不能彌補，人事和環境都在大幅變遷，你錯過了，就錯過了。機會無窮，錯過這一個，還有下一個。

四、認識金錢的價值

金錢是鈔票，本身有沒有價值，端看你用在什麼地方。金錢有很多無用之處，例如買不到下一代的想法，如果金錢能把下一代的代溝弭平，那多好啊！

我極憎惡用財富去衡量價值。年輕時要打拚，為家庭、為生活，當然要在乎錢，但後來發現錢不能買到很多束西，我幾次在國外生病，躺在病床上，想到我一走，怎麼辦？我不是想到自己，而是很多人靠我生活吃飯，他們怎麼辦？我多次大難不死，就是上帝要把我留在這個世界上，讓我幫助人。

我出身基層，影響了我的個性。眷村裡大家有福同享、有難同當，從小我就愛仗義行善，受我母親影響，喜歡幫助人家。我喜歡雪中送炭，不喜歡錦上添花。

所以我對於錢的價值觀是：錢的意義在於能如何回饋社

會，這不只是做慈善事業而已，是很廣的，像是如何幫助一個有抱負的年輕人組織一家公司，生產出產品；像是可以造福國家、社會，甚至人類；像是如何幫助一家企業永續經營。回饋社會就是如何去幫助社會上其他需要錢的人。錢要有效地運用。

工作當然會帶給我成就感，但不是說我賺了這些錢進來而覺得有成就。是像我做了一個很好的投資，眼光還滿準的，或是我們做教練，球隊也表現很好，然後我可以分一些給投資人，分一些給我們公司團隊，有點做老大的成就感。

我常勸年輕人，你愈努力就愈幸運。有些事表面看似上天給的機會，其實是努力工作帶來的機會，你如果比別人多努力一下，可能就比別人幸運。

機會不是白來的。你要去「Earn it」（賺來）。

這個「Earn it」的起點是要高期待，就是做事業要有大雄心。訂高目標，就會有高要求，成功機會比較高，也會有高回收。設定得高，可以看得高、站得遠，站在高處，可以望盡天涯路。

例如美國第一商務是第一家 B to B 的公司，它是要把全世界的企業連線，把供應商和客戶的每一環都用網路連接起來，規格、貨品和價格都可以在這裡完成。

另一家高期望的公司是我們投資的新加坡創新科技。剛開始，三個新加坡工程師做出聲霸卡，當時我是第一次聽到這樣的產品。1989 年有人介紹他們來找我。來訪的這個年輕人相當瘦小，但十分有野心，簡報時有一大堆產品，掃描器、滑鼠，營收來源一大堆，亂糟糟。但他一坐下來就說：「Thinking high. I want to create a new industry standard: Bigger and Better than Microsoft. Thinking Big.」（我要站在制高點上，我要創造一個產業標準，要比微軟大且好。夢想要大。）

　　創新科技不到三年就成為新加坡第一家在那斯達克上市的公司，我們獲利甚豐。後來他到蘋果去簡報，給了賈伯斯很好的靈感，蘋果的音效設施很多抄襲創新科技，創新科技告蘋果侵害專利，雙方後來以 1 億美元和解。沒有創新科技的技術，蘋果就不會有後來的 iTunes、iPod。科技的演進非常迷眩，你不知道哪個技術會帶我們到哪裡，哪個技術會大爆發，引發一連串產品革命，哪個技術影響力缺乏，就無疾而終。

　　有了高期望，執行力也很重要，例如阿里巴巴看好了方向是要做中小企業，就要有很好的執行團隊，我們管理六條準則裡有一條是有效執行。有效執行就是要注重細節，如巴菲特（Warren Buffett）所說，成功是細節的總和。

　　有些企業認為應該不惜代價快速達到成功，一些小事不必

糾結，殊不知一些大事正是被這些細節上的疏失影響，最終導致整件事情的失敗，公司也功虧一簣，所有努力付諸東流。企業發展獲得大成功的背後，是在每個環節的每個細微末節積累細節的成功，只有積累足夠多的細微之處的成功，才能夠讓企業獲得更大的成功。

魔鬼都藏在細節裡，有時你稍一不注意，可能就出了狀況，很容易漏洞百出。

五、酒的文化力量

酒的文化深植在東西方文化裡，酒也是一種時尚，你看，時裝秀、奧斯卡典禮、藝術活動，這些場合絕對有酒，各式雞尾酒、紅白葡萄酒等，琳琅滿目。

中國人喜歡喝濃烈白酒，是不同的文化，乾了，表示兄弟情。

我還是喜歡喝葡萄酒，微醺的滋味最美。一個人獨飲是自我對話與療癒的美好時刻，三、四個朋友一起喝，談話會貼心很多。

當年紀來到中年或熟齡階段，「酒」已不同於年輕時豪放的飲酒作樂，而是為生活增添風味。

我研究酒，和我研究投資案一樣認真。很久以前，我剛出道時，星期天我喜歡開兩個小時的車從舊金山到沙加緬度（加州首府），那裡一家購物中心有專為白宮選酒的店家，老闆告訴我很多品酒的知識，我非常感激他。我年輕時曾下一番工夫去研究白酒、紅酒。

　　1989 年我到過德國一家酒莊，它位於亞爾薩斯－洛林（Alsacc-Lorraine）的 一個小鎮，就是德‧法邊境的一個小鎮。我們讀過法國小說家阿爾豐斯‧都德（Alphonse Daudet）的作品《最後一課》，場景就是在亞爾薩斯的一個村莊裡。當時法蘭西在普法戰爭中失利，亞爾薩斯和洛林被劃歸德意志帝國。德意志帝國禁止該地區的學校教授法語，轉而要求教授德語。

　　我在那裡住了十天，這個叫做洛奇（Lorch）的小鎮是德國萊茵高地最西邊的葡萄酒莊，靠近萊茵河和那赫河的交會處。它從一千多年前就開始種植葡萄、釀葡萄酒。

　　我也去過法國干邑白蘭地酒莊，學到很多知識。中法科技會議請我去講如何與中國人做生意，招待我去住法國的河上旅館，吃飯時就從河邊釣河鰻上來，馬上烹煮，魚肉細緻而沒有腥味。

　　到過酒莊，懂得酒的文化，看到他們對葡萄的細心栽

植、裝桶、空氣溫度要調得剛好，裝酒的橡木桶擺放位置都有講究，就知道釀酒人的苦心，葡萄酒莊都很美，裡面有如人間仙境，一面學習，一面享受，是我最快樂的時光。

我還幫助德國酒商賣過酒。1985 年，台灣走向國際化，鼓勵進口，紅白酒開始進口台灣，但那時進口最多的是加州基督兄弟（Christian Brothers）這個牌子的酒，品質不怎麼好，美國人都是用來做菜的。德國白酒品質很高，但就是在台灣賣不動。德國酒商找上我，要我當他們的顧問。

我說，華人都喜歡紅色和金色，代表喜氣，你們可以改用金色包裝，上面用紅封，再加上一些穗穗，裝在裡層鋪上紅絨布的木盒子，盒子外面加一把鎖，看起來就會很高貴。果然他們改了包裝，一舉在台灣賣了 2.5 萬瓶，大發利市。可見包裝有多重要。後來其他德國酒廠也學這種紅色、金色包裝，也賣得很好，這種包裝法沿用至今。

第 15 章

妻子兒女
—— 成功的背後

雖然他們聚少離多，但妻子兒女讓他的海外征戰
有了力量和意義，隨著時日遷移，他們的凝聚力
日形堅固。

「成功男人的背後，總有一個默默支持他的女人。」這句話再普通不過，但就因為是很容易驗證的道理，因此常常被使用。

用在劉宇環生平，恰當不過。他的妻子項紅薇沒有顯赫頭銜，沒有顯赫事業，沒有影響力，但她成就了劉宇環，也成就了兒女。

如以漣漪效應來看，劉宇環在海峽兩岸成就了多家企業、多種產業，也是因為背後有穩定的力量——家庭。當年許多新創企業之所以成功，其實都該感謝劉夫人。

項紅薇 —— 支撐劉宇環的力量

穠纖合度、面容姣好的項紅薇，年輕時曾選過中國小姐，1970 年代到美國後，經人介紹劉宇環，兩人一見鍾情，不久就結婚。在朋友眼裡，他們可謂郎才女貌，完全是天造地設的一對佳人。

畢業後，劉宇環任職顧問公司，為名牌 FILA 做了顧問，項紅薇也到百貨公司任會計，花園洋房、兩輛車、一子一女，恰如《詩經》所說：「結髮為夫妻，恩愛兩相好。生男與育女，所期在偕老。」

但是劉宇環擋不住家國的召喚，決心往深水區——創投走去，從此也改變了紅薇的生活，大部分時間都必須母代父職。創業維艱，劉宇環忙得分身乏術，紅薇全時上班之餘，還得照顧兩個孩子，幸好紅薇母親住他們家可以分勞。一直到劉宏祥上高中，紅薇退休了，肩上的重擔才鬆了鬆。

　　那年代，沒有 LINE、WeChat，沒有 e-mail，國際電話更是有一搭沒一搭，劉宇環一出去至少一個月，回來一個星期後，又開始他的長征天涯，期間，只能靠尺素書（寫信）和國際電話來溝通。緊急事件都得紅薇來做主。

　　「她總是把家打理得乾乾淨淨，小孩教得很好，」劉宇環說，「我在外面很忙，如果回家到處亂糟糟，小孩有問題，那家就垮掉了。」

　　若沒有了家，便也失去了背後動力，頻上戰場的男人更不知為何而戰了。

　　現在女兒、兒子都已成家立業。兒子在中經合集團任職，有自己的團隊。女兒在花旗私人銀行擔任全球總裁，是花旗裡最高職位的女性，更是極少數華人女性擠進美國金融圈高階主管的代表人物。

　　但一路走來，太不容易了。紅薇為母則強，小孩上下學都要接送，更別提孩子參加的那許多課外活動，學鋼琴、游

泳、網球等，也都是紅薇做司機。兒子個性強，先生個性更強，紅薇得居中協調。劉宇環喜歡請客人到家裡吃飯，雖然有幫手，紅薇還得裡裡外外打點，一點都不能放鬆。

紅薇對孩子總是鼓勵，女兒、兒子都是心肝寶貝。女兒劉宏敏雖然生長在美國，至今能夠講不錯的中文，也要歸功於母親。宏敏讀衛斯理女子學院大一時修中文，靠母親每天在電話那頭一字一句教，一年下來，已經能寫十幾篇中文作文。

兒女長大了要去紐約、要去台灣發展，紅薇也都任其飛翔，只一心守著位於柏克萊山崗的家，讓家人總有個溫暖的家可以回去。

「這一路走來，她一路相陪，我衷心感念她，也是神的恩典。」劉宇環放低了聲音，展現了鐵漢柔情。

劉宏敏 —— 父親的禮物

妻子是支撐劉宇環的力量，兒女當然也是。無論在外拚搏多麼疲憊，想到那張為子女擘劃的藍圖，再累也要挺過來，為了給家人更好的生活願景。

2021 年被花旗銀行任命為花旗私人銀行全球總裁的劉宏敏，從小就盼望父親回家，雖然劉宇環一個月裡有三個星

期都在外面出差，但他人在家的那一個星期裡，盡量陪著小孩。「他一定帶禮物給我們，很多次我的禮物都有雙份，例如 TEDDY BEAR 的 T 恤，為一個家境不好的同學多買一份。」劉宏敏說。

在劉宏敏眼裡，父親是名樂觀主義者，看水一半滿，總是覺得「只要再一半就滿了」，而不是「一半是空」的悲觀，「他白手成家，不是憑空而起，一定遇到很多挫折，這個禮物其實是父親送我最好的禮物，永遠保持樂觀。」她說。

她，劉宏敏，從小就是個好學生，典型的亞洲學生，彈鋼琴、拿第一名。宏敏的數學尤其好，到了高一，學校裡已經沒有她可修的數學課了，得去柏克萊大學修微積分。

長大後，在職場上，劉宏敏一樣頂尖。但這份頂尖，是她用承襲自父親的拚搏精神換來的。宏敏的工作橫跨世界各國五、六個時區，通常都是早上五點就開始 Zoom 會議，直到晚上。至少在剛升遷時都得如此，她必須盡快熟悉自己的團隊。

宏敏也向來認為人一定要走出自己的舒適區。她一直都很害怕公眾演講，一有類似場合就會很緊張，幸運的是，在高中時遇到一位老師，可說是位伯樂，幫助她解決了這個大問題。

老師說她投射自己很好（就是給人的印象很好），但是必須制定自己的策略，例如分析、理論都很好，但是聲調及手勢

就必須加強。同時也將優缺點指出來，讓她在優點上繼續發揮，並改進缺點。這不但給了宏敏信心，也讓她得以自我校正。這是多麼好的成長機會，宏敏突破了自我。現在若需要在公眾面前演講，事前她還是會緊張，但一上台就沉穩下來了。不斷地演練，就可以克服自己的弱點。

在美國亞太月，劉宏敏參加了許多場座談會，她很感謝父親從小給予的教育：走出舒適區，以及事在人為的態度。母親則付出了無盡的愛，讓她在成長過程裡沒有缺憾，「就像在疫情前我也常常必須因公出差，我也會讓女兒了解，她並不缺乏愛。」

劉宏敏認為她的父親劉宇環對人有種特殊的熱情，只要他在場，就會連結所有的人。他樂於其中，是個超級外向者，早餐、中餐、晚餐和大家一起吃都樂此不疲，朋友到舊金山，也一定盡情招待。

她還記得自己和父親一起參加世界經濟論壇，外面風雪皚皚，他出去買瑞士巧克力，自己提到旅館裡及會場，分給服務他的人，還到劉宏敏參加的會場分給大家。到今天很多人還會記得，這不只是禮物，而是劉宇環的心意。

相較於「玻璃天花板」（Glass ceiling，指對女性及少數族裔設下限制），美國社會現在覺得以「竹子天花板」（Bamboo ceiling，亞洲盛產竹子）來形容亞裔女性所遭遇的困境會更貼切。因此劉宇環常鼓勵女兒一定要發揮自己的潛力，「亞裔總是太謙虛，我們總等著別人給機會，但世界競爭激烈，你不去爭取，別人早就爭取走了。」

另外亞裔擅長在單項競爭中獲勝，例如彈鋼琴、打網球、考試等，但很少致力於團隊競賽，例如足球賽、籃球賽等。然而在現今企業界，大家注重的是團隊合作，任何人都不能單獨成事。

談及團隊的建立，劉宏敏有三種做法：

一、只有團隊好，自己才能好，主管的任務是建立優秀團
　　隊，而不是凸顯自己。

二、既是教練，也是選手，因此主管不能只在場邊指
　　揮。她全球團隊一共有 6,500 人，其中有 500 位主
　　管，每位主管劉宏敏都記得他們的名字以及他們配偶
　　的名字，有時連他們家寵物的名字也都記得。他們有
　　問題，劉宏敏捲起袖子和他們一起解決問題，與他們
　　一起和客戶開會，直到客戶滿意為止。

三、傾心聽：聽部屬、聽上司、聽客戶，不僅聽他們講的
　　話，也要聽他們的心。

虎父無犬女，從父親的言教身教中，劉宏敏耳濡目染了與

人互動的方式，不僅以溫暖、誠懇的態度對待團隊裡的每一個人，也重視每一個人的感覺。

劉宏祥 —— 第二代想走出自己的路

身為中經合集團合夥人的劉宏祥，隨著年歲漸長，愈加欽佩自己的父親劉宇環，「他對工作的熱愛、對投資人的盡心，以及聰慧，尤其深諳投資和退出的時機，在在都令我佩服，也是我的模範。」

他提及自己小時候，父親經常在各國之間奔走、擴展投資，家裡都仰賴母親打理。起初父親的公司篳路藍縷，母親還要全職上班，擔任會計師，又得照顧兩個孩子。

「我真的很欽佩母親的母代父職，所以我盡量不讓她為我擔心。」他說，「從小，我們住的地方幾乎都是白人，那時美國的風氣不如現今開放，會受到歧視，父親不在家，母親很忙，我盡量不講，還是照常和鄰居及同學交往。」

小時候，劉宏祥覺得父親太權威了。同學來家裡玩，叫他Peter，他會生氣，覺得這群孩子沒大沒小，把他們趕出去。孩子們在外頭討論後，進屋裡乖乖叫了 Uncle Peter，他才讓孩子們進屋。「我覺得很沒面子，暗暗生氣。」心直口快的他說。

劉宇環雖然見多識廣，到處都有投資，卻是很傳統的中國男人，兒子一定要管教，而且要出人頭地，為家裡爭光。做得不好，他自然會責備；做得好，會說為什麼沒有更好。例如劉宏祥得到加州大學校際的網球比賽亞軍，他就說為什麼拿不到第一名。

「其實我覺得自己網球打得很好，我在高中時就利用暑假做網球教練，一個月拿 2,000 美元，教一個月後，我就拿著錢遊山玩水。」他說，「我從小就比較叛逆，我姊姊比較聽爸爸的話，不會直接和爸爸頂撞，而且比較有企圖心，願意走企業管道，一步步往上爬升。」

劉宏祥上大學時，父親一定要他讀商，他順從了，但畢業後不喜歡走美國名校畢業生職涯管道。他畢業於美國聖地牙哥大學，讀的是金融與行銷專業，大學畢業後就到銀行工作，接著到中國開展自己的人生。他去讀了上海交通大學的 MBA，還開創了幾家公司。

在加入中經合之前，劉宏祥在加州矽谷銀行參與管理 1 億美元的投資資金，主要為早期生命科學和科技領域的公司提供風險投資，以及提供融資結構的諮詢，也在中國大陸多家網路公司擔任總監，「做為第二代，我盡量不要活在父親的陰影裡。」

他在中經合管理阿里巴巴台灣創業者基金，也有自己的團隊。劉宇環對待他和普通員工一樣，甚至嚴格很多，他們也會在會議上產生爭執，但都是為公司。

「吵完了，有時覺得是他對，有時覺得是我對，如果兩人能相互包容一下就比較好。」劉宏祥說，「現在我也有了孩子，知道父親的為難處，他當初堅持中國的價值觀，其實是有道理的，是為了訓練我有紀律、有上進心，因為西方價值觀太自由，容易讓人失去方向。」

逐漸能體會父親苦心的劉宏祥，希望靠自己的肩膀，撐起屬於自己的未來。

第 16 章

朋友眼中的劉宇環

台灣篇

朱嘉勵

退役將軍,國防部駐美國防採購組組長、採購局副局長,劉宇環自小在一起的朋友。

我很幸運,從小學三年級認識了宇環,至今已一甲子,而仍常有機會互動,全因他的熱情和念舊,這種朋友,相信是每個人都希望擁有的。

小學時,他就是個熱心又熱情的人,經常邀朋引伴去他家,或出外遊玩,而且常是由他請客。在那個什麼都缺的年代,他竟然願意大方和朋友分享並不豐富的有限,我覺得他完全就是劉伯伯和劉媽媽的翻版,因為我也經常被這兩位長輩熱情招呼和照顧。

我們一起考入省立嘉義中學,不在同一班,可每天中午都聚在一起,在烈日下,一面吃便當,一面輪番打籃球鬥牛,

三年上學時光，天天如此，現在想來，竟然沒有一個得盲腸炎！

上高中時，因搬家台北，和宇環就斷了連絡。很奇妙的是，我進了軍校，他赴美讀書，當時並沒有太多可供連絡的工具，我們竟然斷斷續續，總會接上線。在失聯相當一段時間後，有一天我在中山北路走過老爺酒店，竟然看到他坐在窗口！

1982 年我和家人到舊金山，他熱情接待我們住到他家，並親自開車帶我們觀光市區，還到他當時的公司去參觀。一個空軍子弟，白手起家，短短十餘年，已能在舊金山鬧區擁有頗具規模的公司和產品展示間，品牌熱銷全美各地，還供不應求，我看到了他經營事業的天分，和極大投入的熱情。

1984 年，他的事業遭到合作夥伴的影響而挫折，他到華府來，我陪他到各個有名景點和博物館走走，那時我看到他不但不因挫折而喪志，反而開始把眼界拓寬，不再局限於原來的框架之中了。果然，歷經近四十年的努力，他在許多不同領域，都創造了不凡的成就。

宇環講義氣，重原則，樂於助人，且很念舊，相信是所有認識他的人都同意的！他是我們這一代人的榜樣，也是後輩們的標竿！衷心祝福宇環！

吳東進

新光金控董事長。

　　我很早就認得 Peter，但是真正深入結緣是 1989 年的 4
月，當時國內創投正值起飛時期，我負責的公司投資了不少創
投，有一天 Peter 來拜訪我，帶著一個跨越美亞二洲、兩岸三
地的提案。當時我一看就直覺地知道是個好項目，於是我請我
的團隊深入分析，做出的結論也是大家所見雷同，當下我們決
定投資，而事後也獲得卓著的投資績效。團隊對 Peter 有信心
之後，我們陸續又投了幾個中經合推出的創投基金。從此與中
經合建立良好的投資關係並延續至今。

　　Peter 個性熱情豪邁，聲音宏亮，平時穿著極具品味，蓋
凡眼鏡、髮型皆潮。他從嘉義中學畢業，所以台語也通，常年
居住在全球的科技重鎮舊金山矽谷且在北京政商關係良好，
並頻繁往返台北。他回台期間常來找我聊天，暢談往返舊金
山、台北、北京的所見所聞，蓋凡科技最新趨勢、經濟動向及
兩岸經濟互動，他往往卓見先知，見解獨到，這應該歸功於他
常年當空中飛人，往返全球各大都市，且在各地廣結人緣。

　　Peter 洞察全球科技發展趨勢，以及掌握精準投資時機的
能力，特別令我欽佩。若遇到好的投資標的及機會，他也極力

引介不吝分享。我的投資團隊就常說：「中經合的投資組合標的，最值得分析關注。」因此，我和 Peter 經常交換意見，相談甚歡。不可否認，我從 Peter 身上獲益良多。

李開復

美中台科技界名人，多年來鼓吹 AI 對企業、職場及社會的影響，現任創新工場董事長及執行長。曾於蘋果公司、矽谷圖形公司、微軟及 Google 等企業擔任重要職位。

Peter 是個雪中送炭的人，我離開 Google，自行創業，前景未明，中經合是第一個投資我的機構投資者。

原本我不懂創投，但是 Peter 從科技的角度，一步步講給我聽，技術改變未來，VC 就是投資技術，所以創投使技術商業化，大家都能享受到。

認識 Peter 後，他特別照顧我們這些弟弟妹妹，他請我們吃飯、送我們禮物，一直保持著很好的連繫。然後他引介我進入美國華裔頂尖高層組織的百人會演講，後來我做到百人會中國委員會主席，不單我增廣見識，而且接觸到頂尖華人，有著「有為者亦若是」的抱負。

他喜歡分享，而且是有意義的分享，例如他分享人脈，而且是你需要的人脈，很多人都不願意分享人脈，因為人脈是最寶貴的。慷慨往往是天生的，同理心也是天生的。他很能設身處地知道我需要什麼幫助，然後就會介紹最好的人給我。

他比我大十幾歲，如老大哥，不單傳專業經驗給我，更傳人生智慧給我。就像 Peter 一直在幫助別人實現夢想，我開創新工場，同樣也是希望幫助年輕人實現他們的夢想。

李鎮樟

曾任中經合副董事長，現任親愛音樂文化基金會董事長，親愛音樂藝術實驗學校董事長。

遇到 Peter 是一趟奇幻之旅。1993 年剛從美國回到台灣工研院發展網路技術，跟幾位宏碁負責 Marcom（Marketing Communication，行銷企畫）的好友見證了網路媒體時代的來臨，也協助他們創設摩奇創意（MagicMedia），是台灣早期網路媒體的先鋒。

當時大部分人都還不懂網路的重要性，沒想到中經合早就在留意網路媒體的趨勢，約了我們探討合作機會。那是我第一

次見到 Peter。後來，我接受 Peter 邀請加入中經合，擔任副董事長。

Peter 要求團隊有很好的紀律，他也以身作則。他在台北的時候喜歡找朋友跟幹部清晨登山，一方面健身，一方面空氣清新、思路清晰，是規畫事情最好的時候。我就在幾次清晨跟著他登象山的時候，發現有喘不過氣的現象，Peter 催促我快給醫生檢查，結果發現非常嚴重的心臟冠狀動脈阻塞，及時救回了一條命。所以我說 Peter 是我的救命恩人。

我從 Peter 身上學到許多為人處事的態度與方法。他喜歡做公益，記得 2007 年他曾號召創投界共同捐了一筆巨款，贊助李連杰創設的壹基金。他也鼓勵我協助參與各種公益團體。

我在 2010 年回到台灣後，有一次開車到奧萬大的親愛部落，聽到山裡頭傳來小提琴的聲音，因而認識兩位偉人的老師。他們教全校小孩拉提琴、製作提琴，還參加過維也納世界比賽得到冠軍。

我試著學習 Peter 的精神，從旁協助兩位老師，讓音樂改變這一群原住民孩子，希望他們成為社會上有用的人。後來還成立了親愛音樂文化基金會和親愛音樂藝術實驗學校。Peter 不僅是我的救命恩人，更是我的良師益友。

李羅權

中研院院士，台灣大學物理系畢業，美國加州理工學院博士，曾任教及研究於美國太空總署、馬里蘭大學、阿拉斯加大學等地，回台灣後，曾任成大理學院院長、中央大學校長、國科會主委。1997 年起兼任國家人空計畫室首席科學家，帶領國內太空團隊，為推動世界級的台灣太空科學研究而努力，也是台灣建立世界級科學衛星體系的關鍵人物。

　　自從幾年前對 Peter 說了我對核融合發電的研究成果，他就積極尋求各種資金技術支援。在大環境看來，這是拯救世界的研究，讓我們在清潔能源方面，除了太陽能和風電，有另外一個選擇。他是我的伯樂，能讓我的理想實踐。

　　最難得的是他對合作夥伴禮遇而體貼，2021 年他鼓勵我和另外一位華裔科學家黃耀輝在摩納哥見面。到了那裡，我們依約踏入一家中國餐館，沒想到 Peter 已經幫我們點好了菜，還幫我們準備一大瓶上好葡萄酒。這樣省了我們很多工夫，在異鄉享受一頓中國美食，實在很難得。

　　更體貼的是，在我出發前，他請祕書買了很多伴手禮，因為我們在當地要見一些重要人士，空著手去不好，他就預先幫我們準備了。

我對核融合發電很有信心。將來研發成功，商業化沒有問題。過去五年，我很高興與他合作，未來也期待與他合作。

周神安
曾任世界第一大數據機公司致福副董事長，現任 Good TV 榮譽董事長。

Peter 一直是我最敬重的好朋友，理由很簡單，他待人很誠懇又熱情，這是大家公認的。他一直很樂於分享，很多珍貴的朋友都是他介紹給我的，很多山珍海味也都是他送的，像他這樣慷慨、所有資源都肯分享的朋友，世上難尋。

初期他投資致福又當我們公司的董事，那時我們剛進資本市場，舉凡募資股價訂定、海外發行公司債，都給予我們很好的指導，有很大的貢獻。他持續協助發掘致福潛力及開發公司價值，使股價提升不少。

他是一位非常有度量的人，重情重義，並且具有國際觀，在創投業最有眼光。在太平洋兩岸三地，論人脈、論關係，其影響力，至少我還沒看到比他強的。

Peter 成功因素很多，但擁有非常願意幫助別人的人生觀

與價值觀是一個關鍵，因此他的朋友很多，上自國際領袖、大企業的老闆，下至公司小職員。我是基督徒，篤信《聖經》裡的「你若要人家如何對待你，你就應該如何對待人家」，Peter願意幫助人家，人家也會幫助他。

苑舉正

台灣大學哲學系教授。

我認識 Peter 不久，但一見如故，愈交往愈深刻，感覺好像我們老早就應該認識一樣。

第一次與 Peter 的見面有點戲劇性。那時我「有眼不識泰山」，聽到台大物理系同事張慶瑞校長說，介紹一位投資大師約我吃飯，我就應約了。我是哲學家，自認與投資無緣，所以沒有特別在意，逕自赴約，連名片都沒帶。遇見 Peter 後，發覺此人不凡，兩眼炯炯有神，言辭犀利，卻又能夠談笑風生，真是「望之儼然，即之也溫，聽其言也厲」。

受到 Peter 不凡氣勢的影響，我連忙回到近在咫尺的辦公室拿了名片，交換名片之後，我才知道 Peter 是中經合集團的董事長。當時我看到名片上寫，這是一家投資公司，並不知道

中經合大名鼎鼎。席間我聽 Peter 談及他的經歷，只覺得他閱歷異常豐富，另外讓我印象很深刻的地方是他提到了非常多可以載入史冊的人物。

我因此對於 Peter 有了興趣，想要進一步了解，於是我做了一些功課；這一做不得了。我發現了 Peter 是知名愛國華僑，是國際風險投資家，是最早一批將風投理念和實踐帶到台灣與中國的人。他以美商的身分，被譽為中國的四大投資天王之一。他不但是知名的美國華裔百人會的成員，還是唯一的父女雙雙入會，成為美國華裔之光。

我看了這些資料之後驚訝不已，後來又有幾次與 Peter 相聚時，再配合他那爽朗的個性以及言談的內容，想到雖然我對 Peter 的認識不久，但深深覺得在天時、地利、人和這三方面，Peter 都充分地發揮，成為成功的投資人。

首先，天時指的就是台灣的經濟發展與中國的改革開放的時機。其次，地利講的就是 Peter 從美國引進科技到台灣與大陸，配合上日本、新加坡，多個地區的優勢，進行投資。最後，人和就是 Peter 那極具領袖魅力的性格。

某天吃飯，有人說要用簡單的話語來描述 Peter 的優點，張教授立即用「熱誠與分享」做為代表。我對於這兩點完全同意之外，還要加上「精準與愛國」這兩項優點。「精準」是做

為一個投資人必備的能力。從各項投資的資歷與成果看得出來，Peter 的眼光不但精準而且獨到。

　　他的愛國心也不遑多讓，並且是發自內心。台灣是他成長的地方，美國是他發展的處所，而中國當年之積弱不振，是他內心之痛。因此，他引進投資項目以科技為主，甚至在台灣與中國經濟發展初期，大力地介紹科技產業投資，目的就是發展國家科技，強化民間科技思維。

　　這些成就讓我深深地感覺，Peter 極為愛國，這或許與他做為一名空軍子弟的情懷有關。從他的所言所行中，可以察覺他的所作所為，完全一致。Peter 能夠寓投資於科技發展，並且力求改善他所熱愛的根，讓人佩服不已。

　　Peter 做為一名成功的愛國商人，不但利人利己，又能夠一展長才，貢獻自己的能力，大力推廣中國人地區的科技，堪稱典範人物，是我們後生晚輩應當學習的榜樣。Peter 是我們這個時代的標竿！

范瑞穎

福臨文化藝術基金會董事長，台灣電信界先鋒，曾為台灣大哥大總經理，當時是台灣最年輕的電信業總經理，也曾任香港和

記電訊高階經理人。

Peter 對自己想做的事不僅懷有熱情，更能轉化成出色的執行力。他謙和且真誠待人的風格，也持續感動著周遭的人。

我與 Peter 認識已有三十五年，看著他締造了傑出的職業生涯：從貿易、專業基金管理，到建立自己的創業投資事業，都將他的個人特質——熱情、執行力、真誠待人——做了最好的連結。

人脈的建立是商業關係中最複雜的挑戰，而 Peter 無疑是我在創投業或是朋友圈中能夠將此關係經營運作到完美的人之一。他開創事業的成就遠遠超越帳面資本投報率，正因為他將建立人際連繫的藝術提升到了一個完全不同的境界，相信這正是他取得眾多成就的關鍵之一。

徐小波

宇智顧問股份有限公司董事長，時代基金會創會董事長。

1970 年代，台灣經濟奇蹟如火如荼地展開，但此榮景的背後，隱藏著產業經濟命脈過度依賴廉價勤奮勞工的隱憂。政

府希望找出將產業結構轉向以資本及科技密集發展的方法，以保有台灣的競爭優勢。李國鼎、徐立德等有遠見的人，看到「創投」值得發展，於是選派先鋒軍到美國學習及考察創投經驗，回台成立「創業投資專案小組」積極研擬法規、配套研究、建立創投機制相關實務問題。

當時台灣不乏具有創業精神的人士，但與國際市場連結的創投並無先例可循。非常慶幸的是，有群勇夫離開原先服務的公司，提出創新的理念，尋找創投基金，劉宇環是其中一位，且鍥而不捨，直到今天仍在經營創投，還創立國際聞名的中經合集團。

劉宇環為人熱情，並具有宏觀的國際視野，他成功地將創投事業推進到國際市場。他的投資眼光精準獨到，重視投資人的權利和報酬，投資人總能得到詳盡的報告及相關資訊。他重視公司治理，將科技結合營運模式，與我在宇智 2.0 推動的創新科技整合創新營運模式不謀而合。期望宇環老友繼續努力打拚，與同道人士共同將台灣的經濟發展帶入嶄新的境界。

徐爵民

台灣大學電機系學士、碩士，美國加州大學柏克萊分校電機工

程與電腦科學系博士。歷任工研院所長、院長及科技部長。

2015 年我們審核核融合研究經費，看到這個專案由院士李羅權負責，中經合負責找投資人，經過委員會同意，即撥了研究經費補助。因此劉宇環董事長堅持將來商品化要在台灣，我為他的飲水思源非常欽佩。

他有國際觀，也有未來觀，更了解台灣，因此他扮演這項專案的關鍵人，會對台灣的未來大有助益。他的其他投資也對台灣有很大助益，例如廢物回收的小智，和乳癌的精準醫療公司，也投資台灣的獨角獸 —— 沛星互動科技（Appier，已在日本上市）。

他有大局觀，也非常仔細，對人熱情，也細心觀察人，這是難得的組合，所謂「天地有正氣」，是可以沿用在他身上的。你看他發言討論、和人握手，都是很能震撼人，這就是正氣，而且是以溫暖的方式表達。

烏元俊

華航退休機師，劉宇環自小朋友，同住嘉義白川町眷村多年。

我們是從穿開襠褲就在一起，到現在，應該已七十多年，他從小聰明俊美，大家都喜歡他，但是他沒有被寵壞，書讀得好，而且勤奮，一生養成早起習慣。

　　對於時事，他洞察力強，見識廣博，卻思路清晰，深具投資判斷力。

　　劉、烏兩家世交，兩位父執輩都是少小離家，同經戰亂，有深厚的情誼，有如家人。

　　劉伯伯英勇過人，曾經空戰，九死一生，前額碎裂，仁厚之家，大難不死，必有後福。

　　劉媽媽出身名門，從事教育，作育英才無數，教育子女有方，個個品學兼優，均為社會菁英，並且虔誠信佛，家中設有淨雅佛堂，早晚禮佛，笑容滿面，人緣極佳。

　　宇環極有孝心，不但生前盡孝道，所有父母叮嚀吩咐之事，無不貫徹執行，實踐到如今。對父執輩，他勤於探望，我父親在世的最後六年，他常帶我父親出去吃東西，聚餐，還請人來家裡按摩，讓我父親安度晚年，對朋友，念舊重義，孤、寡、殘、窮的都從宇環那裡得到長年實質資助。

　　很高興有這位超過七十年的朋友。

張慶瑞

台大物理系教授。

　　實在不記得第一次是怎麼遇見 Peter，Peter 是華人創投界的教父級人物，與我在學術界的活動相重疊的機會不大。應該是趙天星董事長，趙董與 Peter 多年老友，或許因此接觸而認識。從去年 COVID-19 台灣半封城之後便頻繁與 Peter 碰面。

　　核融合是開始頻繁接觸的催化劑，聽到 Peter 已經投資核融合多年，頗令我驚訝，在一次非正式談話中，我回說核融合雖是能源的聖杯，但冷核融合的失敗讓所有投資者更謹慎，至少要有能量增加與長時間營運的證明。

　　Peter 給我的感覺很不一樣，對影響人類未來的新科技充滿熱情與願景，不是瘋子就是大才。後來經常接觸後，讓我更佩服 Peter 戰略擘劃的宏觀思維與國際關係的廣泛觸角，是從困局中創新局、可以將死棋做活的真正布局者。

　　Peter 的興趣是全面性，更重要的是有熱誠，願意花時間了解複雜事務而且能快速掌握其中奧妙。對朋友熱情，喜歡分享，有美食一定推薦。值得一提的是有次與他見面，突然拉我去理髮，後來朋友都說我明顯變年輕了。Peter 雖然忙碌，也非常注重家庭，常收到他寄來相關報導，子女成就確實非

凡，的確是父母驕傲。

　　與 Peter 雖然認識時間不長，卻像多年契合，最近 Peter 遇到我，常說要做我的伯樂，可惜相遇恨晚，老驥伏櫪已久，且純粹經商非我所長。

　　最近有個朋友發送網路影片給我，裡面提到改革開放後，中國大陸的科技產業快速前進的主因不在科技本身，而是因為風險創投的協助，最有貢獻者之一就是 Peter。上星期與 Peter 晚餐時，有人要我用幾個字形容 Peter，我用了「熱誠與分享」。就像他投資的新創公司「聚界」，凝聚世界力量，聚集朋友界面，在 Peter 四周就像在「聚界」的熱源附近，不斷感受到他分享的能量與真誠。希望 Peter 能永遠保持「熱誠與分享」，讓世界變得更溫暖與美好。

張寶琴

聯合文學創辦人，聯合報創辦人王惕吾的長媳。

　　中經合集團董事長劉宇環的父親劉寶麟是空軍飛將軍，在抗日戰爭期間，曾駕戰機驅逐日機，為獨子取名「宇環」，一定是期許獨子長大成人後能「宇宙環遊」。

宇環不負父望，1985 年加入創業投資行業後，三十多年來往返於舊金山、台北、紐約、波士頓、亞洲、美洲、歐洲之間，飛行次數超過 1,000 次，過去這二、三十年，不曾在一個城市停留 10 天以上。這成就和累積了豐富的人脈關係與精準的投資眼光，使宇環成為創投業的先驅領導人物。

　　2020 年 COVID-19 疫情爆發，全球各地鎖國封城，宇環被鎖在台灣，一下子待了一年。但這一年中也沒閒著，在台灣各地探訪新創研發者，呼朋喚友做創投簡報，拜訪嘉義鄉親、老友同學，尋訪幼時小吃美點，對自己成長的台灣充滿愛意、關懷和照顧。

　　我應邀參加「中經合集團」創投簡報，介紹 AI AR/VR、數位產業升級（Digital Transformation）、量子電腦（Quantumcomputing）、區塊鏈（Blockchain）、清潔能源（Clean Energy）、機器人（Robotics）、永續（Sustainability）、醫療產業（Health care）、基因編輯（Gene Editing）及電信媒體通訊（TMT）等，真是大開眼界，為我打開一扇全新的知識之窗。

　　不料防疫模範生的台灣，突然宣布自 2021 年 5 月 15 日起進入防疫警戒第三級，他回到柏克萊，我也到灣區看我女兒及外孫子女們。

在灣區，他沒有司機，得親自開車，親自採購特級白桃，親自送到我住的旅館，安排聚會、行程等雜事也都親自出馬。想到他在台北時，這一切都有助理、司機等處理，我調侃地表示：「大將軍怎麼做起勤務兵的事了，真不好意思！辛苦了！感謝！」

　　宇環及舊金山中經合的同事們也都覺得這個封號很適合，「大將軍」就成了宇環的代名了。

　　「大將軍」常說：「你請我吃一次飯，我要回請你三次」、「Life is all about sharing」（生活就是要分享）、「緣分、過程、分享」、「Keep it simple strategy (KISS)」（保持簡單）、「Success is the sum of details」（成功是基於做好每個細節）。相信很多朋友都經歷分享他的情誼。

陳五福

1990 年代，因應美國科技業發展，陳五福成立多家公司皆被企業收購或成功上市，2014 年後將重心轉回台灣，成立橡子園顧問有限公司，曾被《富比士》選為全美國百大創投家，素有「矽谷創業之神」美譽。

我投了 Peter 第一個資金，成果很好，也開始了我們的合作之路。

我認為創投應該改名為投創，就是投資者和創業者是一種夥伴關係，投資者不單只是投資公司而已，還要協助這家公司成長茁壯。Peter 對投資的公司就認為自己有這個義務和責任。

這個過程必須走五至十年，台灣創投一般都太短視，只想把這家公司帶上市，賺了錢，就想離開。創業需要投資。而投資除了要有教育角色，還需要有經驗的創業人「帶著做」，接著才是創業投資、監督的角色。

台灣始終沒有培養出獨角獸來，這有很複雜的因素，雖然和政府政策有關，但是我認為有一個很大的問題是，台灣上市上櫃門檻都太低，造成良莠不齊。那斯達克上市門檻很嚴，上市後更嚴格，有很多法令及社會責任來規範，要保持上市的位置，需要很多人力和資金。

台灣創業風氣很盛，科技創業創新也頗有局面，簡直如百花齊放，很多年輕人勇氣可嘉，但還是應該多受訓練。例如寫創業計畫書有一定規則，很多創投一天可能看數十份企畫書，如果不照標準格式走，人家連看都不會看。美國矽谷的創投能成規模，就是靠系統化的做法，例如紅杉資本，管理組織自有一套做法。

5G 已成為科技產業成長的主要驅動力，以前的 3G 時代，台灣市場不夠成熟，沒有立足之地，但 5G 不一樣，原因在於，台灣產業最喜歡標準化。5G 相關商品是在被規定的標準之下跟著做，若再向上發展 5G 相關軟體，台灣將很有機會。

目前，市場需要的是策略化的創投，將生態鏈連結起來，才能打造創新、創業及產業的榮景。

黃齊元

現任藍濤亞洲總裁，有超過三十五年投資銀行及創投經驗，曾主辦多件港股、紅籌股、H 股、B 股、台資企業股票上市、私募股權融資及企業兼併收購項目。

一個人一生很難有超過三十年關係的朋友，對我來說，Peter 就是其中的極少數。我們經常在一起的時間不多，但他對我人生有重大的影響。

我於 1986 年認識 Peter，那時我在史丹佛商學院，暑假回台在另一家創投工作，因而認識了 Peter。畢業後 Peter 一直有跟我連絡，希望我加入他先前的公司，但我都選擇待在投行。1998 年亞洲金融風暴，我決心轉換跑道，恰巧 Peter 也自

行創業，命運把我們連繫在一起。

Peter 對我最大的啟發就是帶我認識了投資「買方」（buy side）市場，我在投資銀行算是「賣方」（sell side）。買方和賣方的紀律不一樣，雖然是一體兩面。我從 Peter 身上學到談判技巧、創造自身價值、設計雙贏架構，而不只是強迫推銷（hard sell）。我在中經合工作的時間只有兩年，但對我的影響是一輩子的。我後來理解自己還是比較適合「賣方」，但「買方」的磨練讓我更成熟，之後我也創立台灣私募股權協會。

Peter 和我有許多相似的地方，我們都熱愛自己的工作，但他比我更勝一籌。Peter 比我年長一輪，我希望到他現在這個年紀時還有如他一般的能量。另外，Peter 和我都是親力親為型的媒合者（deal-maker），我們個人都是公司成功很大的因素，這不一定是對的，但代表我們的作風（style）。

不過 Peter 和我也有不同之處。首先，他生活平衡要比我好很多，我以前服務客戶，把自己生活搞得亂七八糟，Peter 經常要我放慢腳步，注意身體健康。其次，他為人溫暖、喜歡分享，與其說他專業強，更多是用關心感動他人。

Peter 是一個極度時髦優雅（stylish）的人，從髮型到服裝，走在時代前面，非常有生活品味。我記得當年去他灣區家中，他拉著我到他房間，拿出西裝往我身上比，告訴我「這是

好料子，比你現在穿的好，你拿去穿」，奇怪的是，真的很合身，後來我穿了好幾年。

就像一件服裝，Peter 在許多地方形塑了我。今天的我，有自己的風格和影響力，但我不會否認當年 Peter 的啟蒙，他是我的恩師、益友、夥伴，就如同他曾是美、台、中許多創投頂尖人物的入門導師，我深深地感激他！

趙天星

僑泰興投資股份有限公司董事長，國際扶輪 3522 地區總監特別顧問。曾任東鹼股份有限公司董事長、台北市東北扶輪社前社長及 1999 年地區副總監。畢業於淡江大學水利工程學系。

1980 年代是台灣紡織品最熱門的時候，從石化業衍生出來的勞力密集產業是從 1984 年、1985 年開始好景不再，而電子業還很少，宏碁當時才剛開始成形。

那時候因為配額的關係，台灣沒辦法做，哪裡有配額，就到哪裡去，我們就轉到印尼、轉到斯里蘭卡。

這時認識了 Peter，讓我們聽到了很多新資訊。真正和他合作則是在 1994 年，他離開華登，他說想出來自己做，因為

華登裡面有交通銀行投資，不能去大陸，如果投資能夠結合大陸，就如虎添翼。他那時甚至有退休的準備，想打打高爾夫球、好好陪家人，因為過去都沒有好好看著子女長大。我勸他不必退休，我那時候滿鼓勵他的，我說：「你那麼年輕，你不應該退卻。」

台灣是個很適合創投發展的地方，新加坡太小，高科技不多，可是新加坡的政府金融非常活躍，資金很容易取得，可惜缺少投資的項目。馬來西亞、印尼則都是我們傳統產業去設廠，不是高科技過去。

有人說，創投的人膽子大，但是 Peter 非常謹慎。他 1989年底開始去大陸，前後去了很多次，也認識很多大陸財經官員，如果那時我們要圈幾塊地，其實很容易，賺錢也會輕鬆很多。做過土地發財的人，都不願意做實業，太多不可控的因素，土地你是買準了、看準了，只是你的財力頂不頂得住。創建公司，你就得從無到有，一磚一瓦，從頭做起，難得多。

1989 年以後，他經常去大陸看，可是他沒有出手，只是先觀察、打人脈。他在創投裡可說是最懂大陸的人，不單懂體制，也知道什麼東西可以碰、什麼東西不能碰。

直到 1996 年、1997 年網路開始上來了，他辦了一個規模龐大的研討會，叫做「E 北京」，所有網絡大咖都來了，到現

在還為人稱道。從事科技創投，企業看一年、半年景氣，但他得看五年。

雖然從事的是日新月異的高科技業，但他很念舊，對長輩執禮甚恭，大陸有些長輩，不管是否在位，他都會定期去探望。

劉容西

匯亞資金管理有限公司董事暨執行副總裁。

自從 1988 年我跨入匯亞集團（Transpac Capital）創投基金管理起，就與 Peter 相識，迄今已三十四年，我們是創投基金管理同僚，因此對他有較深入的認識。

Peter 常年在歐美亞等地與世界各領域菁英交往，接觸各項創新科技，他有敏銳的觸角及熱情，能將創新技術與其市場發展潛力結合，在各項技術發展初期，全力支持投入資金、資源及人脈，協助新創事業成長，成功上市，為股東創造豐厚的回報，如早年的創新科技（聲霸卡）、第一商務（B2B 電子商務平台）、矽成（SRAM/DRAM）、DivX（MEPG 4 影音壓縮技術）等。

Peter 一直保持對全球重大議題的敏感度。例如他洞察近

年來全球對氣候變遷的重視，聯合國在 2015 年宣布了 17 項「2030 永續發展目標」（Sustainable Development Goals），對人類的未來有不可忽視的重要性。中經合集團已在 ESG 投資布局，如聚界（潔淨能源）、XEV（3D 列印電動車）、小智（將生活垃圾零汙染地轉化為新型建築和裝修材料）、源鮮集團（世界唯一環保室內水耕蔬菜）等，都是 Peter 高瞻遠矚的眼光和創業投資完美的結合。

Peter 是現代版的「伯樂相馬」。他認為新創企業創辦人的特質：國際觀、遠見、執行力、能否虛心接受不同意見和創新想法等，是企業成功與否的要件。他對人的觀察入微，總能在與創辦人的互動過程中，看到別人沒看到的細節，以更高的角度看到未來。例如 VIZIO 創辦人王蔚和芯原的戴偉民，他們兩位在創業初期就和所有新創的創辦人一樣辛苦，但是在最窘迫的時候，Peter 發揮他「伯樂相馬」的能耐，肯定他們二人是值得扶植的明日之星，及時提供資金，也親自為所需的資源和商談出力，使他們順利走出「Death valley」（死亡谷），且在市場上發光發熱，成就了兩位創業家。

拜 COVID-19 疫情之賜，Peter 破例在 2022 年從 1 月到 5 月都停留在台灣，我們各種互動頗為頻繁，也因此體驗到 Peter 對朋友念舊、熱誠、關懷的真情。例如在一次他的慶生

晚宴上，他只請了家人、幾十年的老友夫婦及幾對當年嘉義中學有二代交情的空軍子弟夫婦。

Peter 在四十餘年精準而獨到的創投基金管理生涯裡，回饋有限合夥人（LP）豐厚的回報，造就了無數的青年創業家（不乏獨角獸），這些新創企業的產品、服務及商業模式，帶給全球人類深遠的影響，是 Peter 這位創投巨擘光輝人生中傲人的篇章。

蔡清彥

曾任工研院董事長、國科會副主任委員。

他對朋友有情有義。我和 Peter 認識三十年了，那時我在李國鼎先生的科技顧問室工作，李先生和我說，如去矽谷，一定要去看 Peter，科技是他的特長，而且對國際財經、科技趨勢特別有前瞻性眼光。就這樣與他結緣。後來我任政務委員，2004 年卸職，擔任仁寶電腦顧問，直到 2010 年任工研院董事長，六年內，我沒有公職，他每次來台灣都會來看我，這是在政界很稀少的現象，我很感動，前幾年，他要我擔任聚界能源的顧問，我就答應了。

這次出任聚界潔能台灣董事長，本來我極不願意，我應該退休了，太太也反對我出來，但 Peter 三顧茅廬，我也覺得這是可以造福世界、造福台灣的科技，便也答應了。

　　聚界從事的核融合發電是高難度產品，是高度科學產業，融合尖端科學家、工程師、投資者，這三者原本就有很多隔閡，是跨領域的產品，現在更牽涉到各國，因此又變成跨國產品，只有 Peter 這樣的人，才能讓大家服氣，由他擔任領導人，大家才能在他的協調領導下，做出一番成果。

鄭家鐘

台新銀行文化藝術基金會董事長，資深媒體人。

　　Peter 豐富的人生，每一個細節都可以精采到無法細數，更何況他的人生風景是大山大海，難以概括言之，只有比照張藝謀的印象西湖，以簡短的篇幅說說我的「印象劉宇環」。

　　簡單說，劉宇環跟大多數人是不在同一維度的人！他總是能站在制高點看世界，有全局觀，此之謂也。

　　很少有人像他，任何事都是從世界風向、社會需要想起。他的創投，並非著眼小處獲利，而是大局優化。跟著他

的人，必然是把國家情懷與引領風潮擺在自己得到多少的前面，這樣的夥伴才能甘心長期投入，不會在局部上計較，體認理想有時要付出有得有失的代價，只有這樣的人，才能成為有氣魄的投資夥伴。

Peter 創辦中經合，我的看法是創造一個平台，讓世界多了這個層次的良善投資，把錢用到引領時代的前沿，這才是我感到佩服的點位。我也看過很多本來可以搭上中經合這個平台的投資機構，因為小心翼翼或擔心財務短期數字而不能抓住 Peter 伸出的熱情之手，有時難免感到遺憾。他們或許在財務指標上也相當傑出，但就少了一個宏觀視野與交上有氣魄的朋友這個層次。

認識 Peter 很長時間，看著他縱橫美中台。他本身就是所有人的連結點，構成一張世界級關係網，讓他得以驗證視野、分享洞見、激發行動、扶植事業、共創雙贏。他豪爽熱情、照顧朋友、無私分享、仗義勇為的人格特質，總讓我感受到力量。我所經歷的人物當中，能跟他相比的，只有大前研一。論交往對象、關心面向、對世界的影響力、直接與各國高層的對話力，兩個人都讓我佩服。

Peter 有很多尊貴的頭銜如創投教父等等，但本質上他就是個熱情的朋友，有睥睨全球的氣概又不失赤子之心。他在會

議室裡是精明的商業家，犀利敏銳；在家裡的庭園則是溫暖長者，可以把手交心。他追求卓越也不忘舊交，贏得大家愛戴。

我從他身上體會如何使用自己的妙法，讓我相信一個人也可以成為一支大軍，只要他勇於站到前緣並最大限度地連結具有影響力的人，就可以英雄造時勢。劉宇環就是這樣一個人！

謝三連

國際扶輪台灣總會顧問。

我從 Peter 第一號基金開始投，投到第七號，現在投的基金都金額很大，他大部分要找企業投資，我才沒有跟。前幾個基金光是投資第一商務就賺了 50 倍，當然也有賠的，我跟著他不僅賺錢而已，而且學會看公司，學習怎樣經營創投業。

他是個對投資人非常負責的創投領導人，每投資一家公司都會跟我們分析為什麼要投、將來的前景如何，每一季也會把公司的營運狀況告訴我們。

Peter 極大方，每次來辦公室，都會給我們帶上好的紅酒、威士忌、時髦的領帶、好吃的點心，不是說我們貪戀禮物，而是他這種窩心，令人感動。

他是我們俗稱非常「上道」的人。遠見雜誌頒發終身成就獎給他，他不單邀我們觀禮，有著獨樂樂不如眾樂樂的關懷，還在台上一一點名出席的人。想想，你坐在幾百人中間，台上的人提到你名字，你當然覺得開心，他就是如此細心。

他也是我們俗稱非常「騷包」的人。他的衣著獨特，鵝黃色西裝、紫紅色西服，別人不敢穿，他敢，而且只有他穿起來才好看，配件也自有風格，有次我看他沒穿襪子，就跟他說要送他襪子，他說：「啊！現在流行不穿襪子。」我才知道土氣的是我。

他還是一名福將。過年時，我們一起打麻將，他做相公，還能全胡。當然頭腦是好，但是運氣也好。

做創投，要看前面五年、十年，因此要看得比別人遠、走得比別人快。他們在台灣、北京、舊金山的團隊都很資深，可以做很好的幕僚。更重要的是，他有出場策略，見好就收。例如那時一檔最賺錢的股票是第一商務，我們在高點時賣出，不久就遭遇網路泡沫，第一商務在幾年後也煙消雲散，如果我們那時不賣出，就損失慘重。

他的缺點是太拚了，整年都在飛，到這個年紀應該休息休息。

謝豐享

台中市商業會理事長。

Peter 對北京很熟，而我則是 1990 年就到北京投資的第一批台商，認識 Peter 後，他到北京，我已經能當他的嚮導。

1994 年，我代理的德國知名高級啤酒品牌華士坦（Warsteiner）計畫到中國設廠，我認識的安徽古井貢酒也正想拓展啤酒版圖。我告知 Peter 後，他也認為這會是很有發展性的中外合作案。因此我們一行十幾人從北京出發搭機到合肥，再從合肥坐車八個鐘頭到達古井貢酒的總部安徽亳州——曹操、花木蘭的故鄉，由廠長王效金接待。

Peter 也邀請當時紅遍中國、在《紅樓夢》中飾演林黛玉的主角陳曉旭同行，在亳州造成大轟動。王效金廠長抓住機會請陳曉旭代言拍廣告，之後陳曉旭才又接下五糧液的廣告代言，成為當時廣告界的紅人。後來華士坦與古井貢酒的合作案，因王廠長堅持啤酒廠要設在亳州，而我們都認為應設在人口多的合肥或南京，三方無共識而喊停，實在非常可惜。

1998 年，北京市政府設立的北京控股公司在香港股票掛牌，我在北京投資的豐收葡萄酒也被收購 51% 股份，納為北控的旗下公司。這個關係促成了往後中經合和北控的合作，兩

強相互加持，創造輝煌成果。

　　Peter 對待每一位朋友及合作夥伴都是真誠、用心、念舊，每一通電話、每一個訊息，都令人感動、溫暖。

　　Peter 的兒子 Edward 於 2019 年 10 月 12 日在台北東方文華酒店舉行婚宴。Peter 早在 5 月就指名要我當天上台介紹新人。我知道 Peter 交遊廣闊，因此問他兩個問題：一、為什麼要我當介紹人？他說我是他認識最久的換帖，也很熟悉他的家人。二、將宴請幾桌客人？他說大概 20 至 30 桌。結果婚禮的前一天，才得知桌數已增加到 70 桌。婚禮當天到了現場，發現財經界的大咖幾乎都到了──郭台銘、徐旭東、施振榮……

　　三十幾年來，看到 Peter 的成就，對科技發展過程的貢獻，我認為這絕非偶然，能成為 Peter 最好的朋友之一，我深感為榮。

香港篇

菲利普（Terrace Philips）

花旗集團私人銀行總經理。

　　多年前我曾經幫忙訓練過 Peter 的兒子及侄子，雖然事過二十餘年，他仍想方設法處處幫我的忙。前年 Peter 兒子結婚時，他特別把我的座位安排在鴻海集團負責人郭台銘旁邊，讓我可以和郭台銘有近距離交流。對幫過忙的人，他謹記在心，隨時準備幫助你；他幫別人的，卻不要求回報。

　　他更有一套幫助人的獨特方法。矽谷銀行要在北京設分行時，知道我和 Peter 有交情，Peter 又與中央級官員相熟，於是特別請我到北京。我到了 Peter 在北京的辦公室後，矽谷銀行的人坐一排，Peter 及他的人馬坐在對面，他要我坐在他旁邊，用手攬著我的肩膀，跟對面的矽谷領隊說：「你有什麼請求，儘管提出來給 Uncle Peter（劉宇環倚老賣老之稱），看看

Uncle Peter 能不能幫忙。」

　　這一來，矽谷銀行的人對我刮目相看，Uncle Peter 也幫矽谷銀行找到北京中關村的一個營業點。中關村是北京著名的科技基地，孕育多家創新事業。中國的中關村，美國的矽谷，代表著高科技、創業、人才，實質營業和形象當然對等提升。

　　同樣地，他到了香港，幾乎把他與人會面的排程都給我，例如他約好某人八點半吃早餐，他要我八點半去，談 15 分鐘後我再離開，至少我已認識了那位朋友，人際關係網就是靠這些，一步一步打開，積少成多。有這個朋友，我簡直終生受惠。他付出的永遠比得到的多。

林建岳（Peter K. N. Lam）

籍貫廣東潮陽，生於香港，香港商人，俗稱「岳少」，曾就讀於美國俄勒岡大學，1987 年畢業後返港，協助父親林百欣管理家族事業。曾任香港旅遊發展局主席，現任麗新集團董事會主席、香港經濟民生聯盟監事會主席。近年主力投資娛樂事業，最著名的作品莫過於電影《無間道》。

　　幾十年來，Peter 不僅僅是一個成功的投資者，也一直

是一個好朋友。多年來，從百人會委員會到在摩納哥享用晚餐，我一直很喜歡他的陪伴。

Peter 就像行走在世界各地的「人物百科」（rolodex）和全球亞洲社區的傑出紳士，他不僅了解所謂的「東西方」問題，而且了解更深層次的歷史背景和長期趨勢的願景。

梁錦松（Anthony Leung）

香港南豐集團主席，他商而優則仕，曾從事公職，是 2001 年到 2003 年的香港財政司長，香港財政司長轄下管經濟發展、財稅收支及金融管理，甚至公共工程，是香港特首董建華的二把手，他也是企業家報國的實例。

我覺得 Peter 應該出來選公職，國家會好得多。Peter 精力充沛，每天都能做這麼多事，又有眼光。我的投資知識，對公職的熱誠，對社會的回饋，工作熱情，他對我很有啟發。

做為公務員當然會有犧牲，但也有比民間企業多得多的成就感，一項法令、一個政策就能影響很多人。我出任香港財政司長，媒體問我是否減薪 90%，我說：「你們錯了。」的確他們錯了，其實我減薪 99%。

Peter 也帶領我很早就把眼光投向 ESG，ESG 是 Environmental（環境永續）、Social（社會責任）、Governance（公司治理），未來 ESG 是投資新趨勢、新主流，成為時代投資新顯學。但是 Peter 在 2010 年代就介紹我這個概念，認為是投資新趨勢，必須注意。南豐集團也相當留意這個投資趨勢。

現在年輕人常看到很多不滿現象，不願意為自己前途而奮鬥，但世界經濟瞬息萬變，應該有獨立思考、創造性思考，輔以行動，為自己爭取未來。Peter 就是這方面的典範。

陳清泉

香港大學榮譽教授，人稱電動車之父。

Peter 和我是互補的，我專長科技，他專長金融，互相學習，互相打氣。

Peter 把創投的做法及觀念帶進大陸，其實也帶進香港，當時香港雖有金融，但都是傳統的金融，如買賣股票、借貸款等，還不知金融在高科技的做法是大不同，也就是創業投資模式。

我們邀請 Peter 參加高科技投資的研討會，當時大陸根本

沒有科技可以商品化的概念，香港同樣也是，Peter 講了創投的做法，中國和香港很多科技、工業發展及財政、金融官員都來參加，大家都認為很豐收，必定把此納入他們的政策及執行。

一個國家有高科技，一定要有四項條件，如矽谷 (1) 有卓越大學：史丹佛及加州大學柏克萊分校都在矽谷附近；(2) 有研究中心：如 Google、蘋果都有大批研究人員在附近；(3) 有高科技企業：如英特爾；(4) 有金融：矽谷集合了最多的創投業、銀行，鄰近的舊金山更是美國金融中心。

我和 Peter 十幾年前就一起發展電動車，一開始就立定發展適合亞洲人身形的電動車，在美國都已製成，也要銷到印度，可惜那時電池還沒有如今又技術成熟，所以跑不遠，今天看到電動車已經發展成熟，甚至要取代燃油車，也是很安慰。

劉遵義（Lawrence J. Lau）

香港經濟學家，曾任香港中文大學校長。

劉宇環是我的老朋友，我們兩家也是世交，他和家三弟大慶、家四弟大江都有交情，但我們是在美國才認識的。

宇環兄做人很慷慨，也非常念舊。三十多年前，他在亞洲率先提倡創投的時候，曾經獲得李國鼎先生的大力支持。其後我們在史丹佛大學設立四個李國鼎講座，需要籌資 640 萬美元，宇環二話不說就捐助了 30 萬美元。他的原合夥人陳立武先生，我本來是不認識的，有一次機緣巧合，在飛機上相遇，立武立即表示：「既然宇環已經捐了 30 萬，我也捐 30 萬美元。」我們就輕易籌得所需款項的十分之一。

　　宇環喜歡雪中送炭，不斤斤計較小節，到處贈醫施藥。先嚴世達先生在世時，每年農曆年底，都在台北慶祝生日，宇環總會送一筆大禮。我家的小狗「西西」，來自台南，也是宇環送給我們的，不單幫忙運到香港，防疫通關也一手包辦。

　　宇環為人低調，不喜居功。1993 年，中國大陸為通貨膨脹所苦，在大連召開宏觀經濟調控會議，他促成大陸方面，透過世界銀行，邀請李國鼎先生到會，講解台灣經濟發展經驗，台灣如何能做到低通貨膨脹、出口導向、高經濟成長。會議前後，國鼎先生有機會與江澤民、朱鎔基、劉鶴、項懷誠、樓繼偉與錢穎一諸先生，以及吳儀女士，坦誠交換意見，事後很多人都認為台灣經驗對大陸幫助甚多。

　　創投是個競爭激烈的行業，但不單是錢的競爭，而是項目的競爭。好的項目，創業人都先去找像紅杉資本這樣的大創投

公司，就等於好的學生，優先選擇申請哈佛或史丹佛大學一樣，久而久之，就形成一個自我選擇的良性循環機制，成功的創投公司，就會愈做愈成功，不成功的，就會被淘汰掉了。

前一陣子，中國大陸的游資太多，好的項目卻太少。在這些情況下，一般創投公司能長期生存，實在不容易。中經合有三十多年成功歷史，經得起時間的考驗。一方面，宇環能與時俱進，總是先驅者（first mover），但也不會因為要搶頭香而忽略了盡職調查的細節；另一方面，是他個人的絕對誠信，中經合的基金從第一支到現在第八支，很多投資人一開始就跟著他直到現在，當然他的基金都很成功，但如果不透明和不公平，也不會有那麼多投資人跟進這麼久。

宇環做事很細心，充分掌握關鍵細節，很多企業家生意做大了以後，就大而化之，這是非常危險的，因為魔鬼是藏在細節裡，宇環可以見樹又見林，這是需要有先天的資質，也需要有後天的自我紀律。

宇環有台灣心，也有中國心。大陸與台灣的經濟，是互補的。兩岸假如和平統一，會釋放巨量的「和平股息」（peace dividends），受益的不單是兩岸的人民，也是全球的所有人民。希望宇環能利用他在海峽兩岸的影響力，向這目標推進！

中國篇

王恒（Roger Wang）

美籍華人傑出領袖，1992 年在江蘇南京成立金鷹國際集團，在商貿流通、醫療健康、智慧物業形成集團化連鎖經營模式。曾任美國百人會會長。

2018 年，我獲選為美國百人會會長。在中美關係緊張之際，百人會負有促進中美兩國關係的使命。在這方面，Peter 有著數十年的付出和不少成功經驗，對百人會有著重要意義。他是華裔融入美國社會的典範，參與度高，思路敏捷，能力強，不管在商業經營或者非營利事業上都有建樹。他的努力和諸多成就，對百人會、對我都啟發甚多。

王功權

北京青普旅遊文化創辦人，國際著名政治評論雜誌《外交政策》評出的 2013 年全球百大思想者。

1995 年我初到舊金山，在朋友的引薦下初識劉大哥。明亮的辦公室裡，他風度翩翩地接見了我，緊握的手，把他的熱情、溫暖傳遞給我。他為海峽兩岸的交往和合作做了大量的推動工作。他不厭其煩地組織兩岸業界名人互訪互學。他穿梭飛行，召開各種會議，接見各類人等，或是政府要員，或是創業團隊。他在這方面的付出，用一個詞來表達，就是嘔心瀝血。

王麗

北京服裝設計師。北京三里屯 SOHO 商場的 WENDY LiR 掌門人，三十歲就開始為美國總統做西裝，不是海歸派，也無國際品牌經驗，而是個來自江蘇南通的姑娘。

自從劉董在我這裡做西裝後，他就幫我介紹很多人。他對我們基層的人都很好，每次都帶禮物給我們，大家的相處已經超越生意，簡直如家人一樣。例如李開復 2016 年透過劉宇環

介紹找上我。當時他穿著在香港定製的西服，直叫我「做寬大一點，穿起來才舒服」。我很重視合身剪裁，但我當下什麼都沒說，只叫他試一套看看。

李開復穿上我的作品後，不少朋友都直誇他變年輕了，後來他陸續找我做襯衫、大衣，還拉太太謝先鈴加入定製行列。

劉董也介紹華為輪值董事長郭平來找我，郭平又帶著他的朋友及員工來訂做衣服，這樣一個介紹一個，我也很高興能為那麼多人服務。

男士因為時尚沒有那麼多變化，所以要特別注意布料、顏色、花紋，也可以在領子和肩膀上做些變化。

劉董還常常拿他在義大利買的襯衫、西服給我們看，要我們學習打這樣的版型。我自己也發現，人家的手工很細緻、講究，很值得我們學習，因此後來吸引很多外國外交官上門，在出席重要會議前訂做西服。不過，這些訂單往往來得又多又急，對我來說是極大的挑戰。

因此，我規畫出把產能催到最大的工作模式。白天在店面量身後，立即用「閃送」機車快遞訂單到位於北京通州區，25 公里以外的工廠。工廠內共有十多名師傅，由外子統籌管理。收到訂單後，師傅他們會二至三人一組，每個人負責西服的不同部分，往往必須加班至凌晨，才能把十天的製程壓縮到

一至二天。

除了感謝劉董介紹很多生意給我，我也很認同劉董的人生哲學觀：過程、緣分、分享。享受過程，珍惜緣分，分享資源。

李振福（Jeffrey Li）

德福資本執行長。

我和 Peter 是二十多年的好朋友。1999 年在舊金山工作時有幸結識，一見如故，我們結識後，Peter 便熱心邀請我加入百人會。能夠盡自己綿薄之力，為中美兩地的華人創造更多了解和合作的機會，是我們兩人共同的願想。在他的積極介紹和推動之下，2008 年我加入了百人會。2010 年我和當時的會長程守宗一起推動美國參展上海舉行的世博會，為美國最終參展發揮重要作用。

金曦

凱旋創投的創始合夥人之一。1999 年開始主管 IDG VC 在美國

矽谷的投資業務，2002 年成為 IDG VC 的投資合夥人，期間擔任七家公司的董事會成員或觀察員。加入 IDG 之前，是萬通投資集團的聯合創始人和合夥人，主持投資了一系列種子期與早期的高科技公司。

Peter 對我來說，亦師長亦朋友。

第一次見到 Peter，大約是 1995 年，那時我是美國萬通的創始人之一。Peter 給我們留下了深刻印象，他打扮精緻、英俊瀟灑、氣場強大。他是前輩，卻沒有一點架子，對我們非常熱情。

之後，我和 Peter 有過數次緊密的合作。萬通是當時中國最大的民營房地產開發商，很渴望學習美國成熟的地產開發和購物中心開發與運營的經驗和技術。美國萬通與中經合合作，幫助中國萬通引進 Birtcher Enterprises 的地產開發經驗和 ROSS 這家美國老牌購物中心開發商開發大型商場的經驗等等。美國方面的公司都是 Peter 介紹的，但是諮詢費的收取，他一口就說「咱們按 50/50 分配」，我覺得他慷慨大氣，一步把我們和他做成了平等的合作夥伴，讓年輕一輩深感受尊敬。

Peter 和陳立武都是華人在矽谷／舊金山灣區少有的最早的風險創業投資人。他投資眼光獨到，在半導體、通信、系

統、軟體等多方面做了非常優秀的投資。我和他有數個共同投資，特別在對顛覆性技術上有共同的偏好。

我和中經合的投資合作，其中一家是芯原微電子，他為公司出了很多力，介紹了英特爾和 TI/Apple 的高階主管加入芯原管理團隊與董事會，還協助戴偉民博士按照董事會認為正確的方向發展公司。後續我們又共同投資通信軟體公司 Aicent 和 Fortinet，都有不錯的回報。最近，我們又在 FlexCompute 公司上合作，FlexCompute 是幾個大學教授創辦的跨演算法、流體力學和電腦等學科的綜合性系統軟硬體提供商。

Peter 既有大格局也有廣泛的人脈，他從不吝惜把他的各種關係介紹給他的朋友與合作夥伴，經常組織活動介紹大家認識、合作，不僅請吃飯，還每次都送禮物。我到今天也沒學會他那周到與細緻。

他做很多事情都不求回報，他贊助了矽谷最大的中國大陸創業者、企業高階主管與風險創業投資人參與設立的非營利組織華源（HYSTA），也是華源的永久會員。在熊曉鴿的支持下，當年我們 IDG 也每年都贊助華源。後來華源的會員湧出一批批成功的創業者、大公司高階主管和風險投資家，幾十家創業公司上市或被收購，包括 WebEx、NetScreen、Fortinet、展訊、矽谷數模（Analogix）、Zoom 等等。

Peter 精力旺盛，不僅事業有成，也很會抽時間享受生活，他有時在歐洲，在摩納哥海濱遙控投資業務。另外，Peter 有一雙美麗的女兒和英俊的兒子。他非常在意他的子女，介紹他兒子 Edward 給我說讓他向我「請教」。他也會經常分享女兒 Ida 的資訊，Ida 在花旗銀行做到了私人銀行全球總裁，她很像 Peter，並且「青出於藍而勝於藍」。

Peter 像很多了解中國歷史、特別是近代史的華人一樣，都有一顆希望祖國富裕、強盛的心。他也是一位為中國發展而欣慰、為中國失誤而痛心的熱愛中華民族的優秀華人，這一點體現在每一次與他對話的字裡行間。

最重要的是，他為身邊的許多人都帶來了陽光與溫暖。

周岳憲

首信易支付（PayEase）董事長、美商真光光電科技董事長。

當代偉大的創投巨擘 Peter Liu，劉宇環先生，他是我一生的事業導師，也是我公司顧問團董事長及振聲發聵的最棒董事！

人生的際遇當中，碰到伯樂是非常重要的。我是一個平凡

得不得了的科技人，要不是碰到伯樂的賞識，今天恐怕還是一事無成。南懷瑾老師曾說過，一個人的遭遇是命定的，努力是一定要的，但努力也不見得會成功。所以他說：「一命，二運，三風水，四讀書，五積陰德。」

我是個基督徒，也深信上帝的祝福是非常重要的，祂若願意，會差派天使及貴人來幫助你。中經合集團創辦人及董事長劉宇環先生，就是我事業上的大貴人。當初我們在中國做付費及大數據挖掘服務時，他介紹我買下北京 Paylink。那時他的合夥人李開復也是共同的好朋友，所以算是親上加親。

我們的客戶包括蘋果、亞馬遜、家樂福、LV，及很多歐美的五百強公司。Peter 又介紹幾個重要的中國貴人幫我忙：包括今天的劉鶴副總理、汪洋政協主席、前財政部長項懷誠先生，以及中關村創辦人胡昭廣主席等等先進。他們都是非常正直誠懇的政治家，每位都是溫文儒雅、學識淵博，樂於幫助我這樣的華僑為祖國做一些貢獻，使我受教非常多。

我非常感激他們的知遇之恩，也竭盡我的股肱之力，晝夜不捨地努力。爾後出於真心的感激，我個人家庭的慈善基金會也對中國一些需要幫助的學校及賑災做出回饋。

當年中國境外公司，只有微軟的比爾・蓋茲和我的團隊拿到中國的支付執照，因為這些貴人教會我和我的團隊如何在中

國腳踏實地的做生意，而不是打高空。每年我們都獲得最佳誠信企業獎和其他獎項，我們也是早期在中國做支付唯一賺錢的公司。

Peter 也介紹許多頂級的一線創投老闆給我認識，幫助我順利融資。2022 年，Peter 授予我榮譽勳章，紀念我們合作二十多年成功愉快。我相信有他在，所有難關都會迎刃而解的。我心裡對 Peter 這個永遠的大哥有說不出的感激，此生得到他的提拔幫助，真是三生有幸。

Peter 天性樂觀豁達、寵辱不驚、豁然大度，「望之儼然，即之也溫，聽其言也厲」。Peter 擔任過我創辦的幾家公司的董事及顧問團董事長，他不只對我照顧提攜有加，當我這個掌舵者有任何疏失之處，他也會不吝指教，疾言厲色地規勸我，並耳提面命解決的辦法；在董事會中達成共識，出了會議室就是硬功夫的執行及成果考察。這是我們合作的企業能夠成功的一個重要因素。

Peter 還有一個古人之風，就是十分講義氣，真心關懷朋友。尤其在苦難時，他會真心拉人一把。經營事業的過程一定是起起伏伏，有時會碰上暴風雨，這時 Peter 會張開他那一把大傘，陪你度過困難。那真是患難見真情，不離不棄。

於平

中國國際貿易促進委員會前副會長。

　　宇環對投資的把握十分敏銳，目標明確、定位清晰、眼光超前，對新興行業的發展有深刻的洞察力，多年來一直密切關注並聚焦於人工智慧、醫療健康、新能源領域的發展趨勢與早期專案。中經合集團多年來累計投資超過 400 家公司，其中有超過 100 家公司上市及併購重組成功，可謂碩果累累。

　　2016 年，我在瑞士達沃斯世界經濟論壇上推介將由中國主辦的二十國集團工商峰會，宇環積極參與並提出了一些很有價值的建議。在達沃斯世界經濟論壇上，宇環還積極協助中國與會的企業家組織區塊鏈論壇並邀請國際知名專家參與。

　　他也在北京會見剛從大學畢業、走上創業之路的青年企業家，為他們打氣鼓勁，提供資訊支援和商機線索，這些年輕人對能有機會當面得到創投界老前輩、資深專家的指導和幫助非常地感動。

　　宇環多年來積極協助美國、沙烏地阿拉伯、羅馬尼亞、摩納哥、日本等國的企業家，與中國同業建立連繫、展開合作，取得了良好的效果，各方企業都獲益匪淺。

侯尊中

世界商訊機構（BNI）前董事長。

第一次見到劉宇環（Peter）先生是在 1992 年的一個寒冷冬天，在陽光照射下略感溫暖的北京凱賓斯基酒店大堂。

當時是我的南加州大學同學王蔚（後來其創辦的 VIZIO，也在劉先生的幫助下，成為北美最大的電視機品牌）介紹劉董事長給我，我只記得當時的一句話：「Hey Alvin，Peter 將是你的貴人！」

在隨後的十年內，我有幸跟在劉董事長身邊打雜，經歷過這輩子本來都不可能經歷過的人和事……

政治人物方面從兩岸領導人到美國國會代表團及當政官員，每年數次直晤中南海國家領導人及時任金融與科技部會首長：朱鎔基總理、李嵐清副總理、成思危常委、金人慶部長、項懷誠部長、劉鶴主任、婁勤儉主任……

學術人物方面從諾貝爾獎得主，到史丹佛、哈佛、柏克萊大學教授們、中國科學院多名院士、香港大學／香港中文大學頂尖學者。

商界傑出人物方面：從當時聯想的柳傳志董事長及楊元慶總經理、北大王選先生、中國網通田溯寧先生、UTStarcom

吳鷹先生、清華大學企業集團宋軍總裁、北京控股胡昭廣主席，到當時剛冒出頭的紅石實業潘石屹先生、萬通集團馮侖董事長等，都是他的好友，甚至不少人把 Peter 當恩師。

在 Peter 的支持下，我和當時南加州電腦協會一幫好友在 1992 年於北京共同成立的世界商訊機構的業務也蒸蒸日上，不僅在 IT 媒體名列前茅，還和美國國家衛生研究院（National Institute of Health）、約翰霍普金斯大學（Johns Hopkins）及北京協和醫院與協和醫科大學合作，在北京發行唯一的外資獨資期刊，對中國醫學界影響甚遠。

另外非常值得回憶的是，自 1996 年起，我和 Peter 每年 11 月都會在當時全世界的 IT 盛會——拉斯維加斯 Comdex Fall——期間，舉辦當時中美之間最大的 IT 界聚會「北京之夜」，匯集數百位美國、中港台、歐洲及日韓等地的 IT 界大老與各種投資機構，堪稱當時前所未有的盛會，有媒體評價為「改變世界的 IT 盛會」。

這種跨時代、跨行業、全球性的成就，就是因為有 Peter 的操盤運作，才有可能實現。

印象中的 Peter，不僅聰明睿智、人脈通四海，而且還精力過人。他經常半夜快一點才和我開完檢討會，早上六點又打電話給我交代事務，當時還年輕的我，真的對 Peter 佩服得五

體投地。更令我覺得人生不公的是，Peter 還特別勤勞努力，不僅每週工作超過 100 小時，而且重要的事必定親力親為，例如每天無論宴請到多晚，當天一定把所有見過的人溫習一遍，還做筆記。

Peter 不僅事業成功，做人更是一流，對朋友仗義相挺、對家庭照顧無微不至、對員工傾囊相授、對投資的企業盡心盡力扶持、對投資人則盡可能爭取給予最大回報，這些都是我親身在他身邊經歷，沒有半點吹捧。

也因為有機會跟隨在 Peter 身邊，就如同我的同學 William 所說「Peter 是你的貴人」，劉董事長確實在各方面給予我巨大的影響，無論是眼界、工作態度、拚搏精神以及做人，都是我這輩子的標竿。

胡昭廣

北京市前副市長。

上世紀 90 代末我因工作關係結識中經合集團董事長劉宇環先生，迄今保持了二十餘年的友誼。Peter 是知名愛國華僑、國際風險投資家，是最早一批將風投理念和實踐帶到中國的

人，是最早和北京市展開風險投資合作的外資基金管理公司負責人。在北京控股有限公司、中關村科技園區發展的關鍵時期，劉先生曾從多方面提供過幫助，我很感謝他。

1997 年北控成立，我當時任北京市副市長，兼任北控的董事會主席。北控是北京市政府在香港負責籌集資金、引進技術和先進管理經驗與人才的主要「視窗公司」。劉先生發揮他通曉中西文化，以及在國際金融界、科技界、政界朋友多的優勢，對我本人和北控公司給予了許多幫助。其中，對我幫助最大的，是劉先生以個人的實戰經歷，詳細向我介紹了風險投資的理念和實踐經驗，並就北控的金融和科技發展提出多條建議，使我收益良多。在他的建議和幫助下，北控、中經合聯合發起成立了「北京高科技發展基金」，協定總金額 1.2 億美元，參與的企業還有光大集團、長江實業、和記黃埔、淡馬錫控股（香港）、新鴻基地產、摩根士丹利添惠亞洲投資有限公司等其他十家，基金主要投資方向是中關村及資訊產業。國企和外資基金管理公司合作成立私募股權投資基金，這在北京歷史上是第一次，不僅對中關村和北京的高科技發展提供了動力，也對各級幹部進一步解放思想、推進改革，發揮了很好的激勵作用。

經劉宇環先生建議並精心組織，2000 年 4 月，「中國風

險投資與互聯網／電子商務國際研討會」在北京召開，這是當時在中國舉辦的最大規模的風險投資與電子商務國際性研討會，新華社、央視、中新社等媒體給予報導。時任政治局常委、國務院副總理李嵐清接見與會嘉賓。時任國家資訊中心常務副主任劉鶴親臨會議。

我是北京市新技術產業開發試驗區（中關村科技園區前身）辦公室首任主任，很希望能借助矽谷的風險投資經驗促進中關村科技企業發展，我拜託劉先生牽線，幫助園區的一些企業與矽谷的高科技企業建立連繫，使我們從矽谷學習到很多高科技和管理知識。劉先生還利用各種機會向美國、歐洲、台灣等地的企業家推薦中關村園區，建議他們來中關村投資。

我已退休多年，與劉先生仍保持深厚友誼。劉先生對待朋友真誠、熱情、爽朗；劉先生對前沿科技發展趨勢十分敏銳；劉先生知識淵博，對事業勇於開拓、創新，面對挑戰，敢於擔當。劉先生年逾七十，仍然活躍在國際風險投資一線，願他與時俱進，為中國的創投和科技事業繼續做出貢獻！

胡超

樂友孕嬰童創辦人暨執行長。

在我心裡，我喜歡稱 Peter 為大哥、老師。沒有 Peter，就不會有今天的樂友。

2000 年網路泡沫，我們公司募資受阻，他不但繼續出資，之後也鼓勵我挺下去。Peter 堅定不移地相信我們的嬰童行業是個朝陽行業，是對中國千萬家庭有幫助的好產業，必定能披荊斬棘、日漸壯大。

二十二年後，終於不負期望，我們已經是一家質量兼具的公司。

倪正東

清科集團的創辦人、董事長。清科集團現為中國最有影響力的創業投資和私募股權投資服務機構。業界封他為「掌握中國創投市場最全面資訊之人」。

我與劉先生是在 1988 年認識的，當時我還是清華研究生，我參加創業大賽，他是評審。他不嫌我年輕識淺，談得很投機，從此建立起很好的連繫。

我畢業後開始創辦清科集團，他會帶著我去見關鍵人士，還帶著我去參加他投資公司的董事會，讓我了解新創事業

應該注意的事。

例如我們那時，都是資歷很淺，知道互聯網是將來趨勢，但是到底怎麼走，就不清楚，只能有空洞方向，但是劉先生補足了樹，使我們能見林也見樹。

高群耀

現任移動電影院創始合夥人兼執行長，共同發起和運營基於智慧手機終端的「移動電影院」服務。曾任萬達文化產業集團高級副總裁兼國際事業部執行長、好萊塢傳奇影業執行長等職。

在我「奇葩」的職業生涯中，如果沒有一些貴人的幫助，我的發展途徑一定會不一樣，甚至截然不同。劉宇環董事長就是我的貴人和伯樂。

我的個人傳記記錄了我的職業生涯，《創變：高群耀與時代巨人共舞的 40 年》（作者徐曇），講述了我職業生涯與比爾‧蓋茲、梅鐸（Rupert Murdoch）和王健林等傳奇共舞的四十年。

在崎嶇的人生道路上，二十多年前遇到劉董事長，是我的緣分和幸運。在每一個關鍵時刻，因為他的指點和鼓勵，讓我

的職業生涯有所改變，發生轉折，開始了新的起點。

記得二十三年前，歐特克公司（Autodesk）總部有意安排我從工作五年的中國回到美國，在加州大學柏克萊分校 EMBA 學習後提拔為公司的全球副總裁。正在此時我收到了出任微軟（中國）公司總經理的聘書。這讓我既不忍心辜負歐特克的多年栽培和誠意，又不想離開中國在更大的平台上大展身手。正好在當時的矽谷 AAMA 年會上與劉董事長見面和長談。記得他說：「用未來你想要的結果，做今天的選擇。」他思路清晰的一席話和高瞻遠矚的點撥讓我頓悟並當機立斷。在我職業選擇最糾結的時候，他的提醒讓我明白：做大事的人，往往要能夠迅速分辨出長期與短期利益，要逼著自己選擇那些對你的一生重要的事情，而不僅僅是對當下重要的事情。

本世紀初，做為華人風險投資界的開拓者，劉董事長在北美和大中華區投資的企業不少，已是大名鼎鼎的業界重量級人物。但他非常平易近人，一直無私地培養和提攜著年輕人。他年年邀請我參加中經合集團在北京釣魚台舉行的投資者年會，給我介紹了中經合集團合作的公司和其 CEO，其中包括好萊塢 PMC 媒體集團的彭斯基、世界商訊機構的侯尊中、美國最大智慧電視製造商 VIZIO 的王蔚等。「中經合菁英圈」裡的多位企業家都成了我數年來的業務夥伴和私交朋友。正是

劉董事長的言傳身教，我開始快速地提升職業技能。從一個傳統意義上的外企職業經理人提升到能夠從金融和投資的戰略角度全面經營企業的核心主管。

在 2015 至 2017 年負責萬達文化產業集團海外業務期間，我協助王健林董事長成功收購、重組或經營多家世界級頂尖公司，其中包括好萊塢大片製作商傳奇影業、世界鐵人公司（WTC），以及北美最大、歐洲最大和全球最大的連鎖電影院 AMC 和英國豪華遊艇製造商聖汐克（Sunseeker）等。成為中國民營企業近年來大規模出海的標誌性案例。正是劉宇環董事長的多年栽培，讓我突破職業技能的「天花板」，使自己為所服務企業創造的價值遠超預期，能夠脫穎而出。

2006 年初，在我與世界最有影響力的媒體人、新聞集團董事長梅鐸於洛杉磯初次見面的十個月後，他正式邀請我出任新聞集團全球副總裁，全面負責集團在中國的「星空傳媒」、MYSPACE、二十世紀福斯（被迪士尼併購後改名「二十世紀影業」）、戰略投資等業務。一個工學博士，微軟和歐特克公司的「IT 人」，能夠成功改行勝任世界頭號新聞、媒體和娛樂公司在華 CEO 的工作嗎？我向劉董事長請教，徵求他的意見。他高屋建瓴，看到了 IT、電信、互聯網和傳媒娛樂四個價值萬億產業正在急遽融合的趨勢。他讓我明白了「不是我在

改行，而是行改了」！現在回頭再看，我十分感激當時劉董事長的推力和我正確的選擇。在新聞集團工作的八年經歷給我留下了非常難得的人生體驗和寶貴財富。

　　我在微軟、新聞集團、萬達等工作與蓋茲、梅鐸和王健林等創業巨人共舞了數十年之後，考慮在耳順之年自己創業，與幾位創始合夥人一道共同發起有中國試點、全球首創之稱的「移動電影院」。這個似乎完全不符合常理的「餿主意」受到了絕大多數的朋友質疑，但卻得到了劉董事長的認可和鼓勵。他親自帶隊到移動電影院總部大樓視察，安排移動電影院創業團隊與中經合投資合夥人的面對面「問答商業計畫」。劉董事長非凡的創業歷程和持續的工作熱情為我樹立了近在咫尺就可以學習和模仿的榜樣。經過四年的不懈努力和耕耘，我們創建的移動電影院已經在全球成功上映了 993 部院線新電影，服務了 8,400 萬觀影人次，成為了名譽天下的「中國電影，全球放映」線上電影院服務平台。

　　細碎的日子，珍藏美好的記憶。困難時有貴人相助，相處時有伯樂指點。我由衷地感謝劉宇環董事長二十多年來對我的呵護和栽培。

崔景哲

中國美術家協會理事，工筆畫學會理事，河北省工筆畫學會常務副會長兼祕書長。

　　我跟劉先生是有緣。2015 年 7 月的摩納哥國際藝術中心畫展，展出我的《中國紅》系列工筆畫作品。展覽第三天，劉先生來到我的展場，我們異鄉相逢，自是親切。

　　閉館後，當天我受邀參加大使會晚宴，但當我來到了晚宴大廳的門口，卻因為晚宴必須身著白色禮服而被拒之門外，這是歐洲的夏日宴會標準，我卻穿著黑色禮服。此時我再次遇見宇環大哥，他邀我到他家中，並將他自己的白色禮服贈送給我，以解我燃眉之急。

　　晚宴上，他將我引薦給歐洲各國政要和名人，向他們推薦我的畫作，更讓我感動不已。

　　摩納哥畫展結束以後，因為距離下一場法國巴黎畫展還有十多天的間隔，宇環大哥便帶我遊覽摩納哥、義大利、法國，觀賞美景，暢享美食，領略各類風土人情。

　　他更教我服裝穿搭、社交禮儀，讓我更快更好地融入歐洲社會。前前後後，他總共送了我 35 套各式禮服套裝，這些禮服助我出席各種場合且不失時尚感。更神奇的是，我倆的身材

竟出奇地一致，這些禮服宛如為我量身定做一般。

他更常叮囑我少熬夜少喝酒，關心我的身體。劉宇環先生對我一生的影響巨大，他不僅僅是我的兄長，更是我的導師。與君同行一日，景哲受用一生。

郭平

世界第一大電訊公司華為輪值董事長。帶領團隊，苦幹實幹，名言是：「我們面臨的挑戰是明天很美好，但要活得過黎明，要與時間賽跑。」

Peter是世界級創投家，這點無庸置疑，但他最難能可貴的是不藏私，無論是自己的人脈、機會或知識，他都願意和你分享。例如Peter介紹摩納哥親王阿爾貝二世給我們認識，親王到中國訪問時，到我們北京辦公室參觀我們的設備及展示室，我們2018年到摩納哥裝設5G（第五代移動通訊）設備，成為華為在世界第一個5G示範國家。

他也介紹我與科威特第一大通訊公司Zain的總裁阿薩德（Asaad Al Banwan）認識，Zain是我們的大客戶，但始終無緣認識總裁。後來我去科威特訪問時，阿薩德對我非常禮遇。可

以說，打出 Peter 的招牌，在世界各地都會有朋友，而且都有默契，很容易交融，不單有利於業務，也有利於私人感情。

　　他連自己的服裝設計師也介紹給我們，食衣住行的需求，衣占第二位，是重要的需求，我也帶我們同事去做衣服，甚至北京辦公室的制服都是他們做的。

　　很多人對華為崛起歷程很感興趣，其實華為在 GSM 時代就開始做電訊設備，現今立足於一百多個國家，員工 20 萬人，營業額 8,900 億人民幣（約新台幣 3.8 兆，等於台積電的三倍）。華為的業務有三大範圍：一、電信營運；二、手機製造；三、企業數位解決方案。多年來，華為已打造出鮮明企業文化，一言以蔽之，是不要靠別人的文化。

　　對客戶：我們期待客戶不要靠別人，就是我們的設備服務都能滿足客戶的所有需求，他們不必再到其他地方尋找。

　　對員工：不要靠關係、靠別人來升遷，要肯努力打拚。員工只要創新、努力，在華為就有前途。

曾強

鑫根資本董事長。

認識 Peter 已經三十多年 ——

在矽谷，Peter 是全球下一代顛覆性技術的養潮者。

在紐約，Peter 是金融與時尚界的背後大老。

在大陸，Peter 是第一代創投教父。

在台灣，Peter 是遊走於政界、商界、科技界的呼風喚雨者。

在歐洲，Peter 是貴族、旺族、家族中座上客。

在人生的長河中，Peter 是一個值得信賴的智者與大哥。

楊嶺

春暉資本（Ophoenix Capital）合夥人。

第一次與劉宇環先生見面，是在 2011 年，Peter 約了我們春暉資本的三個合夥人在位於北京 CBD 的中經合辦公室見面，會議交流的過程恰恰正如辦公室裡懸掛的「緣分、過程、分享」六個字。後來很長時間，Peter 在我腦海中留下的深刻印象就是，一位在你最需要的時候能積極出手相助的人，一位竭盡所能而不求得失來幫助你的貴人，一位願意將其寶貴經驗和智慧熱情與你分享的智者，一位謙虛而又和藹可親

的長者。所以我說，很慶幸、很榮幸能遇見 Peter！

　　Peter 是個很講究生活品質的人。每次見到他的時候總是讓人感覺到熱情洋溢、精神十足，著裝得體又落落大方，無論是從顏色搭配，還是細節處理上，再加上一副顯然特別有質感的偏圓形眼鏡，不難看出是一位對生活永遠激情四射、對一切都顯得那麼有掌控力的智者。從與人分享中共同獲得快樂，也是 Peter 與人溝通交流的一個特點，無論走到哪裡，他總是最受到大家歡迎的那一位。Peter 常常會意想不到地送你一個特地為你挑選的小禮物，確實又特別適合你的那種。聚餐時候，Peter 常會挑選他去過、感覺又比較好的餐廳，並介紹特色菜品與你分享，讓你感覺到非常暖心的關懷。

　　Peter 雖然生在北京、成長在台灣，後來又去美國念書，到成為著名的投資家，但他祖上籍貫是在安徽的合肥，也就是當下備受關注的無論是從產業發展還是投資來看，都是中國最具發展潛力的城市。記得那次碰面，Peter 親切地問我：「小楊你是哪裡人呀？」我說我是安徽合肥人，從小在合肥長大的。於是 Peter 就親熱地說：「咱們倆算是老鄉，按年齡來算你要喊我鄉長啦。」原來 Peter 祖上是合肥的，前幾年他回合肥幾次，每次當地台辦和僑辦的負責人親自來接待，並組織當地參觀和考察，也算是省親啦。很巧的是我外婆也姓劉，姓劉

的那個年代在合肥是當地的三大姓之一。由此來看我喊 Peter 叫做鄉長也算是情理之中啦。

Peter 的母親姓唐，是中國近代史上著名的抗日保台民族英雄、清朝淮軍名將唐定奎的後人。唐定奎在清咸豐年間與四兄唐殿魁興辦團練，對抗太平軍。後經李鴻章舉薦，受命率領淮軍於 1874 年渡海援台，趕走了侵占台南鳳山（今高雄）的口寇，取得中國近現代首次抗口戰爭的勝利，並於戰後率軍在台灣高雄市旗後山頂籌建和修建了砲台。中法戰爭爆發後，1884 年劉銘傳受命赴台抗法，唐定奎又帶領淮軍將士冒死渡海，共同取得了抗法保台戰爭的勝利。深受兩岸民眾敬仰的民族英雄劉銘傳，也是同鄉，安徽合肥肥西縣人。

正是祖上這份厚厚的沉澱，一直激勵著 Peter 充滿著對祖國的熱愛，在事業蒸蒸口上的時候毅然決定將中國做為中經合的重點業務發展方向，並長期以來奔波於兩岸。如今的 Peter 已經成為被業內公認為亞洲風險投資界的領袖人物之一，也是華裔風險投資業內被公認的第一人，顯然有著祖傳將軍家族的血統和氣度。在我眼裡，這位鄉長不僅有著熱情、遠見，還有合肥當地人講情義、重感情的元素，是講江湖道義之人。印象中，記得好幾次 Peter 來我們這開會，他都會帶些不同的好吃點心過來，一起給大家分享，有時也會帶著他們北京團隊的同

事一起來進行經驗交流和分享，讓所有人都覺得其樂融融，在快樂的分享中工作著、生活著。

　　Peter 一直很忙，疫情之下也是兩岸三地在奔波，但無論他在世界的哪個地方，心裡都抱著對華夏祖國的濃厚感情，這也正很好地詮釋了為什麼中經合自創辦以來，很重要的一塊長期業務就是投資在中國，合作在中國，當然成功也在中國。

劉昕

中山大學生命科學學院教授。

　　被中西方投資界公認為「亞洲創投界的領袖先鋒人物」的創投大師劉宇環，他縱橫創投界四十載的實戰經歷、風投理念、實踐經驗、獨到見解凝煉而成的「劉氏標準」，成為其所創建的跨界創投機構中經合集團傳承的最核心理念與精髓，創造出無數投資帶來豐厚回報的成功案例，實現了投資企業高品質的國際化成長，培養出一批批活躍於中國大陸、台灣和美國矽谷的知名投資人，也成為眾多渴望成功的投資界業內人士景仰的偶像，稱得上是中西方投資界難以逾越的一座高峰！

　　劉先生是最早將風投理念和實踐經驗帶入中國的踐行

者，在改革和發展關鍵時期，將矽谷經濟與華人社會體制完美結合，這對透過風險投資模式推動自主創新及促進高技術產業高品質發展產生了重要影響，為中國的經濟發展做出了積極貢獻。劉先生認為，風投家在經濟轉型與升級的關鍵時期，有時可以起到四兩撥千斤的作用，用資本推動國家的技術與思維方式持續創新。因此，緊緊抓住中國經濟即將崛起的時機，結合個人在矽谷和台灣的實戰經歷、風投理念和實踐經驗，最早與北京市展開風險投資合作，也是在中關村科技園區發展的最關鍵時刻，與剛成立的北京控股有限公司聯合發起建立了「北京高科技發展基金」。國企與外資基金管理公司合作成立私募股權投資基金，這在中國歷史上是開創里程碑的大事件。

在劉先生的價值觀裡，最可貴的是雪中送炭。讓投資的企業變得更出色、推動更多企業為社會創造價值，是劉先生處世立德的根本思想。常年橫跨太平洋兩岸、熱心致力於推動大中華區科技創新的劉先生，極具領袖魅力與濟世情懷，總是給大家留下滿腔熱情、充滿激情、樂於助人的深刻印象。

在風投界，比敏銳與激情更重要的，或許是一種人生態度。劉先生卓越的投資理念和投資策略源於多年積累的投資經驗和超人的智慧，憑藉犀利敏銳善於捕捉市場先機的洞察力，及對風投行業的投資理念與獨到見解，經常將自己總結的

投資要領無償傳授給很多同行及圈內友人。聯想集團、清華大學企業集團發展遇到困難的時刻，劉先生無私地提供幫助。IDG 的周全、鼎暉的王功權、南方證券的闞志東、聯想集團的柳傳志，早年都曾得到過劉先生的點撥或幫助。

「透過風險投資模式推動中國自主創新」是劉先生樂於讓眾多企業獲得豐厚的投資回報和變得更出色的價值觀，也是中經合的重要使命。2009 年，中經合無私地幫助世界著名 AI 科學家李開復在北京創辦了「創新工場」。經過數年發展，創新工場不僅幫助眾多創業者開創出一批批具有市場價值和商業潛力的產品，推動天使投資在中國走向高度規模化與產業化，更重要的是培育了眾多創新人才和新一代高科技企業，說明創業者實現創業夢想，真正做到了為社會創造價值。

2018 年，劉先生向他的好友摩納哥親王阿爾貝二世推薦中國華為的 5G 技術，同年 9 月，摩納哥電信和華為在阿爾貝二世訪華期間正式簽署合作協定。2019 年 7 月，摩納哥成為歐洲乃至全世界第一個實現 5G 全覆蓋的國家，這是該國主要運營商摩納哥電信基於華為的技術實現。

善於捕捉市場先機是劉先生得以精準拿捏風投決策最核心的因素之一。他總能提前一個週期預見未來市場的熱點，以及用戶的需求，積極整合集團遍布全球的優勢資源，為早期及擴

張期的企業提供包括資金運作、政府資源、法令法規、行業新知等高附加價值的投資服務。這是一個高風險領地，不具備深厚投資功底的投資團隊輕易不敢涉足。中經合創立之初，一直致力於科技、媒體、電信領域的投資，涉及互聯網、無線增值、數位媒體、技術導向服務、半導體等多個細分行業，每個細分領域內實際都蘊含著百億乃至千億級的大市場。

在風險投資圈，劉先生是有著特定「江湖地位」的老大哥。劉先生認為，選好投資專案至關重要，一要看團隊，二要看技術和大方向，三是關注新媒體新生活，比如無人商店、無人汽車等。基於風投本身的行業特點，投資項目的決策必須做到「快」且「準」，這有賴於多年實踐累積的判斷力。

「風險投資最終目標有兩個，初期目標是扶持這家公司、提供附加價值，最終的目標是中長期的資本活力。風險投資經驗最重要的是中長期獲利，不是短期。」

「做風險投資要有耐心和定力，不要總想趕緊收割。在市場估值大幅上漲時，不能追高。」

對風投行業投資理念和獨到見解締造的「劉氏標準」，成為中經合投資團隊傳承的最核心理念和精髓。

多年來，在劉先生帶領下的中經合團隊根植於風險投資第一線，在歷經幾個市場週期的更迭後，已經建立起一套平衡價

格與企業使命的良性發展模式，且對投資趨勢與投資價值形成了獨特的判斷標準，不跟風，也不追單。由於投資眼光精準獨到，具有宏觀的國際視野，屢屢成功地將創投事業推進到國際市場。

讓創業者走得更遠是風投決策的價值觀。從發現價值到增加價值，直至創造價值，確保看得全、看得準，讓創業者走得更遠，是劉先生風投決策長期主義的價值觀，業內都將劉先生的投資理念當作最實用的教科書。協助沒有中國行銷經驗的優秀團隊進行產品當地語系化，說明他們制定適用於中國的行銷戰略，尋找並連絡有效的客戶，是中經合自創立之初就肩負的一項重要使命。尤其是說明客戶彌補在各類資源以及市場運營方面的不足，助推企業成長為世界級的企業是中經合的長項。

劉先生不僅熱心扶助大陸華人熟悉國際遊戲規則、在美創業，也協助歐美市場的先鋒團隊植根中國大陸。迄今，中經合已成功管理八支私募股權投資基金，投資企業超過 400 家，並創造超過 100 家上市及併購退出的成功案例。

錢大宏

上海交通大學教授。

Peter Liu，一些年輕朋友稱他為「Uncle Peter」，是投資中國大陸的創投先驅者和有遠見的人之一。他的創投基金在許多國家和地區取得了成功。

我第一次見到 Peter 是在 2014 年底，當時我賣掉了晶片公司，回到學術界擔任生物醫學工程教授。我還記得我們在上海威斯汀酒店的行政酒廊吃早餐。

我們共同的朋友都對他評價很高。Peter 給我的第一印象是非常友好和溫暖。他對食物和葡萄酒有很好的品味。更有趣的是，我們分享了晶片和電信行業發展史上的許多經驗。我喜歡他對半導體產業與電信產業中那些參與者各種故事的敘述，相當迷人。事實上，我隨後接受了他的邀請，投資了中經合的第八號基金，這純粹是基於他個人的魅力。

接下來的幾年，我們在上海、北京、台北和舊金山，以及他在柏克萊山崗的家中，聚會了幾次。和 Peter 的許多朋友一起，我們在享受美食和美酒的同時，也就跨國高科技產業動態進行了大量且深入的討論。

正如他做的許多投資所證明的，Peter 對高科技產業的遠見確實非常出色。在我們見面之前，我已經聽說他是 3G 行動網路基礎設施和晶片的首批投資者之一。我特別想提一下聚界的案例，這是一家新創核融合能源公司，由中經合在 2015 年

左右孵化和投資。數十年前,可持續低溫核融合一直是一個活躍的研究領域,但由於 1980 年代的科學醜聞,它受到了嚴重的阻礙。此後的許多年裡,很少有資金或注意力投入到冷核融合或受控核融合領域,無論是科學的還是商業的。這很像 2010 年代之前的人工智慧領域。然而,核融合是最終的清潔能源,因為它的副產品是水。

在我個人看來,利用核融合的力量比殖民火星更重要,因為人造太陽可以讓人們繼續生活在地球上。Peter 預見了這一趨勢,並在幾年前投資了聚界。

日本篇

竹中平藏（Heizo Takenaka）

日本首相菅義偉增長戰略委員會委員。原為經濟學教授，學而優則仕，曾任日本經濟財政政策擔當大臣（2001 年至 2006年）。是日本小泉純一郎時代的改革大將。

　　和劉宇環先生認識於每年的達沃斯經濟論壇，參加論壇的人大都是創業家，但他是充滿正能量、有遠見、慷慨共卓的創業家。記得十年前，Peter 才說不單是要減塑，而且要無塑，這是將來趨勢，他還投資了永續經營和減塑公司。果然他的預言在三、四年裡便成真。

　　2020 年 1 月參加達沃斯論壇時，COVID-19 疫情已經在中國蔓延開來，Peter 警告與會成員，這種中國新起的類似 SARS 的病毒將嚴重危害世界。當時美國和歐洲的疫情還未出現，他就已經警告，這是一隻超大黑天鵝，會帶給世界無窮影響。不

幸地，疫情已經蔓延兩年多了，他的預言再度成真。

我和 Peter 一樣，每年都會參加瑞士達沃斯會議，裡面有知名企業家、經濟學家。達沃斯有個特點，裡面任何演講、討論都不能使用投影片（PPT），因為達沃斯集合各國最菁英人士，誰都不能教誰，沒有 PPT，大家必須面對面、推心置腹（Heart to Heart）討論，這才能真正達到交流的目的。

有人質疑，達沃斯到底有什麼影響力，止於富人俱樂部而已嗎？其實達沃斯的使命是改變世界的現有狀況，它沒有拘束力，但與會人士都是能撼動世界之人，他們帶回去的觀念，就會影響執政者、學者及企業人。

後疫情世界，雖然有很多機會，但我最擔心的是未來世界踏上數位資本主義之路，會出現嚴重的數位差距，富國與窮國差距極大，社會不同階層也會有極度貧富差距，都是我們值得注意的問題。

高岡本州（Takaoka Motokuni）

airweave 愛維福創辦人兼執行長，其獨家發明的愛維福床墊，輕薄但舒適，是東京奧運會選手的指定床墊。

我父親創辦了一家電線電纜公司，2000 年左右，我在羅馬遇到了 Peter，當時我們都參加了歐洲大型科技盛會 ETRE，這場盛會專為科技創業公司和風險投資家舉行。以後，我們在日本、矽谷相遇，Peter 告訴我關於創業的一切，也把我帶進了他的人脈網絡，並傳授給我創投和創業的知識。

　　2007 年我終於有勇氣、有準備、有智慧，開創愛維福。2008 年 Peter 邀請我和我的兩個兒子觀賞北京夏季奧運會，也讓我立定志向，要為奧運提供選手的寢室用品。這個志向終於在東京奧運完成，我也沒有愧對我的 Peter 大哥。

新浪剛史（Takeshi Niinami）

三得利控股公司（Suntory Holdings）總裁，是這家百年企業第一位非家族成員的董事長。他畢業於慶應大學，擁有哈佛 MBA 學位，可以講流利的英語，是日本新一代的政商菁英。他曾向首相菅義偉建言，為台灣爭取疫苗。

　　劉先生對我們在台灣及大陸市場的銷售很有貢獻，因為他人脈廣，我在當羅森總裁時訪問台灣，他引介我認識尹衍樑，尹衍樑在中國大陸有知名商場大潤發，我們希望和他們合

作，後來雖然沒有談成，但是我很感激 Peter。

我們在達沃斯相遇，對中國、台灣、美國、歐洲情勢都談得很詳細，以後每年參加達沃斯，我們都聚在一起談世界政經趨勢，因為他對事情有長期觀察。

和他在一起，感覺世界很大，值得我們去探索，另一方面，世界又如此小，有他在，每個人都覺得很溫暖，到很多地方，你只要說「我是 Peter 的朋友」，你在當地都可以得到你需要的幫助。

現今大部分企業都不能固守一兩個品牌，產品都有生命週期，有的要新創、有的要更新、有的要創新，這樣才能抓住消費者的心。例如我們推出女士喝的水果啤酒，我們也去法國買知名酒莊。喝葡萄酒是世界趨勢，我們也必須跟得上。我們有百年品牌，必須充分利用品牌價值，劉先生都給我們很好的諮詢。

亞洲篇

Bagi（Batsaikhan Purev）

蒙古籍，創立蒙古第三大電訊公司天空通訊（Skytel Group）
和第五大控股公司 Shunkhlai Group，橫跨飲料、石油、資
訊、媒體產業。

　　我和 Peter 十年前在摩納哥的一家觀光旅館相遇，談起來
就一見如故，接下來幾大假期，他都和我及我家人一起在摩納
哥吃館子、聊天、聽音樂會，我們聊得很痛快，以後如果暑假
有空，我們都相約一起度假。這兩年因為疫情關係，大家都不
能出去，實在很想念我們的摩納哥假期。

　　他極力推薦我去參加達沃斯世界經濟論壇，在那裡聽到很
多重量級人物演講、指明世界經濟趨勢，讓我能往高處看，往
未來看，往遠處看，我都投資高科技，這些知識和資訊是最重
要的。

幾年前，他更介紹華為現任輪值董事長郭平給我們 Skytel Group 認識，電訊設備對電訊服務公司至為重要。郭平到蒙古訪問，大家都知道。Peter 的朋友也會變成你的好朋友，我們很順利地向華為購買電訊設備，他促成了我們公司與華為的雙贏，相信這是他最希望看見的。

達木丁（Tsogtbaatar Damdin）

曾任蒙古國外交部多邊合作司副司長。自 2002 年起，出任蒙古國總統的外交政策顧問。

　　當然 Peter 是非常有活力、有遠見的人，但他的溫暖更讓我難忘。

　　2018 年我去瑞士達沃斯論壇，第一天我們才剛認識，第二天午餐我因為忙著開會，趕不及用餐，下午遇到 Peter 時，他直覺我沒吃午餐，就從背包拿出一大堆巧克力，要我充飢。因為有其他人在，我有點尷尬，但他的神情看起來就像是一個父親在責備自己兒子工作太過努力而忘記吃飯，我就接下了。

　　沒想到他又從背包拿出兩盒太妃糖，要我拿著。那天下午

我滿手都是巧克力，我吃了一些，看到人就送給對方，要他們都能分享 Peter 的熱情，人不就是藉由分享來建立感情的嗎？

CC Tang

前華登國際合夥人，是劉宇環多年的合夥人，曾任銀行高階經理人及新加坡國立大學教授，與學生分享經營商業金融經驗。

我在遇到 Peter 之前，是一家大型銀行新加坡分行的總經理，負責該銀行在整個東南亞的活動，是 Peter 鼓勵我出來創業，我們都成了華登國際合夥人。

Peter 是一個很有創意的問題解決者，我們想要亞洲開發銀行投資我們的基金，但是很多技術問題有待解決，就在馬尼拉機場裡，我和他及陳立武（華登國際創辦人）一討論，馬上就想出解決辦法。

我們一起見證了 1990 年代、2000 年代亞洲的科技起飛，跟他一起工作，是我個人最愉快的經驗之一。

黃松豪（Song How Ng）

與劉宇環為新加坡合夥人，現為 CLNSH Capital Pte Ltd 和 Nano Sensor Investments Pte Ltd 董事。

我很榮幸能在 2000 年與 Peter 密切合作，共同創立了一家位於新加坡的合資風險投資基金。做為 Peter 對培養下一代風險投資的開放和承諾的證明，他全心全意地為合資企業做出了貢獻。他毫不猶豫地利用他的人脈網絡和資源，使該企業取得了巨大的成功。在新加坡，我們獲得了新加坡國家科學技術委員會（NSTB）的基石贊助，與多家本地和國際金融機構和企業一起成為主要投資者。

黃鴻年（Oei Hong Leong）

印尼著名華人財團金光財團董事長黃奕聰的次子，有著傳奇背景。1960 年，年僅十二歲的他被父親送往中國，就讀於北京二十六中。1966 年畢業，在山西農村插隊一年。1980 年代末脫離家族財團自立門戶。

我從 Peter 那裡學到很多，尤其關於中國的國情。我開始

在中國做企業時，剛好他也進去，我們亦師亦友，不單是彼此的朋友，我們家人也是彼此的朋友。

他朋友滿天下，他願意保持連繫，花時間與朋友相聚，二十幾年都是如此。他如來新加坡一個月，我保證他三餐，早餐、中餐、晚餐，排一個月都排不完，所以他還沒來以前，我都要趕快跟他約，否則根本排不到我。他可能會缺資本，但不會缺朋友。

他在創投界的成就，我只能講個比喻，如果半導體教父是張忠謀，那麼創投教父就是劉宇環。最難得的是他專注本業，不玩政治，他出來選舉也會勝選，他也知道政治手腕，但他不願意玩，保持他做企業的本性。

葉垂青（Wendy Yap）

娟秀女強人，印尼華僑，一手締造印尼最大的麵包廠 —— 日清麵包廠（Nippon Indosari Corpindo），二十五年前創業，目前每天做 500 萬個麵包，在全印尼 12 萬家零售店販賣，有一百多種口味。她還兼營房地產、辦公大樓及開發土地。父親曾經營印尼最大的麵粉廠，當時是世界最大的小麥買主。

Peter 和我沒有商業往來，我沒有投資他的基金，他的基金也沒有投資我們公司，但我們卻是二十幾年的朋友，我不懂創業投資與操作規則，對我不懂的領域，我不願投資。

　　但 Peter 一直和我保持朋友關係，我覺得朋友是有來有往，他到新加坡，我和他其他朋友一定會聚在一起，我媽媽親自下廚做印尼菜和點心給他吃，我們到美國舊金山，他會幫我們安排住宿、吃飯，超越做主人的情分。

　　我們雖沒有彼此投資，但會交換很多商業趨勢，尤其是中國的經濟發展，以及世界科技最新趨勢，增廣了我的視野。

　　我也跟 Peter 學到朋友要多，不必很密切，就是所謂君子之交淡如水，而且絕對不要樹立敵人，這種進退應對都很需要EQ。

歐洲篇

阿赫萊特納（Paul M. Achleitner）

德意志銀行監事會主席。

我很少碰到一個人，一見面就想跟他深交，我們是在瑞士世界經濟論壇上第一次見面，他對我的報告內容提出挑戰，我們不打不相識，從此成了好朋友，每年都在達沃斯見面。論壇每年舉辦德國之夜，我都邀請他去，他也安排我去大陸參加大型聚會及演講，我以有這個朋友為榮。

很多人形容創新的人是思想超出框架之外，Peter 卻是思想沒有框架。他創新，也保持傳統，他有堅定理念，但也有新見地。不像很多矽谷的創業家，堅持自己的觀點，不容別人反駁，Peter 的談話總讓人留下思考餘地。

例如在四年前，他就告訴論壇人士說，中國不可能一直高成長下去，一定會有瓶頸，企業都應該未雨綢繆。他等於事先

警告我們不要太過天真，要預做準備。

有這種寬廣思維，來自於他的個性，願意接受新事務，也來自於他的無盡探索，例如他現在致力推廣的核融合，對世界都是嶄新的知識，前蘇聯做過，法國現在也做，都不算成功，但是他願意試，而且做成桌上型核融合發電機，預祝他成功。

年輕人應該以 Peter 為模範，不能只在舒適區裡打轉，有句話說，舒適區很舒適，但不能長出任何東西，也就是不會成長，這情形在亞洲、歐洲和美國都發生。年輕人做事要投入（Intensity）、傾全力、有熱愛，也要有知識的好奇心（Intellectual Curiosity），喜歡探索，愛好往深處鑽研。

柯里（Hamza Al-Kholi）

Al-Kholi集團的所有者、創辦人、股東、董事長兼董事總經理。

十六年前，我在達沃斯的世界經濟論壇上遇到了 Peter。我們擁有相同的價值觀。他有創業精神，有遠見，設定目標，決策正確。而且對朋友、時間和精力都非常慷慨。到中國去拜訪他，他是最好的主人。

巴札克（Ion Bazac）

羅馬尼亞前衛生部長，醫學博士、工商管理碩士。

劉宇環先生是一個真正的華裔紳士。

六年前，我遇到劉先生後，感到非常幸運，因為他改變了我對中國、華人及其對世界技術和發展的貢獻的看法。

如果要找一個「LOGO」來定義劉先生，我認為有三個詞彙：慷慨、紳士和負責任。

布拉塞爾（Doris Blasel）

西門子創業投資母基金董事總經理。

我在德國大型科技公司西門子股份公司（Siemens AG）擔任風險投資基金投資人的第五年，我們決定考慮對中國風險投資基金做出貢獻。2004 年，只有少數歐洲投資者將目光投向中國。在我開始進行深入研究時，想選擇一位具有多年風險投資經驗與良好紀錄，且同時了解美國／歐洲和中國／亞洲的合作夥伴。

當我在 2004 年第一次見到 Peter 時，他對技術創新的熱

情，以及他和他的團隊自 1993 年以來的豐富投資經驗，讓我留下了深刻的印象。而且他是為西方世界和中國／亞洲之間搭建「橋梁」的先驅，他完全具備成為我們合作夥伴的條件。當時，他已經管理著舊金山、北京、台北和新加坡的辦事處。

除了當時這些理性的條件評估，我個人一直被 Peter 無盡的能量、非凡的抱負所吸引，尤其是他美好的人格特質。在德國，我們說「er ist Mensch geblieben」，沒有確切的翻譯，但這意味著 Peter 非常關心他的家人、他的團隊，以及和他有業務往來者的福祉。他總是一定要讓對方帶小禮物回家，並樂於與大家分享他的經驗。我一直都知道，我可以在半夜打電話給 Peter，他會盡一切努力幫助我。

Peter 一直是我在全球創投事業的完美榜樣。這個世界需要有遠見的人和雄心勃勃的人，才能使我們的世界成為對我們所有人而言更美好的地方。

布拉赫曼（Gerd Brachmann）

有「德國的比爾‧蓋茲」之稱，1980 年代崛起，只有高中畢業，從學徒做起，白手起家締造電子帝國，目前為德國電子巨人麥迪龍（Medion AG）的董事長。

Peter 十分樂於助人，也善於建立人際網絡，更有遠見，能以閃電般的速度識別新趨勢。

他是一個非常聰明的網路人，同時也是一個有遠見的人。只要你有問題，一年 365 天，一星期 7 天，每天 24 小時，你都可以找到他。當你談起自己面臨的問題，他會仔細傾聽，關注你。他是值得信賴的朋友。

庫奇亞尼（Enrico Cucchiani）

跨足銀行、金融、保險行業的 CEO。第一個 CEO 職位是 Gucci 集團的執行長，接執行長時還不到四十歲，負責把 Gucci 從破產邊緣重整、再生。目前自己創業，是私募股權和顧問公司 Think Global Investments 的執行長和創辦合夥人，專注於協助歐洲中型企業擴展全球市場和技術升級。

Peter 是個非常有同理心的人，他能夠關心你，知道你的關切點在哪裡，不管是哪國人，他似乎都能直透你心。我們相識於達沃斯，但是後來有很多機會相遇，例如擔任他投資公司的董事，以及他公司的諮詢委員會成員。我去中國訪問，甚至一起去賭城看秀，我們有著深厚的連結。

Peter 也是給你第一印象很深的人，但是他給人第一印象的方法，和其他大人物不同，例如有人以權力取勝，普丁給人印象深是他擁有無上權力、霸氣，有些科學家以理性和知識獲取印象，Peter 是靠與人的連結讓人印象深刻。

　　他是全球級領導人，「全球」自不待言，他在任何文化中都調適得很好，我們的文化大部分是單一文化，例如美國文化、英國文化、義大利文化等。但 Peter 糅合各種文化，美國、中國、台灣、法國、義大利、摩納哥、沙烏地阿拉伯、印度，他和每個人都可以相處，同時，他也不會忘記自己的根，唯有立足在自己的根上，你才能融合其他文化而能自處。

　　根據以色列總理西蒙的說法，領導人就是能為人締造未來的人。Peter 讓人看見未來，也幫人締造未來，尤其是科技業，他有眼光看準哪個產業會興盛，以及哪個人會成功。他總是很真誠地幫助別人，尤其是年輕人。

　　Peter 總是如此充滿活力，我從來不知道他的年齡，他是永遠的長青樹。不只是與人充分連結，他還能鼓舞人，給人引導，是種多層次、多向度的連結。

　　他也是個 multiplier，可以帶來乘數效果的人。人們會感受到他的熱情，他的朋友會變成你的朋友，你的朋友變成他的朋友，大家都成了好朋友，然後又介紹更多人認識，彼此交流經

驗及知識，分享人生喜怒哀樂，讓我們都變得睿智許多。

多維迪奧（Manfredi Lefebvre d'Ovidio）

義大利裔，現居摩納哥，銀海郵輪（Silversea Cruises）前董事長。

劉宇環有令人不能置信的連結能力，這個能力是以知識、同理心、洞見鋪陳起來的。

在達沃斯，我們是「天生冤家」（Odd couple，美國影集名），如果我們坐在一起，一位要去洗手間，另一位就幫他占位子。

往往在場不會有人比他更懂中國，他也最能客觀講出中國的優缺點。我從事遊輪業，因此世界知識也豐富，但遠不及他。會後，有時我們會一起去羅馬卡布里島（Capri），一方面談生意、拜訪朋友，也去上好的館子享受美食，Peter 總是幫我夾菜，因為常與他吃飯，我胖了 5 公斤。

現在疫情期間，沒辦法見面，我們只有彼此遙祝對方平安，他是我開放後第一個想見到的人。

蘭迪（Marco Landi）

義大利人，曾任蘋果電腦全球總裁，直接向賈伯斯報告，而且是將賈伯斯再度引進蘋果電腦的關鍵人物。

　　我和 Peter 相識於在歐洲舉行的 ETRE，就是歐洲每年都舉行的科技研討會。我們一見如故，除了對科技的了解，他做事、做人的熱情，也讓他迅速贏得人心。

　　認識那年，我就請他去我家吃披薩，他自在爽朗，我們成了好朋友。

　　2014 年某一天深夜，我接到 Peter 電話，他在摩納哥的醫院裡，他剛從義大利薩丁尼亞飛來，一下飛機就腹痛如絞，送到醫院，醫生診斷，隔天早上要開刀。我第二天一早就開車過去，我住在蔚藍海岸（French Riviera，度假勝地尼斯附近），開車半小時左右，進入病房時，看到他蒼白的臉。他的腹痛是膽的問題引起，造成大量流血，開刀前兩個小時，我握著他的手，安慰他，和他一起禱告，一直對他說：「你會好的。」

　　他的家人沒有隨行，想想看，一個人遇到這種事該有多孤單懼怕。如果我在北京得病，住在醫院裡，語言不通，有個懂得在地語言的當地朋友，能幫我和醫生溝通，是多麼令人感到安慰。於是，我就扮演了這個角色。他兒子第二天趕到，我去

機場接他，載他去醫院。經過這次事件後，我們的友誼更堅固了。

之後，他請我擔任芯原科技的董事，我們共同支持戴先生一路從開創到現在，現在芯原已經在中國上市，我們也覺得夠安慰了。Peter 是個知恩、感恩、報恩的人。

莫加丹（Alexander Moghadam）

摩納哥大使俱樂部會長，生長於伊朗，後至德國，波斯地毯營運商。

Peter 很喜歡贊助非營利事業，像我們俱樂部每年舉辦的活動，他都會大力贊助。我們都做幫助貧窮國家的慈善事業，Peter 也等於是在幫助這些國家。

1976 年在摩納哥旅遊時，因為坐在當時摩納哥王妃凱莉鄰近座位用晚餐，被王妃親自邀請移居摩納哥，一生以此為榮。我覺得人都有緣分，我們的王妃凱莉是美國著名電影明星，五十年前嫁給我們親王，一直扮演國民的美麗母親角色，摩納哥因為她更聞名遐邇。

我在摩納哥大使俱樂部擔任會長，這個俱樂部扮演著摩納

哥親善大使對外的角色，凡是摩納哥居民都可以參加。摩納哥是個民族大熔爐，很多會員出生地在別國，移居摩納哥而來，因此現任會長是飾演 007 的羅傑・摩爾的兒子，他們都是從英國來的。大使俱樂部猶如聯合國，幾乎每個國家的人都有，都為世界和平而努力。Peter 是我們俱樂部第一個華人會員。

　　我們彼此分享朋友，例如物理學家亞涅夫（Kostadin Yanev）是我介紹給 Peter 認識的，他們兩人也成為好朋友，他現在是 Peter 的重要顧問，因為 Peter 計畫要做的核融合事業，跟物理很有關係，人就是要互相幫助。

　　Peter 兒子的婚宴在台北舉行，他邀請我們遠地朋友一起去，不單祝賀新人，很久不見的朋友也能相聚。他是個融合劑，把大家都黏在一起。

亞涅夫（Kostadin Yanev）

來自保加利亞的原子核子物理學家、電腦科學博士，現居摩納哥，是跨領域創業家，在歐洲各國都擁有新創事業。

　　Peter 的好處很多，但是有個危險處，就是你吃飯時不要

坐他旁邊，否則他一直給你夾菜，吃一頓飯後，就會長胖。

我們是好朋友，這幾年因為他在從事核融合事業，每兩個星期就會通一次電話。通常在某個晚上，我喝了我的夜間酒（Night Cap）後，他會打電話來給我，寒暄一下，問我家人好後，就開始談物理、談機械及量子，我們有無盡的話題可以談。

他學得很快，他不必懂得技術，但是要知道如何商業化，不過他對技術原理也會追根究柢，很可能一個細節，就會影響全局。我喜歡跟他一起腦力激盪，他的視野和健談，豐富了我的人生，友誼就是如此。

他很慷慨，也能幫人著想，我有個家在舊金山附近，離 Peter 家只有 10 分鐘車程，每次我去舊金山時，他就把辦公室借給我，我可以在那裡會客、做研究，有工作的感覺，不是只有去度假。

我覺得核融合人有前途，我在歐洲最著名的核子研究中心（CERN）實驗室裡工作過，在很多電力公司也待過，所以我對這個產品也深具信心。

美國篇

克里曼（Sanford (Sandy) Climan）

好萊塢知名電影製片人，集製片、編劇、導演才藝於一身。

家庭！還有什麼比家庭更重要？我和 Peter 認識多年，已經成為彼此大家庭的一部分。

我擔任世界經濟論壇成員及其媒體與娛樂顧問已超過二十五年。每年在達沃斯開會，Peter 總是熱情、開放、合群，他在大廳裡徜徉著，衣著和眼鏡與他所樂於分享的溫暖和智慧同樣精采。

達沃斯最重要的活動是閉幕晚宴，每年 Peter 都是我的座上賓。晚宴參加者有金融、文化、全球商業和政治領導人物。Peter 總讓他們著迷。年復一年，他都會帶來中國的傑出人物，其中許多人成為我一生的朋友。

弗里德曼（Alan Freedman）

摩爾資本（Louis Bacon's Moore Capital）的投資組合資深經理。主要集中投資醫療保健和生物技術及教學科技等。

Peter 是一位真正的全球政治家，他連接東西方。他的家庭背景和個人經歷，使他在世界各國同樣自在。他的樂觀有感染力，更能以長遠的眼光看待投資，並樂於分享經驗給年輕人。

尚喜（Shahi Ghanem）

中經合集團資深合夥人。

和 Peter 相遇的那一年，我才二十七歲。Peter 是個直率、有血性的人，第一句話就對我說：「叫 Uncle Peter！」我老老實實地叫了聲「Uncle Peter！」Peter 才准我開始簡報。

他投資了我 1 億新台幣，但是回收了 30 億新台幣，我很慶幸自己沒有辜負 Uncle Peter！

Peter 對我來說像個老師，認識他之後，生命豐富了很多，到亞洲、到中國、到台灣、到韓國，使我大開眼界，文

化、歷史、民俗，都成了我可以順利經營新創公司的關鍵。

技術我很在行，這方面 Peter 幫不上忙，但 Peter 對市場策略十分敏感，也給我和合夥人許多指導，像是組織、團隊、溝通如何配合公司的市場策略。

當時 DivX 正在研發一種影像檔壓縮技術，原來我想，我們研發出來的規格只要能用在美國和歐洲，公司就可以上市，只要賺了第一桶金，就可以此生逍遙。但 Peter 一直告誡我：「你要有眼界，拉高企圖心，亞洲的世界很大。」

Peter 對新認識的工作夥伴，會先測試，然後再放你上路，例如他先要我見很多公司副總經理，覺得測試成功後，才讓我去見總裁或董事長等最高長官。一般人見不到的人，Peter 一通電話打去，就沒問題，他帶著我一起去見了聯發科董事長蔡明介，談得很愉快，當然也做成了生意。

後來他也開始放手讓我獨立，我自己去見三星董事長，有了以前的經驗，便知道亞洲人其實是在吃飯的場合做生意，所以這種例行簡報，只要心存自在即可，因此消除了不少緊張情緒。

Peter 是個工作盡心盡力的人，他無論何時何地都在為投資人、為投資公司想方設法，冀望他們能夠成功。我和他一起出差，有時一天要安排八場會議。

他也教我如何穿衣服，介紹北京的服裝設計師王麗給我，至今二十年，我已經從王麗那裡定製了 500 件襯衫、50套西裝。

我也從 Peter 那裡學會了送禮。美國人大而化之，送禮覺得太麻煩，但是人心裡都喜歡接受禮物，那表示你對他的關心，不過要送打動人心的禮物，就牽涉到你對人的敏銳度，而這種敏銳度對客戶、員工的人際關係都特別重要。

Peter 還啟發了我：「對老闆，不要爭辯。」在工作期間，他是想要影響你，你不同意的，得跟他辯論、抗爭，但是你知道自己絕不會贏，因此乾脆第一時間就聽他的話，而很多時候，事後證明他又是對的。

有一次 Peter 要我跟中國官方打交道，拓展人脈，我認為不必，美國、歐洲市場已足夠了，於是極力抵抗，Peter 說：「我開除你。」我也倔強地回：「沒什麼稀奇，我明天就走。」

當然當時都是氣話，第二天我們重修舊好，又一起打天下了。他少不了我，我少不了他。

我剛遇到 Peter 時，父親才剛過世，後來他一直像個父親那樣教導我，我們之間的關係不只是工作上的老闆與夥計，還像是師徒，甚至父子。我在墨西哥卡波聖盧卡斯（Carbo San Lucas）結婚時，結婚前夕是新郎的單身派對。沒有父親

出席，我覺得十分遺憾，在那前幾天打了電話給 Peter，希望 Peter 代我父親出席，沒想到，Peter 那天真的飛來了。

在單身派對上，Peter 一下就讓全場心動，彈著吉他，旁邊有兩位女郎伴舞，而且代表我父親致辭，講得情義感人，第二天又陪我忙了一整天。有他在，絕不會冷場。他是我的第二個父親。

肯傑森（Kenneth Giacin）

永生細胞前董事長，曾任嬌生（Johnson & Johnson）副總裁多年。

Peter 眼光遠、有耐心，也有堅持力，就是成功最需要的韌性（tenacity）。例如永生細胞這家臍帶血公司高低起伏，近乎二十年，但是他一直沒有放棄，沒有退出。

因為這是極具意義的企業，在這之前，臍帶血只有高加索人才有資料庫，其他人種要做臍帶血移植，都沒有資料庫可比對。

Peter 很平易近人，識人卻很精明，可一眼看出這個人是否可靠、講話是否誠實、有沒有商業意識。Peter 可以針對問題，

做出很有創意的解決方法，而且有多個解決方案。一個不行，再試另一個。他還有豐富的資源，來支持不同的解決方法。

海米格（Martin Haemmig）

於荷蘭 CeTIM 中心擔任兼教授（Adj. Professor & Partner at CeTIM/GLORAD）。

2003 年，Peter Liu 聘請我擔任其風險投資基金的顧問，當時我正為史丹佛大學 SPIRE 擔任風險投資高級顧問。我當時對「風險投資全球化」和「新創事業走向全球」的學術研究，和中經合的創投業務走向相當一致，因此在接下來的幾年內，我們豐富了彼此的見解和網絡。

後來我在北京人民大學開了第一門博士班的創投課程，並邀請中經合創投團隊成員在課堂上分享他們在創業投資和培育創業者成長道路上的經驗與最佳實踐。

此外，我也接受世界經濟論壇邀請，規劃並創立風險投資小組，同時擔任全球學術顧問。多年來，Peter 與中經合團隊一直做為貢獻者和參與者，受邀參與我們的重要活動。

中經合是第一家專注於中國、台灣、美國的風險投資基

金，以創始團隊成員的身分參與風險投資小組的創立。在達沃斯舉行的世界經濟論壇年會，讓 Peter 能夠與部長級官員，以及最大跨國公司的董事長、執行長和技術長會面。這也讓他能夠為他的公司建立龐大的網絡。

做為世界經濟論壇成員，Peter 也每年應邀參加在中國（大連和天津）舉辦的夏季達沃斯（新領軍者年會），並在那裡與百度、騰訊等中國重量級企業創辦人以及政府高層官員會面。

安永（Ernst & Young）在福勒（Gil Forer，安永全球風險投資顧問團隊負責人）和我的領導下，組織了全球活動，向創投家和創投公司宣傳中國創業投資機會。中經合在著名的北京中國會舉辦了一場盛大的晚宴，世界經濟論壇的創辦人施瓦布（Klaus Schwab）也要求他的主要員工參與。

由於中經合有一個非常獨特的跨太平洋商業模式，將矽谷與台灣和中國連結起來，著名的史丹佛商學院教授福斯特（George Foster）還將中經合做為一個案例研究提供給史丹佛。

凱（Steven Kay）

加州律師協會的活躍成員，在舊金山地區執業超過四十年，是著名律師事務所 Kay & Merkle, LLP 的聯合創辦人，專門提供房

地產和商業法律服務，也擔任許多政治人物的法律顧問。

我在 1990 年因為處理 Peter 的公司事務而與他結識。他熱情、富有同情心，但對業務和業務相關人士有紀律和高敏銳度。這樣的人格特質是相當難得的組合，這來自他的洞察力與專注所累積出來的智慧。

後來 Peter 自創門戶，公司經營得很成功，並且質量兼具。他和公司裡的人都注重自己的專業倫理與價值觀，對客戶服務至誠。Peter 在工作上是非常好的合作夥伴，在工作之外則是我難得的好友。

麥庫伊（Bob McCooey）

那斯達克交易所全球市場總監。

我不知道我何時何地第一次見到 Peter，不過一旦 Peter 成為你的朋友，就會感覺他是你一生的朋友。他會為他的朋友做任何事情，並希望他的朋友成功，因此他將盡其所能幫助朋友實現目標。

我對 Peter 最早的記憶是在 2008 年底。我剛剛接那斯達克亞太區上市負責人，我們為中國客戶舉辦了全天活動，隨後是

雞尾酒會。我在中國人生地不熟，於是在活動前幾天使用微信連繫了 Peter，讓他知道我在城裡。我連繫 Peter 之後，他立即停止了手頭上的一切事務，連繫了幾個他認為我應該認識的朋友。

任何場合只要有他，他都會盡量把在場的人拉攏在一起，在吃飯的過程中大家都覺得相識很久了，已經是老友了。

和他的交往，兼具感性與知性，有趣而且學到很多，資訊含金量相當高，是歡樂與教育的結合。

林政緯（Paul Lin）

安慶國際法律事務所（Akin Gump Strauss Hauer & Feld LLP）合夥人。

我第一次見到 Peter 是在 2000 年初的 E-Beijing 會議上，並知道他是跨境創投的先驅。他穿著得體，非常友好，並且有魅力。後來，我透過幾位共同的朋友和百人會的聚會更深入認識了 Peter。

多年來，我們的友誼持續發展，隨著我們開始合作，Peter和其他朋友贊助了我，我也成為百人會的成員。我很感激

Peter 讓我參與百人會。

Peter 非常善於「搭橋」，他總能將百人會與政治和商業界的傑出人物連結起來，慷慨地為他的朋友舉辦聚會，並毫不猶豫地為拓展百人會的業務做出貢獻。他也非常關心、照顧別人。做為一個經常在世界各地旅行的人，儘管他的行程十分繁忙，還是會特地撥出時間連繫、問候朋友。

我們每年在拉斯維加斯的消費電子展（CES）見面，一起玩幾個小時的 21 點。這個傳統已經延續了十多年，我們每年都很期待。

年輕一代可以從 Peter 那裡學到很多。他真誠、慷慨、熱情、關懷、忠誠，毫不猶豫地為年輕人指引方向，並為他們提供登上舞台的機會。

我非常珍惜我們的友誼，並為 Peter 出現在我的生命中感到自豪，我期待著我們的 21 點約會。

王蔚（William Wang）

華人之光，北美第二大電視機品牌 VIZIO 電視創辦人。

我和 Peter 相識至今剛好三十年，最欣賞的是 Peter 對我的

雪中送炭。2002 年，是我最潦倒的時候，公司差不多破產，我把自己的房子抵押，籌得 40 萬美元，Peter 投資我 5 萬美元，我再從各方借得 10 萬美元，希望重新做起，我預測智慧電視已成氣候，要在此領域創業。

Peter 的 5 萬美元不只是個數字，而是一個鼓舞，也等於獲得認可，讓我能堅持不懈。

那次我租了一家公司倉庫的走道，從那裡開始了 VIZIO 電視。

台灣有家美格電視，我很早就幫他們在美國行銷，那時我才二十幾歲，還在南加大讀研究所。後來美格要出售，在過程中認識 Peter，以後我們每年都要聚個兩、三次，他最早是投資我以前創辦的數位電視機公司。

1997 年，我就創辦了數位電視公司，產品昂貴大約 1 萬美元一台，網路還不發達，很少人願意買又貴又難操作的電視機，因此產品不能暢銷，價格降不下來，公司存活都有問題，Peter 募集的資金投資我，就遭遇了問題，但是後來我創辦 VIZIO 有給當時投資人一些乾股，做為補償。

那幾年是我最黑暗的時期，忙著還債。2000 年新加坡航空 006 號班機從新加坡樟宜國際機場出發，經台北中正國際機場（今桃園國際機場）飛往洛杉磯國際機場，在象神颱風強風

豪雨下，起飛滑行時誤入已經關閉的跑道，飛機霎時爆炸起火，83人當場死亡，生還96人。

我是生還者之一。當時我坐在商務艙樓下，趕緊從前面艙門跑出去，居然毫髮無傷，實在是上天保佑。若我坐商務艙樓上，就不可能生還，坐在那裡的乘客不是受重傷就是當場罹難。

而我為什麼會踏上死亡班機呢？原本我那天要搭乘華航下午回洛杉磯的班機，但是要和光寶公司董事長林行憲開會，我那時積欠很多貨款，開會是希望他們能展延債務，他只有下午四點半有空，因此我改搭晚上的新加坡航空。上飛機後，就覺得不太對勁，風太強了！這次真可謂大難不死，我很珍惜這個第二人生。

一年多後，網路成熟，液晶電視因為零組件成本大幅降低，我們因此能以不同商業模式出現，例如美國、台灣、大陸兼研發、製造，就大幅降低成本，而且網路飛速改進，讓觀眾能享受智慧電視。在這高高低低的過程裡，Peter如大哥哥般一直在我旁邊鼓勵、幫助我，免費讓我諮詢。我住洛杉磯，他住舊金山，只要我去舊金山，他來洛杉磯，我們都會碰面，暢談創業經驗、科技趨勢等。他從來沒有因我第一次創業失敗而看輕我，也知道我的實力，只是那時市場還未成熟。

第二次創業，VIZIO 因為價廉物美，很快打入沃爾瑪、百思買等賣場，我們專注在美國及加拿大，2020 年以前，我們都是占北美第一品牌，現在排名則僅居三星之後。三星是全球電子龍頭，經營手機、家電（電視機、冰箱、洗衣機）等產品，我們居第二位，是專注耕耘本土市場所致。

　　2021 年 4 月我們上那斯達克 IPO，現在市值 40 億美元，上市目的除了募集資金，最重要是我們要找到頂尖人才。電視機已成大宗物資，沒辦法有突破性的創新，唯有從軟體改進，我們電視機現在隨機附送 200 個電視頻道，例如 HBO、CNN 等，我們把觀眾看節目的數據留下來，和這些廣告主對分，大數據收入是我們來源之一。

　　智慧電視製造商，有如通路商，對軟體技術要求甚高，我們其實是和亞馬遜、臉書、Google 等企業同時競爭人才，不上市，很難吸引到人才。

安平

百人會公關主任。

　　2000 年，我剛到紐約，人生地不熟，經過一位熟人介

紹，來百人會面試並被聘用，擔任了百人會的公關主任。

由於 Peter 一點架子都沒有，我在和他交流時就很放鬆，也常和他開玩笑。他見多識廣、興趣廣泛，也喜歡和我分享趣聞，所以我喜歡和他聊天，他的見聞讓我受益匪淺。

Peter 雖然世界各地飛，但對百人會的會務及會員都非常關心。2001 年，百人會近 40 名會員訪問北京，我負責協調衣食住行及會務，工作量之大一個人實在應付不了，Peter 就讓他的助理杜謙女士全程協助，我至今感恩不盡。後來幾次訪問中國，Peter 也都解囊相助，並為我們安排了多場與重要領導人的會見，我們的訪問成功是和 Peter 的鼎力支持分不開的。

2011 年，百人會在紐約籌備年會頒獎晚宴，準備頒發「促進中美關係領袖獎」給美國前財政部長鮑爾森，以及當時的中央財經領導小組辦公室副主任劉鶴。頒獎晚宴在著名的紐約大都會博物館丹鐸神廟舉辦，四百多名各界要人出席了那場令人難忘的活動。劉鶴獲獎，正是由於 Peter 的推薦和連繫。

何吳筱英（Doreen Woo Ho）

舊金山港口委員會委員、Hercules Capital 董事會現任獨立董事，擁有超過三十五年的商業與消費銀行業務經驗。

我們都是在美國百人會認識 Peter，然後都在百人會委員會裡合作。兩年來，我們招募了 23 位新成員，他們是最優秀、最聰明的華裔美國人。我負責在美國的新會員，Peter 負責在台灣和大陸的新會員，彼此合作無間。

　　2010 年我競選美國百人會主席時，Peter 提供了競選建議，並鼓吹會員投我一票，顯示了他對朋友的忠誠和熱情。

　　Peter 在搭建中西文化橋梁方面相當盡心，2016 年我贊助舊金山歌劇院在灣區登台演出《紅樓夢》，他立刻自願幫忙把歌劇帶到中國 —— 《紅樓夢》的故鄉。我相信他有遠見，看到了彌合中美文化鴻溝的重要性，這是兩國間的軟外交。

　　Peter 克服重重障礙，在舊金山首演《紅樓夢》一年後，就把《紅樓夢》帶到大陸各大城市上演，如北京、武漢、長沙等，場場爆滿，而且有超過 400 萬的在線瀏覽量。我們的信念和夢想得以共同完成。

　　Peter 與我的丈夫 James 也是知心朋友，他們共享生活樂趣，在美食與葡萄酒中，建立起終生的友誼。

陳立武（Lip-Bu Tan）

現任益華電腦（Cadence Design Systems）總裁，為華登國際

的創辦人。

我認識 Peter 這個老大哥快四十年了，我在 1984 年創立華登國際之後，邀請 Peter 加入，然後進軍台灣、大陸。因為他的專業、眼光、執行力及人脈，讓我們在大中華地區擴展飛速，打下華登國際的基礎。

陳李琬若（Lily Lee Chen）

加州蒙特利公園市（Monterey Park）前市長，是全美最早的華裔市長。

我和 Peter 相識多年，我們是在美國百人會裡認識的。由於兩人都是北方人，他很豪爽、熱情，這麼多年來我們都是好朋友。

Peter 對百人會貢獻卓著，他在任百人會會員延攬委員會主席時，負責招募新會員，費盡心思招募優秀的會員，例如李開復等。百人會致力美、中、台關係的拓展，有新血進來，加上老將，不單有助會務拓展，也大力加深了美、中、台關係。

Peter 衣著很時髦，可以做《GQ》（男人最著名時尚雜

誌）的模特兒，但是他內心充滿中華情，一直致力於推廣中華文化，例如他和朋友出錢出力支持《紅樓夢》以英文歌劇演出，不單在美國演出，還在中國幾個大城市演出，獲得中美各界的讚賞。

靳羽西（Yue-Sai Kan）

美國華裔電視節目主持人、製片人、企業家，羽西化妝品品牌創辦人。美國百人會成員。

Peter是很會分享的人，有次我在夏威夷過生日，請了很多朋友來，他不單給我帶生日禮物，也給在場的人都帶了禮物，有他在的場合永遠充滿歡樂。他的禮物不會很昂貴，但都是會讓你感到最窩心的。

我常住紐約，他女兒Ida也在紐約，每逢聖誕節或感恩節，我就邀請Ida全家到我們家來。因為有現代科技，我和他每天都互傳微信，這樣我們的友誼保存了很久。

———— 附　錄 ————

無私的魅力

慈愛的分享

華裔榮耀的推手

留給歷史什麼樣的台灣

大時代的共同記憶

優雅的旅程

浪淘盡多少英雄人物

以創新精神過一生

無私的魅力

劉宇環

　　人一輩子都在追尋比自己更偉大的典範。所謂典範，可說是一個時代的標竿。在我成長的過程中，國家正從分裂的歷史不幸中，蹣跚步入現代化的追尋旅途。五十多年後的今天，兩岸都在世界的舞台上各領風騷，這其間，有許許多多的人終其一生都為國家的現代化無私地奉獻，而最足以做為典範並同為兩岸所接受的，非 K.T. 莫屬。

　　1985 年，家父病重在榮總住院，我特地從美國回來陪他，當時在波士頓大學教書的舅舅唐盛鎬、以「口述歷史」聞名的表哥唐德剛，以及家母，要我陪著一同去看 K.T.，K.T. 請我們在家吃晚餐。K.T. 跟我談國家大事與台灣經濟發展，後來他談到「Venture Capital」，他說台灣一定要做風險投資，當時有十幾家有意願的公司找過他，其中一家就是我後來服務的華登創投。他問我認不認識華登創投的陳立武，我說是熟識，當

天 K.T. 與我聊了兩個多小時。隔天我就打電話給陳立武，陳立武當場就決定立即飛到台灣和我進一步洽談。

當時許多人都是跟我一樣，受了 K.T. 無私的使命感魅力所感召回台灣一起打拚。這種無私的魅力吸引了許多一流的菁英追隨他為國家的現代化努力，開創了一個令人懷念的世代。

當年「風險投資」在國內還是一片荒土，國外投石問路的創投業在與台灣政府的接觸中深受挫折，許多都打了退堂鼓。1986 年農曆除夕前幾天，我們與交通銀行交涉將華登創投引入國內的談判已告破裂，K.T. 一通電話打給時任央行總裁的謝森中，兩個小時內雙方談判團隊重回談判桌。K.T. 認為創投業有助於高科技產業發展，執意引進，國內第一批引進的漢鼎（H&Q）創投及華登創投，K.T. 都扮演了推手的角色。

K.T. 還囑人研究如何讓「風險投資」被國人接受，大家研究了「風險投資」改名為「創業投資」，讓創投產業成為國內高科技產業的推手。可以說如果沒有 K.T.，就沒有國內創投業後來的蓬勃發展。

剛回台，他告誡我，在台灣從事創業投資，對喜慶宴會或開幕酒會要少去，當時我感到不解但也沒多問，只是覺得像我們從事投資工作，照理講該是多去參加這樣的社交場合、多認識些人，為什麼叫我少去呢？不過，我想 K.T. 這樣講一定有

他的道理，也就少去這些場合。

　　經過幾年後，越發覺 K.T. 是教了我一門簡單卻富饒深意的功課。做創業投資的人最怕分心，他老人家深知台灣的應酬文化，一旦常去參加這樣的宴會，中餐、晚宴永遠沒完沒了，久了就陷入其中，無法全心投入投資案的客觀評估。回顧他的這一席話，有如大師指點迷津，輕輕點你一下，就讓你茅塞頓開，領悟成功的訣竅。往後幾年，他也常常不經意地點我一下，對我的成長有無可言喻的受用。我這一生如果有什麼成就的話，K.T. 對我無私的關愛是我一輩子最深濃的感念。

　　記得 1988 年時，當時已知自己罹患癌症的王安電腦創辦人王安博士倡議集資成立一個總額 5 億美元的創投基金，希望台灣政府能支持。那時的行政院長俞國華找了 K.T. 商量，K.T. 就講了一句話，表示王安是海外華人科技界的領袖，台灣一定要支持他。

　　王安首站先到日本，日本人看到王安已經生病了，就沒有進一步的動作。王安轉到台灣時，整個 Project 降為 2 億美元，台灣政府當時決定投資 1 億美元，這是俞國華院長找 K.T. 商量後的決定。

　　當時 K.T. 參加在新加坡的生化科技會議，我也與國際創投的陳立武董事長與會，第二天一大早把我叫起來，叫我陪他

一起去見當時的新加坡財政部長胡賜道（Richard Hu）。到了之後，才知道他老人家為了王安的案子親自出馬拜會，胡部長當時看到 K.T. 就連連表示抱歉讓 K.T. 親自來見他，並當場承諾新加坡政府會投資 5 千萬美元。

雖然這項承諾後來因為新加坡政府希望這個基金能投資在東南亞，與王安想投資在美國的想法有所差異而作罷，但 K.T. 這種大公無私、信守承諾的風範，讓我非常感動。那時他已經是退下來的人，為了幫助華人科技界與台灣創投界的發展，實際親自操刀，老驥伏櫪，志在千里，當可稱國之重鼎，足為吾人一生的典範。

K.T. 對大陸的經濟改革，以及兩岸科技交流，也都默默貢獻心力。1993 年，大陸碰上建國以來最嚴峻的通膨危機，當時要召開宏觀調控的經濟會議，鄧小平之女鄧楠曾託人表達希望與時任經濟部長的蕭萬長在美國見面，取經解決大陸的經濟問題，但後來沒能碰上。1993 年春節前，我去 K.T. 家拜年，轉達鄧楠希望能在第三地與 K.T. 見面就教如何解決大陸通膨的意思。K.T. 說要見面就光明正大地在北京，不用在第三地，因為台灣還是有主權的，雙方可以也應該平等對待，不必借用第三地。

緊接著世界銀行在北京和大連召開了宏觀調控會議，中

共領導人想邀請 K.T. 參加，但台灣方面堅持要有世界銀行的正式邀請才能放行。後來在世界銀行與會代表史丹佛大學教授、也是中研院院士的劉遵義先生的奔走努力下，K.T. 才得以成行出席。

在大連棒槌島的四天宏觀調控會議，是由當時大陸財政部副部長田一農與 K.T. 共同主持的；其間，朱鎔基還與往訪的 K.T. 深談兩個多小時，K.T. 傾囊相授台灣處理財政經濟、貨幣金融等問題的經驗與個人見解。宏觀會議十天後，「宏觀調控十六條」正式出爐並一一付諸實施，成為中國大陸度過那次通膨危機最重要的決策關鍵。而 K.T. 的經驗傳授與建言，也成為當時大陸領導階層最重要的決策參考之一。

從超越政治的角度，大陸領導人包括江澤民、朱鎔基等，對 K.T. 的敬重可能比對台灣其他任何人都來得高。從兩岸經濟發展的擘劃與貢獻來看，K.T. 堪與大陸的鄧小平相互輝映、等量齊觀。K.T. 辭世當日，大陸海協會會長汪道涵立即透過大陸媒體發表電唁，特別推崇 K.T. 致力於兩岸經濟與科技交流的貢獻，這可以說是在兩岸關係冰封的階段，大陸領導人間接表達對 K.T. 一生無私奉獻的崇高敬意。K.T. 也是兩岸分隔五十多年來，唯一同受兩岸極度推崇與讚頌的第一人。

K.T. 一生清廉，1994 年、1995 年時，K.T. 的宿舍一度要

被收回，幾個晚輩還打算籌錢幫忙買房子，最後因政府沒有收回宿舍而作罷。百年來，我們國家的現代化欠缺的就是一個「廉能的政府」，K.T. 對公事的無私與對國家的貢獻，足堪「廉」、「能」二字。

　　相信無私的魅力可以為兩岸的和平發展撥雲見日，李資政樹立的典範也必將常存我們的心中，攜手為中國人的未來貢獻一己之力。

（本篇文章曾刊登於《經濟日報》、《遠見雜誌》及美國最大的中文報紙《世界日報》。）

慈愛的分享

劉宇環

　　由於與天星兄多年來在事業上、私交上的情誼，趙媽媽待我如同自己的兒子一般，在家母過世後，更感受到趙媽媽對我的關愛。

　　從事創投十多年來，經常奔波各地，一天開七、八個會是常有的事，但每次回到台北有機會去探視趙媽媽時，旅途的疲憊與工作的壓力總被她慈祥的笑臉所融化。她對周遭的人總是開開心心，一臉真摯的關愛之情、語帶慈祥的長者風範，讓我們這些後生晚輩如沐春風。

　　在天星兄夫妻事母至孝的奉養下，趙媽媽的晚年過得比一般長者更為平安喜樂，但她總不忘熱心地去關照、去招呼比她不如意的親朋好友。另外，趙媽媽也是位禮佛甚勤的虔誠佛教信徒，她拜佛時經常為我們這些後生晚輩祝禱，這份自然流露的無私真情，不只展現了她懂得惜福的精神，更讓我們學習到

與別人分享喜樂的幸福。

　　天星兄是我事業上非常重要的夥伴，在學識與涵養上都比我高出很多，是我在人生道路上的良師益友。天星兄的兩位公子也都先後進入中經合培訓歷練，趙媽媽對我的關愛與鼓勵更是情同己出，與趙家三代的情誼是我所珍惜的人生資產。

　　趙媽媽溫馨的笑容永遠輝映在我們這些分享她慈愛的晚輩心中，久久長長，長長久久。

華裔榮耀的推手

劉宇環

　　百年來，多少華人遠渡重洋來到美利堅合眾國追尋美好的未來，他們胼手胝足、忍辱奮進以求實現夢想，許多有識之士更以無私的胸懷，畢生奉獻於美國華人地位的提升。

　　其中，已故前白宮亞太裔顧問委員會主席祖炳民教授，終其一生大力推動亞裔參政以融入美國主流社會，為華人分享美國榮耀樹立了新的里程碑，不但包括華人在內的亞裔被提名加入聯邦政府的官員人數創下超過 200 人的歷史紀錄（有一半是華裔），也為華裔參政留下令人無限懷念的典範。

　　就如同許多早期來美的華人所經過的心路歷程，出生於中國吉林的祖炳民教授早年在日本東京大學法律學院畢業後，先在喬治城大學獲得政治學碩士，繼而赴紐約福特漢姆大學（Fordham University）攻讀政治學博士學位，從留學生的艱苦生活一路走來，當時在美東念書時也曾在外國餐廳打工。日後

他成為美國共和黨內最資深的亞裔大老，不但在美國實現他的夢想，也將華裔參政的熱潮推向高峰，他長達八十一年的生命奮鬥可說是為華裔百年移民史下了最佳的注腳。

結識祖炳民教授是我一生最幸運的事之一。約二十年前，我在創投事業的最佳夥伴周棟先生介紹我與祖教授認識。而我的舅舅唐盛鎬教授（波士頓學院政治系教授）是祖教授的好友，他也曾幫我舅舅介紹女朋友。祖教授的太太傅智松女士（後改名虹霖）在紐約大學以張學良為研究題目的博士論文導師，則是我表兄唐德剛教授。而七年前我獲邀加入「百人會」後，與祖教授有著更密切的交往。這些機緣巧合，讓我更深入了解祖炳民教授長期促進華人藉由參政融入美國主流社會的努力。

自 1968 年開始，祖教授投入推動美國華裔、亞裔參政。當年，他除積極促成共和黨成立共和黨亞裔委員會，並在 1973 年後兩度擔任該委員會主席。1988 年老布希當選總統，他出任政權移交辦公室亞裔小組主席，成功推薦了超過 250 名亞裔獲得總統任命。

他與老布希總統的深厚友誼眾所周知，對於小布希的競選與連任更是厥功甚偉。全美的亞裔人口約 1,300 萬，具選民資格者有 700 萬人，其中華人約有 450 萬合法移民人口，可以成

為重要的選票來源。老布希競選總統時，華裔就給予大力支持。那時在台灣的華裔美國公民就有近 8 萬人，祖教授當年還親自到台灣動員華人投票，從台灣帶回 5 萬票支持老布希，使其競選委員會大為震驚。

在老布希總統之前，白宮官員當中只有四、五位亞裔人士。老布希上任後，開始任命多位亞裔官員入閣。小布希總統更是任命華裔趙小蘭為勞工部長、日裔豐田為交通部長，各級政府亞裔高層官員有一百多位。祖教授堅信，積極參與競選活動是亞裔參政的良好途徑，並為子孫後代留下一條融入美國主流政治的捷徑。

中國有句諺語：「家有一老，如有一寶。」做為一位長者，祖炳民教授提攜後進的胸襟與苦心，讓我們這些曾經受其恩澤的後生晚輩更是點滴感念在心頭。記得我在創立中經合初期，許許多多國際人脈都得之於祖炳民教授的引介與協助，包括日本最大商業聯合組織經團連、自民黨高層人士、中國政界重要人物等等，都是祖炳民教授幫忙牽線。雖然這些人脈不一定與事業發展有所關連，但是祖炳民教授對我們的熱心愛護與提攜，無形中給予了極大的鼓勵，間接促成了我們在各個領域取得一席之地的成就與發展。

總是懷抱著樂觀的他常說：「這是一個艱難的時代，這也

是一個很有希望的時代。」祖教授一生對別人慷慨無私的熱情，讓我們得以參與和分享他生命中的美好與成就，他那永遠散發和平與慈愛的笑容，就像蒼穹中的繁星，指引著我們探尋答案的心靈。

留給歷史什麼樣的台灣

劉宇環

今年（2007）1月底，受邀出席瑞士達沃斯舉行的世界經濟論壇（WEF）年會。WEF 雖非官方國際組織，但其年會已成為年度國際政壇盛事，吸引了全球領袖熱烈參與，例如今年就有 15 位國家元首、60 位部長、重要國際組織祕書長、宗教領袖及企業負責人出席。

台灣高度重視 WEF 的「全球競爭力」及「全球資訊科技」報告，也和 WEF 有密切交流與合作，但參與年會始終沒有突破，多年來的 WEF 年會看不到台灣官員，即使民間企業也是相當稀少。

這次大會，只碰到身兼威盛電子與宏達電兩家企業負責人的王雪紅董事長，台灣官員無人出席。WEF 為民間組織，即使有政治上考量，台灣企業領袖出席年會應不會有問題，官方參與可能有障礙存在，但應有爭取的空間，最重要的是，台灣

政治領袖要有強烈的意願與決心。

　　台灣曾經創下經濟奇蹟的高度優越表現，許多開發中國家都先後向我們取經，連大陸在 1993 年首度展開宏觀調控時，也向有「台灣經濟推手」之稱的李國鼎先生請益。但曾幾何時，我們的國家競爭力卻隨著內閣更迭頻繁、缺乏堅定持續的核心策略而逐漸流失，我們該有什麼樣的氣度與思維來展望台灣的前景，我們是否願意用幾十年而不是幾年的視野來為下一代開路立基？

　　去年 11 月，大陸的中央電視台播出了「大國崛起」的系列報導。這部製作歷時三年、長達 12 集的影片，描述了 15 世紀以來九個全球性大國（葡萄牙、西班牙、荷蘭、英國、法國、德國、日本、俄羅斯與美國）的崛起過程。這些國家之所以能引領全球、成就大國風範，有幾個共通點是值得我們共同學習的：

　　一、**值得信賴的執政者：**為政者應有穩重堅定而持續的意志，以及具有國際視野與歷史眼光的包容氣度。對國家有根本關鍵性的政策都不是短時間看得出成效的，甚至會遭受辱罵或中傷。但要成為一等一的國家，就必須勇於堅持做對的事情，只要大方向對，就不該拘泥政策的面面俱到，而應全力推動。

二、**建立影響深遠的機制**：做國家決策的人應該涵養影響深遠的施政基本理念，就像英國傾全國之力推動亞當‧斯密在《國富論》中所揭櫫的市場經濟理念，使其國力延伸到世界各角落，成為名副其實的「日不落國」。台灣有著舉世聞名的創業精神與豐沛的民間活力，政府應該集中心思在為經濟發展排除障礙，而不是企圖引導企業走向何處。只要能架構公平合理的遊戲規則與開放透明的競爭平台，就會孕育出美不勝收的壯麗花海。

　　三、**以經濟實力做為發展的本錢**：近幾年台灣內部為了所謂的認同問題紛紛攘攘，不管這是真問題還是假問題，至少它不是幾年內可以有共識的問題，但世界前進的腳步不會等待我們自己吵完架。表面上，許多國家還是以非官方身分與台灣來往，但最最重要的是，台灣有全世界不可輕忽的經濟與科技影響力。不管台灣要不要成為大國，如果我們要保持現有的國際競爭排名，朝野上下就必須認識到，沒有經濟實力就沒有發展，經濟不是我們唯一的道路，卻是我們向前進的基礎。

　　四、**以教育文化為立國根本**：英國首相邱吉爾有這樣一句名言，我寧願失去一個印度，也不肯失去一個莎士比亞。在成

為大國的過程中，莎士比亞的作品豐富了英國的人文精神，牛頓的力學定律開啟了英國工業革命的大門，亞當‧斯密的《國富論》為英國建構了新的經濟秩序。台灣要向上躍升，經濟是基礎，而教育與文化才能醞釀出創新與幸福的向上提升力量，我們該給成功更多元的定義、更豐富的人文內涵。

二十多年前因受李國鼎先生無私的魅力所感召，回到自小長人的台灣投身於創投業，如今經常奔波於兩岸三地與歐美之間，卻感於這塊曾經生氣蓬勃的美麗島正逐漸褪去耀眼的光芒。歷史給每一塊土地的機會都是稍縱即逝，我們該想想，往後的人們回顧這個台灣曾擁有的大好機會時，是惋惜呢，還是喝采？

大時代的共同記憶

劉宇環

　　一齣戲改變了多少人的一生，中國的崛起也造就無窮的榮華富貴，但當繁華落盡，返璞歸真，一切的榮耀都將超越個人，還諸這塊養育我們的大地。

　　我的乾妹妹陳曉旭因入演《紅樓夢》的林黛玉而成了一個世代人們美好的共同記憶。她真誠待人、奮鬥一生，順著改革開放而躍上男性都難以攀登的事業高峰，但在最後的日子，她得以一償宿願，皈依佛門，把一輩子掙來的財富大多奉獻給佛法與慈善事業。

　　與曉旭初識，也是緣於篤信佛法的家母與舅舅。

　　1989 年時，已離開中國大陸有五十一年的家母唐聖媛女士在舅舅唐盛鎬先生與我的陪同下回安徽省親；有一晚是住在廣州中山賓館，當時已紅遍中國的林黛玉與王熙鳳（就是曉旭與後來在演藝事業再創高峰的鄧婕）在旁人介紹下，認識了也

是念佛的家母與舅舅。

　　記得當時剛好是過元旦新年，家母與她二人一見如親，當下就決定收她們為乾女兒，並舉行正式的跪拜禮與送禮儀式。這是家母那次回大陸省親最快樂的一件事，從此我也多了兩位乾妹妹。那時候的曉旭，給我的印象就是真誠開朗、善體人意。

　　之後偶有連繫，1991 年她棄演從商，加入了長城廣告公司。做什麼角色都很敬業的她，雖然艱辛但很快就度過入行初的草創期，在這段時間也認識了現在的先生郝彤，他們倆情投意合，後來也雙雙出家，是姻緣，也是佛緣。

　　這二十年來，我全部的心力都投入在風險投資的領域，主要是協助初創事業進入市場經濟與資本市場，經常來往於兩岸三地與歐美各國間，與曉旭相處見面的機會很少，而在 1994 年，老天卻給了我們兄妹一個難得的機會。

　　當時我陪同德國一家大啤酒廠的高層主管，美樂（Miller）啤酒的美國代理人謝豐享先生，準備赴曹操的老家（也是我的故鄉）安徽亳州，去參觀拜訪當地最有名的古井貢酒公司的酒廠。曉旭知道了這事，就託我帶他們夫妻倆一塊去，沒想到她與廠方一聊起來竟聊出三百多萬的廣告生意。

　　曉旭就此踏上酒品廣告的大商機道路。1995 年她結識四

川的五糧液集團，她自己想出來的「名門之秀——五糧春」廣告詞兒，為她與該公司的合作開啟了往後的坦途。1996年，曉旭終於創立世邦廣告公司，並在近兩、三年，頻頻獲知名媒體選為廣告界與中國經濟的風雲人物。

近幾年來，與曉旭夫婦一同在北京市郊買了住宅，不開伙的我因此有機會到她家串門子，對她也有著也更深一層的認識。曉旭一心潛修佛法，卻能以出世的灑脫處理俗世的人情世故，除了用心經營事業，夫妻倆對父母敬孝，對兄弟姊妹及其他親友，也是用心照顧。

紅樓夢的選角對曉旭而言，是個人生的偶然。她曾說過：「相信可以演好林黛玉的不只我一個人。」但她卻是十二歲就開始讀《紅樓夢》，而且寫得一手好詩。最終就是她優雅脫俗的氣質讓王扶林導演賞識，林黛玉就是非由她演不可。而後投身廣告界，她也是沉潛磨練了四、五年後，才獨立門戶，走出自己的路。

有人說是幸運決定了曉旭的一生，但做為大哥的我來看，曉旭總是在命運之神來臨之前，做好了準備，以她柔弱的身軀在大時代裡活出自己的好樣。

曉旭遠行後，她那散發真誠與慈愛的笑容，始終留存在我們這些愛她的人對她的懷念中。

優雅的旅程

劉宇環

　　企業之所以可長可久，必然有其令人尊崇的核心價值，而最能體現這核心價值的，莫過於專業經理人。他不但能護守它，並能加以發揚光大。如果企業老闆深慶得人，即便遇到大風大浪，也能有驚無險，安然度過。

　　在我所認識的國內外知名企業專業經理人中，已故新光金控總經理鄭弘志兄是其中的佼佼者。他把一生奉獻給新光的成長茁壯，也見證了台灣經濟的傲人發展。

　　弘志兄雖貴為國內知名金控的總經理，但一向非常平實、誠懇，待人也是處處為人著想，即便是知道自己生病、鮮少出席公司活動及公開場合後，也推辭同事好友的探望，不希望麻煩大家。

　　從他幽默的談話中，也能發現他對於最新的資訊與觀念都有所認知與掌握，多次與他開會共事中，都能從他身上感受到

新光集團所擁有的踏實、創新、進取的企業文化。

在企業管理中，為實事求是，總是很難兼顧太多的情感，但在與弘志兄共事中，發現「人情義理」這種古老的價值觀常是他處理困難問題的圓融思維。對於紛雜的企業難題，他總能從人性的根底、洞悉本質的直覺來剖析釐清問題的癥結，這也許是他自求學以來長期浸淫在古典音樂中所修練出的涵養。

在許多洽談企業合作的場合中，如碰到雙方各執已見的困境時，弘志兄總能為彼此保留迴旋的空間，如樂譜上的休止符，為的是獲得更高的共鳴與和諧。

弘志兄在新光前後長達四十五年的時光，深受創辦人吳火獅先生與現任董事長吳東進先生的栽培與信任。他所回報的則是終身不悔的付出，尤其對東進兄輔佐無間、相知相惜，即使看法有所不同，也是直言無諱。他們之間的關係為企業長青的深意下了令人回味無窮的最佳注腳。

在美麗的花東縱谷上，新光矗立著全國第一座為在職身故的同仁所興建的紀念碑。它輝映著吳火獅先生和新光員工近半世紀來奮鬥的事蹟，也訴說著這塊土地的人民追求美好未來的故事。我相信，弘志兄的加入，將為這座紀念碑帶給台灣人民更深遠的啟發，因為它已超越對一家企業的意義，更是象徵著

對台灣的疼愛與最終的歸屬。

　　遠自屏東北上求學發展的弘志兄，對代表「移動文化」的火車有著濃厚的感情。他終其一生就搭著「新光號」的列車，沿途越過平野、農田、灣流，也穿過山洞、跨越橋梁，從年輕到鞠躬盡瘁。而我們在揮手告別的時刻，目送著他優雅的身影緩緩遠離，伴著他生前最喜愛的孟德爾頌「乘著歌聲的翅膀」悠揚而去。

浪淘盡多少英雄人物

劉宇環

　　歷史，總給人莫名的沉重，尤其是中國近現代史，一攤開來，盡是血淚交織的屈辱與苦難。但是，卻有人總懷著無可救藥的樂觀，在其間探尋追求生命的尊嚴與民族的自信，為中國昌盛繁榮預卜希望，他就是被尊為「中國口述歷史之父」的唐德剛先生。

　　自我小時候，德剛兄就是我最敬仰的表哥，他大我二十多歲，家母是他的姑媽。德剛兄生於五四運動的隔年（1920年），自小在安徽合肥西鄉山南館唐老圩的鄉下長大，就讀私塾時即天資聰穎，不但能背《古文觀止》，還能背一般人不大讀的《續古文觀止》，十多歲時即已圈點過一遍《資治通鑑》。

　　抗戰時，他進入重慶沙坪壩國立中央大學讀歷史，這段年輕歲月恰逢中國最動盪的戰亂歲月，他幸運得以繼續學業，以至於 1948 年遠赴美國哥倫比亞大學攻讀博士。後來他在太平

洋彼岸，多少民國時期的英雄人物在他筆下為歷史留下時代的見證。

不同於一般學院派的學者，德剛兄雖然一輩子都在學院中教書、寫書，但其為人風趣健談，嬉笑怒罵皆文章，學貫中西、縱橫古今，處處雖不免有其強烈鮮明的唐氏風格，但往往鞭辟入裡，令人不得不佩服他的博學與思想深刻，有如太史公所言：「究天人之際，通古今之變，成一家之言。」也因為他特有的人性化風格，使得他在與當代歷史人物做口述歷史時，能更貼近他們的心靈深處。

他先後完成的《胡適口述自傳》、《李宗仁回憶錄》、《顧維鈞回憶錄》、《張學良口述歷史》等，這幾位影響現代中國的歷史人物在受訪中也因他的幽默風趣、博學健談，常成了忘年之交。他常自謙「活在別人的歷史」，事實上，也因他嚴謹的歷史考證及生動豐富的文采，使得這些口述傳記從文化、政治、軍事、外交各個面向，勾勒出現代中國所面臨的挑戰與艱苦因應，為是非功過難以論斷的中國現代史留下最寶貴的史料。

德剛兄最令人懷念的，還是經常為大家帶來熱鬧與歡喜的身影。朋友聚會只要德剛兄在，絕無冷場，每位賓客都會被他充滿生命力的熱情感染，開朗、幽默、平易近人，尤其他通曉

古今，信手拈來就是某位近代名人的軼聞趣事，以其特有的安徽官話口音娓娓道來，常讓人聽得整場熱鬧烘烘。而我這位被他戲稱「大資本家」的小表弟常有幸在座，總是從他們言談之間，聽了很多，學了很多，是難得的人生享受！

每次我到紐約，他一定會來看我這位小表弟，很令人感動。德剛兄交遊廣闊、人緣極好，每逢假日和他到餐廳用餐，常常都是統統不收錢，原來老闆不是他的學生就是仰慕他的朋友。

德剛兄的儒者風範，不只表現在治學上，在生活上更處處看到他的體貼與細心。有次與他駕車外出，不料卻碰到車子爆胎，外頭正下著傾盆大雨，他把車子靠邊停好後就說：「小表弟，你別動。」接著他自個兒淋著雨把車胎換好，全身已是溼透，一上車，仍是談笑風生。那時他已是聞名海內外的大學者，但嗅不出絲毫知識份子的臭架子味道。

深受大歷史觀涵養的德剛兄，有著恢宏的胸襟與包容。記得 1997 年他參加雷震百歲冥誕紀念時，會後邀請他餐敘的不少是民進黨人士；但遇到大是大非時，他則是義無反顧、當仁不讓。1990 年代，他發起徵集 1 億人簽名，向日本討還戰爭賠款的行動，贏得了海內外華人的無比敬仰。二十多年來，他積極投入人道主義團體發起的運動，揭露日本的侵略罪行和暴

行，要求日本道歉和賠償，無論集會、演講、遊行，他都親自參加。

德剛兄除在紐約創建中國近代口述史學會，曾任紐約文藝協會會長，並與大陸、台灣兩岸有著密切往來。早在 1972 年尼克森訪華後不久，他就成為第一批被核准返回大陸探親的海外學人。那一年，他終於回到安徽蕪湖，看到闊別二十多年的母親。當時大陸仍未改革開放，他還把撰寫《李宗仁回憶錄》的幾十萬稿費換成糧票請鄉親吃飯。1985 年，他創辦旅美加安徽同鄉會並任榮譽會長，為家鄉出錢出力，生前即將其藏書共 124 箱全數捐給安徽大學。

二十多年來他更經常往返兩岸，回國講學或參與學術會議。而他的好友，台北《傳記文學》雜誌創辦人劉紹唐，更是經常邀稿。他的名著《晚清七十年》五大冊，多是出自他發表在《傳記文學》的文章結集成書，再加上經常發表在報章雜誌的文章，他可說是這近二、三十年華人社會影響力最大的歷史學家之一。

德剛兄的人歷史觀中，特別以「歷史三峽說」的大膽假設最為知名。

他把「廢封建，立郡縣；廢井田，開阡陌」而起的轉型，稱為「秦漢模式」，是中國歷史的第一次轉型，而這一轉

型過程，從商鞅變法開始，持續了兩百多年之久，才大致確立。此後，百代都行秦法政，這一模式延續到清朝末葉「鴉片戰爭」時期，開始崩潰，也開啟了第二次政治社會制度大轉型。

這次大轉型，他稱之為「歷史三峽」。其間礁石險灘，風高浪急，猿啼鳶飛，要通過這一歷史三峽，大致也要歷時兩百年，此後中國就要步入民主制衡政治的時代。

德剛兄的骨灰已經撒入太平洋，他說過，這個民族終有一日要邁過「歷史的三峽」，到那時，「晴川歷歷漢陽樹，芳草萋萋鸚鵡洲。我們在喝彩聲中，就可以揚帆直下，隨大江東去，進入海闊天空的太平之洋了。」願德剛兄樂觀開朗的身影，護守兩岸的昌盛繁榮，讓大家以更寬廣的體諒相互包容，攜手邁向未來。

以創新精神過一生

劉宇環

　　台灣經濟奇蹟的第一代本土創業家，大多生於極度窮困匱乏的 1920、1930 年代，因此培養出堅毅奮鬥的精神。他們受過日式教育的洗禮，有些得以進入技職學校學習一技之長，成就日後創業的本領。而能大成功者，更是能不斷超越挑戰、創新求變。已故的復盛集團創辦人李後藤先生，便是其中的佼佼者。

　　六十年前的創業，他不但一路把一家修理空氣壓縮機的小店帶領壯大，成為跨足空壓機（電機）、高爾夫球桿頭（運動器材）、導線架（電子）的國際級企業集團，他的投資布局更從醫療器材、汽車零組件、IC 設計以至軟體、網路。從台灣、大陸、東南亞，以至矽谷，都有他投資的身影。終其一生，不管是企業經營或者是投資，都永遠散發著水瓶座喜愛創新求變的熱忱精神。

我與李先生認識近三十年，當時（1985 年）我以國際創投共同創辦人的身分登門拜訪，李先生對美國的創業投資（Venture Capital）並不太了解，但很認真地學習。對談中，他掌握關鍵問題與明快決斷的能力，至今讓我印象深刻。等他全盤了解後，便大力投資支持，並且放手讓我們去做。據我了解，李先生雖然行事嚴謹精細，但不喜歡形式化的繁複程序，許多公司的重要決策，幾個主要高階主管坐下來商討，就能當場做決定，一旦授權，就充分信任專業經理人能誠實為決策負責。

很多與李先生談過話的人都知道，李先生非常博學，經常會在聊天中出奇不意地提到最新的產業發展，而且使用的是非常專業的英文技術字眼。李先生也常邀我餐敘，但從來沒有 free lunch（免費的午餐），席間，他的問題往往很尖銳，一個接一個追問到底，沒有充分準備的人，一定招架不住。他永不止息的學習活力，常讓我這位年輕他二十多歲的後輩汗顏，對眼前這位白髮新人物的歐吉桑敬佩不已。

李先生熱愛幫助年輕創業者也是有名的，這也源自他習於創新冒險的精神。他樂於投資，甚至還因主動登報尋找投資標的，發生一大堆人打電話來借錢的事。

記得美商 IC 設計公司矽成積體電路（ISSI）最早在台灣

成立時，由國際創投投資，並邀請李後藤先生擔任董事長。我們協助創辦人李學勉與韓光宇將技術移轉回台灣，每每往返美國與台灣之間，從申請廠房用地以至配合各項設廠法令的種種繁雜程序，李先生都給予熱誠的支持。而初期由於美台兩地的股東對公司的產品及發展方向有些意見不同，每次開會難免有所爭執，但擔任董事長的李先生，總能在董事會中讓各方充分發表意見後，做出明確且具關鍵性的決策，讓矽成得以先後在美國與台灣兩地都成功掛牌，不僅使產業技術能順利移轉，也間接提升台積電與聯電的產品品質，讓台灣在全球科技產業占有一席之地。

李先生待人處事所透露出的儒商氣質，總能讓同他一起共事開會的朋友，感受著他先義後利、無私決斷的氣度。一方面他追根究柢，嚴謹且博學，但更多時候，他是談笑自若、抓大放小。和者合也，就在他無私營造的和諧氛圍中，找到大家最佳的交集，順利完成關鍵性的重大決策，往往也奠定成功的基石。

看著李先生這一代為台灣這塊土地打拚奉獻的典範陸續凋零，而曾經耀眼國際的台灣經濟奇蹟逐漸褪色失去光芒，心中有著萬般的不捨與焦慮。我們有善良與充滿活力的國民、有無數敢於拚搏冒險的企業家，更有著前人打下的厚實基礎，但政

府前進改革的腳步卻趕不上人民的殷殷期待。

在回顧李先生精采的一生中，我們可以學習重拾台灣輝煌的道路：(1) 永不止息的學習活力；(2) 創新進取的冒險精神；(3) 追根究柢的解決問題態度；(4) 追求國際競爭力的開放胸襟；(5) 著眼長遠的投資布局。

四百年前的大航海時代，台灣就比中國大陸更早進入世界經貿的舞台，如今，我們更不應被自我設限的島國鳥籠心態，鎖住我們下一代的前途。只要台灣上下面對世界，敞開心內的門窗，我們就能再見福爾摩沙美麗之島。

國家圖書館出版品預行編目（CIP）資料

寰宇情懷：創投教父劉宇環的卓越人生／劉宇環口
述；楊艾俐採訪撰文 . -- 第一版 . -- 臺北市：遠見天
下文化 , 2022.11
　　480面；14.8×21公分 . -- （財經企管；BCB771）
ISBN 978-986-525-838-2（精裝）

1. 劉宇環　2. 企業家　3. 臺灣傳記

783.3886　　　　　　　　　　　　　　111014935

財經企管 BCB771

寰宇情懷
創投教父劉宇環的卓越人生

口述 —— 劉宇環
採訪撰文 —— 楊艾俐

總編輯 —— 吳佩穎
副總編輯 —— 黃安妮
責任編輯 —— 張彤華
校對 —— 呂佳真、凌午（特約）
美術設計 —— 張議文
內頁排版 —— 張靜怡、楊仕堯（特約）

出版者 —— 遠見天下文化出版股份有限公司
創辦人 —— 高希均、王力行
遠見·天下文化·事業群 董事長 —— 高希均
事業群發行人／CEO —— 王力行
天下文化社長 —— 林天來
天下文化總經理 —— 林芳燕
國際事務開發部兼版權中心總監 —— 潘欣
法律顧問 —— 理律法律事務所陳長文律師
著作權顧問 —— 魏啟翔律師
地址 —— 台北市 104 松江路 93 巷 1 號 2 樓

讀者服務專線 —— (02) 2662-0012 ｜傳真 —— (02) 2662-0007；(02) 2662-0009
電子郵件信箱 —— cwpc@cwgv.com.tw
直接郵撥帳號 —— 1326703-6 號　遠見天下文化出版股份有限公司

製版廠 —— 東豪印刷事業有限公司
印刷廠 —— 祥峰印刷事業有限公司
裝訂廠 —— 精益裝訂股份有限公司
登記證 —— 局版台業字第 2517 號
總經銷 —— 大和書報圖書股份有限公司　電話／(02) 8990-2588
出版日期 —— 2022 年 11 月 30 日第一版第 1 次印行
　　　　　　2023 年 03 月 25 日第一版第 4 次印行

定價 —— NT 650 元
ISBN —— 978-986-525-838-2
EISBN —— 9789865258429（EPUB）；9789865258436（PDF）
書號 —— BCB771
天下文化官網 —— bookzone.cwgv.com.tw

天下文化
BELIEVE IN READING